# Inhalt

Spätmittelalterliche Darstellung der Arbeit in Feld und Flur

# Von der Natur zur Kultur

Ein leichter, milder Märzwind weht über die Felder, und es riecht jetzt eigenartig erdig, nicht so modrig-feucht wie im Herbst, wenn die Felder abgeerntet sind und immer öfter Nebelschwaden die Ackerschollen bedecken oder lange Novemberregen den Boden aufweichen. Es riecht viel frischer, und man spürt deutlich den nahenden Frühling. Vor allem dort, wo sich der Geruch des leicht erwärmten Ackerbodens mit dem Duft des noch zaghaft, aber unaufhaltsam sprießenden Grases der angrenzenden Wiese mischt, liegt das Wiedererwachen der Natur in der Luft.

**Frühlings-erwachen**

Wind und Sonne haben die Bodenkrume des Ackers schon ziemlich abgetrocknet. Es ist Zeit zur Bestellung der Felder. Dies dachte sich auch Bauer Herzer, der gerade mit seinem großen Schlepper vom Hauptweg abbiegt. Gestern saß er noch lange im Gasthof „**Zur Sonne**" mit den anderen Bauern des immer mehr zur Kleinstadt heranwachsenden Ortes zusammen. Von der Misere der Landwirtschaft in Europa war die Rede, und man war sich einig, daß die Erzeugerpreise für Weizen, Kartoffeln und andere landwirtschaftliche Produkte längst nicht mehr ausreichen, um einer Bauernfamilie denselben Lebensstandard zu bieten wie Leuten in anderen Berufszweigen. Nachdem auch die Vertreter vom Bauernverband und vom Landwirtschaftsamt in ihren Fachvorträgen keine neuen Perspektiven aufzeigen konnten, redete man beim Bier über das Wetter. Davon, daß in diesem Jahr die Winterfeuchtigkeit gefehlt habe und daß man jetzt wenigstens auf ausreichend Frühjahrsregen hoffe. Manche meinten gar, das seien bereits die Auswirkungen der globalen Klimaveränderungen, des Ozonlochs und des Treibhauseffektes, vor dem Klimaforscher und Ökologen immer wieder warnen.

Auch Bauer Herzer macht sich Gedanken über die Klimaveränderungen und den sorglosen Umgang mit der Natur, der überall festgestellt werden kann. Schleife um Schleife zieht er mit seinem Traktor über den weiten Ackerschlag, den die Ingenieure von der Flurbereinigung Ende der sechziger Jahre geschaffen haben. Der abgetrocknete, feinkrümelige Boden läßt sich sehr gut mit der breiten Egge bearbeiten. Während der Landwirt mit dem Schlepper seine Linien zieht, steigt am Ende des langen Ackers eine Feldlerche auf. Mit typischem Gesang markieren die Feldlerchenmännchen ihr Revier. Der Bauer sieht die Lerche ebenso wie die Kette der Rebhühner am Horizont. Er kann aber die Tiere des Feldes nicht hören: Sein Traktor ist viel zu laut. Eigentlich hat er die Lerchen bei der Arbeit auf dem Feld schon lange nicht mehr gehört, doch noch nie ist ihm dies so bewußt geworden wie heute. Plötzlich

**Stummer Frühling**

9

Die Zeiten, in denen die Bauern „im Märzen" Pferde und Ochsen eingespannt haben, sind in fast ganz Europa längst vorbei

## Landschaft ohne Namen

Bauern arbeiten seit 1950 mit immer leistungsstärkeren Traktoren. Dies erleichtert die Arbeit, gefährdet aber dort, wo der Boden zu intensiv bewirtschaftet wird, in erheblichem Maße die Landschaft.

schaltet er den Dieselmotor des schweren Fahrzeugs ab, klettert behende aus der Fahrzeugkabine und setzt sich mit seinem Sohn, der an diesem Ferientag mit aufs Feld gefahren ist, an den Wegesrand. Als wäre es zum ersten Mal, hört Bauer Herzer dem Gesang der Feldlerchen zu. Und er erinnert sich, daß es früher, als er als Kind den Vater mit dem Pferdegespann auf das Feld begleitete, viel mehr Lerchen gab. „Überall in der weiten Ackerflur waren singende Feldlerchen zu hören", erzählt er seinem kleinen Tobias.

Die Zeiten aber, als „im Märzen der Bauer die Rößlein einspannt", sind längst vorbei. Heute schwingen sich im März die Landwirte auf ihre 100 PS starken Traktoren. Eine Landwirtschaftspolitik, die beinahe überall in Europa einseitig auf Ertragssteigerung abzielte und ökologische Gesetzmäßigkeiten mißachtete, hat im Laufe der Jahre die Bauern in die unfreiwillige Rolle von Agrarproduzenten gezwängt.

Durch die immer intensivere Landwirtschaft verlieren die Bauern zunehmend den direkten Bezug zur Natur – einer Natur, die inzwischen überall den Rückzug aus der einst mannigfaltigen Kulturlandschaft angetreten hat.

Etwas Bedrückendes geht um in Europa. Es ist das Gespenst der Vereinheitlichung unserer Landschaft. Vielerorts erstreckt sich, soweit das Auge reicht, ein monotones Meer von Mais oder Getreide. Weil die Heckenreihen und Einzelbäume seit der Flurbereinigung fehlen, läßt sich die verarmte Ackerflur etwa bei Billerbeck im Münsterland nur noch als Agrarsteppe bezeichnen. Dasselbe gilt auch für das Donaumoos bei Neuburg. Wo gestern noch wie seit Jahrhunderten ausgedehnte Wiesen mit den alten Weiden am Wassergraben die Landschaft prägten, brechen nun Traktoren die Niederung auf großen Flächen um. Nicht anders ist es den Streuwiesen mit den blauen Schwertlilien bei Brugg im schweizerischen Alpenvorland ergangen. Ebenso ist das in Franken liegende feuchte Herrenrieder Revier des Weißstorches während seines Aufenthaltes im Winterquartier in Afrika verkleinert worden. Und ähnlich ist ein Paradies von Streuobstwiesen beim brandenburgischen Werder in der ehemaligen DDR unter den Pflug gekommen, als Obstbauern wochenlang ihre einstige Lebensgrundlage vernichteten. Im Laufe von einem Jahr sind eine Million Apfelbäume der traditionsreichen Blütenstadt der Motorsäge zum Opfer gefallen. Und nach 40 Jahren hat die Landwirtschaftliche Produktionsgenossenschaft (LPG) Herwigsdorf im sächsischen Kreis Löben eine kahle Flur hinterlassen, die sich vom Einheitsbild der Agrarlandschaft der Europäischen Gemeinschaft im seinerzeitigen „Westen" in nichts unterscheidet. Das gilt auch für Österreich, wo der Intensivweinbau im Seewinkel auf weiten Flächen die blütenreichen Trockenrasen vernichtete.

Das alles sind keine Einzelfälle. Ähnliches geschieht überall in Europa. Vom dänischen Frederikshavn bis zum sizilianischen Palermo radiert eine verfehlte Agrarpolitik innerhalb und außerhalb der Europäischen Gemeinschaft die regionale Vielfalt zunehmend aus und hinterläßt öde Einheitslandschaften. Die nischenreiche Kulturlandschaft mit ihrem vielseitigen Mosaik kleingliedriger Ackerflächen, Grenzfurchen, Wegrainen, Lesesteinhaufen oder den die Felder begrenzenden Baumgruppen fällt zusehends einer Ackermonotonie zum Opfer. Die reiche Lebensfülle der historisch gewachsenen Flur mußte in vielen Gegenden einer störanfälligen Reißbrettlandschaft weichen. Beim Spaziergang durch die Fluren sehen wir immer öfter riesige Ackerschläge mit extrem abgewaschenen Kuppen.

Nicht zu übersehen sind auch die Wiesengräben, die im abgetragenen Mutterboden ertrinken. Und wo sind die munteren Feldhasen und die verborgen lebenden Feldhamster geblieben? Einst häufige Pflanzen des Feldes wie Kornblume oder Kornrade sind durch künstliche Düngemittel, Pestizide, Bodenverdichtung sowie die intensive Saatgutreinigung so verdrängt, daß sie nur noch ausnahmsweise zu sehen sind. Damit sind jedoch auch die Lebensgrundlagen für viele Insekten verlorengegangen. Falter wie der Kleine Permutterfalter suchen vergeblich nach einem Ackerstiefmütterchen zur Eiablage. Die kräftig mit Spritzmitteln behandelten Äcker bieten fast keiner Schmetterlingsart mehr die Chance zur Ansiedlung. Feld ohne Natur?

Ein Blick zurück läßt uns diese fatale Entwicklung besser durchschauen. Den verhängnisvollen Raubbau an der Natur haben unter anderem die Forschungen des Chemikers Justus von Liebig (1803–1873) ermöglicht. Er entdeckte, daß sich Pflanzen vorwiegend von anorganischen Stoffen ernähren. Demnach können die Verluste an mineralischen Nährstoffen, welche dem Boden durch den Pflanzenanbau entstehen, durch künstliche Düngung wieder ersetzt werden. Ebenfalls im 19. Jahrhundert entwickelte sich die chemische Industrie. 1861 entstanden in Deutschland die ersten Kalifabriken. 1913 wurde zum ersten Mal Stickstoffdünger aus Luftstickstoff hergestellt. Um 1930 entwickelten Forscher die ersten synthetischen Pflanzenschutzmittel, so daß seit den vierziger Jahren zusehends auch chemische Mittel im Landbau eingesetzt wurden.

## Mit Volldampf durch die Lande

Eine weitere Triebfeder für den heutigen Landschaftswandel stellen die maschinellen Möglichkeiten des modernen Landbaus dar. Seit Mitte des 19. Jahrhunderts ersetzten die Maschinen nach und nach die Zugpferde und Ochsen sowie die menschliche Muskelkraft. Die Engländer werden als die ersten Traktorenbauer gefeiert, auch wenn bereits im Jahre 1869 im badischen Waghäusel die ersten Dampfpflüge erprobt wurden. Allerdings gelangten diese nicht zur Serienreife. 1921 entwickelte dann der Konstrukteur Fritz Huber in Deutschland den sogenannten „Bulldog". Wie genau er auf den Typennamen kam, wissen wir nicht, klar ist jedoch, was die Erbauer zu dieser merkwürdigen Taufe veranlaßte: Von vorne sah der damalige Traktor einer Bulldogge sehr ähnlich. Insgesamt 219.253 Exemplare des „Allzweck-Bauern-Bulldog" liefen bis zum Jahr 1960 vom Mannheimer Fließband, dann folgte eine neue Generation von Traktoren.

Die Mechanisierung der Feldarbeit begann freilich schon Mitte des vergangenen Jahrhunderts. Auf dem Hof nahmen von einem Dieselmotor angetriebene Dreschmaschinen dem Landwirt das einst kräftezehrende Dreschen mit den hölzernen Dreschflegeln ab. Selbstfahrende „Lokomobile", also Dampfmaschinen auf Rädern, zogen mit den Dreschmaschinen von Hof zu Hof und trennten die Körnerfrüchte vom Rest der Getreidepflanzen. Seit etwa 1870 gehörten die klatschenden Geräusche der Riemen, mit denen die sogenannten „Lokomobile" die Dreschmaschinen antrieben, zum Geschehen auf den Höfen Mitteleuropas. Als die Landmaschinenfabrik „Heinrich Lanz" in Mannheim 1885 die 1.000. Dampfdreschgarnitur auslieferte, hatte man schon eifrig begonnen, die menschliche Muskelarbeit auf Feld und Hof durch Maschinen zu ersetzen.

## Von den Anfängen des Ackers

All diese technischen Erfolge wirken sich jedoch erst seit den fünfziger Jahren so verheerend auf unsere Landwirtschaft aus. Dabei fällt besonders auf, daß dieser umweltbedrohende Wandel nur den Zeitraum einer Generation benötigte, während es der Mensch bis dahin über 5.000 Jahre lang verstanden hatte, die Feldarbeit im Einklang mit der Natur zu betreiben. Wir wissen heute, daß die ersten Äcker Mitteleuropas während der Jungsteinzeit etwa zwischen 5500 und 4400 vor Christus bewirtschaftet wurden. Auch von späteren Epochen der Menschheitsgeschichte haben sich Zeugnisse im Boden erhalten, und ihre Entdeckung ist ein höchst spannendes Abenteuer.
So haben Bauern einen Hügel fünfzehn Kilometer westlich von Stuttgart jahrhundertelang bepflügt, bis nur noch eine flache, unauffällige Kuppe übrigblieb. Lediglich Steine im Acker deuteten darauf hin, daß diese leichte Bodenerhebung irgend etwas Besonderes sein könnte. Als erster fielen der Privatarchäologin Renate Leibfried diese Puzzlestücke ins Auge. Sie informierte die Denkmalschutzexperten, die das merkwürdige Feld 1978 und 1979 untersuchten und im Erdboden eine unberührte Grabkammer entdeckten. Nach und nach stellte sich heraus, daß sich hier in Hochdorf ein stattliches, ursprünglich sechs Meter hohes Fürstengrab befand, in dem ein Keltenfürst zwischen 550 und

Pollenanalysen aus den Grabfunden eines keltischen Fürstengrabes bei Hochdorf in der Nähe von Stuttgart haben belegt, daß schon zu keltischer Zeit Ackerbau betrieben wurde. Der Boden ist in solchen Gegenden gleichermaßen natur- und kulturhistorisches Archiv.

500 vor Christus bestattet worden war. Den Fund datieren die Altertumsforscher in die Eisenzeit zurück. In Europa bezeichnet man diese Zeit nach einem Gräberfeld bei Hallstatt in Oberösterreich auch als Hallstattzeit. Im Grab fand sich ein zerdrückter, einst 500 Liter fassender Bronzekessel: eine Grabbeigabe für den verstorbenen Keltenfürsten. Den Archäologen fiel darin ein zehn Millimeter dünner brauner Bodensatz auf. Spätere Untersuchungen ergaben, daß die festgewordene Substanz sehr pollenreich war. Es ließ sich sogar einwandfrei bestimmen, daß diese Pollenkörner, das ist der Blütenstaub der Pflanzen aus männlichen Keimzellen, aus einem Honig herrührten. Darüber hinaus konnten Experten wegen der noch vorzüglich erhaltenen Pollen sogar die dazugehörigen Pflanzen benennen. Dies ist deshalb möglich, weil sich die Pollen der einzelnen Pflanzen in Größe und Form unterscheiden. So stellten Archäo-Botaniker neben Pollen von krautigen Pflanzen wie Thymian, Sandknöpfchen, Wegerich, Wundklee, Mädesüß, Sauergräsern, Teufelsabbiß, Zungen-Hahnenfuß, Wiesenflockenblume und verschiedenen Glockenblumen etwa auch Pollen von Platterbsen und Wicken fest. Bei letzteren handelt es sich um eine Art, die als Ackerbegleitpflanze gilt und so darauf hindeutet, daß damals Ackerfluren existierten. Auch die anderen Arten, von denen man Pollen fand, besitzen ökologische Zeigereigenschaften – der Thymian etwa steht für eine niederwüchsige Vegetation an Hängen. Aufgrund der Pollen konnte das damalige Vorkommen folgender Biotope rekonstruiert werden: Waldrand, Lichtungen, Riede, Röhrichte, Ufer sowie feuchte, moorige Gebiete. Sofern der Honig nicht aus Griechenland importiert war, läßt sich sagen, daß in der Umgebung des Fürstengrabes zur Eisenzeit vor etwa 2.500 Jahren schon Landwirtschaft betrieben wurde.

In den eingetrockneten Resten eines 2500 Jahre alten Bronzekessels fanden Archäologen zusammen mit Pollen Spuren, die über die Zusammensetzung der Pflanzenwelt zur Zeit der Kelten Auskunft geben.

## Die Wiege im Orient

Die Ackerbaupioniere des europäischen Kontinents waren freilich nicht die ersten, die eine solche neue Lebensweise führten. Als in weiten Teilen Europas zwischen dem 9. und 6. vorchristlichen Jahrtausend die Menschen noch als Jäger und Sammler durch die Wälder streiften, kannten die Bewohner der berühmten alten Kulturen der Flußoasen Ägyptens, Mesopotamiens, Syriens, Palästinas und Kleinasiens schon den Getreideanbau. Das Gebiet des „fruchtbaren Halbmondes" ist höchstwahrscheinlich das Ursprungsgebiet der meisten europäischen und heute weltweit verbreiteten Kulturpflanzen. Auch die Wildformen von zwei sehr alten Weizensorten – und zwar Einkorn und Emmer – wachsen in diesem Raum. Zudem haben Forschungsarbeiten ergeben, daß viele Arten der Ackerbegleitflora, die in frühen jungsteinzeitlichen Siedlungen gefunden wurden, ihre Heimat im Vorderen Orient sowie im östlichen Mittelmeerraum haben. Von dort aus gelangten sie mit der Ackerbaukultur über Südosteuropa nach Mittel- und Westeuropa. Die in den fünfziger Jahren ausgegrabenen jungsteinzeitlichen Siedlungen Argissa Magula in Griechenland und Stara Zagora in Bulgarien lassen sich als Bindeglied zwischen den beiden Kulturkreisen verstehen. Auch die linienhaften Formen und Verzierungen der damaligen Keramik, der sogenannten Bandkeramik, zusammen mit Ackerbau ein Zeichen

Bereits im alten Ägypten wurde in großem Stil Getreide angebaut. Weite Teile Nordafrikas, besonders dort, wo sich heute unendliche Wüsten ausdehnen, waren zur Römerzeit riesige Kornkammern.

früher seßhafter Kulturen, weisen eine große Ähnlichkeit mit der älteren Töpferei des Balkans auf, so daß sich auf diese Weise ebenfalls belegen läßt, daß der Ackerbau nicht in Mitteleuropa entwickelt worden ist. Vielmehr zeigen diese Vergleiche, daß der jungsteinzeitliche Ackerbau erst im beginnenden 5. Jahrtausend vor Christus vom Balkan nach Mitteleuropa gelangte und sich hier um etwa 4500 vor Christus in weiten Teilen etabliert hatte. Aber auch in Nordafrika, selbst im Inneren der Sahara bestanden solche Kulturen.

## Die Sache mit dem Hacken

Wenn während der Jungsteinzeit die Bevölkerung explosionsartig anwuchs, so ist das auf den Ackerbau mit der im Vergleich zur Jagd sicheren Nahrungsbeschaffung zurückzuführen. Unter jungsteinzeitlichen und frühbronzezeitlichen Grabhügeln fanden die Altertumsforscher sogar noch Saatfurchen. Die Menschen entwickelten ein Handwerkszeug für die Feldarbeit – zunächst den einfachen Grabstock, wie er heute noch von den Ureinwohnern Afrikas, Südamerikas oder Australiens angewandt wird, und dann den Pflug. Der wohl wichtigste urgeschichtlich nachgewiesene Pflug stammt aus der Bronzezeit und wurde bei Walle in Ostfriesland entdeckt. Dieser einfache Pflug besaß nur einen Haken oder Dorn an einem langen Stiel. So konnten die Bauern damit kleine Furchen für die Einsaat schaffen. Solche von Menschenhand gezogenen Hakenpflüge entdeckte man auch bei Buräschisee und Egolzwil, zwei Schweizer Ortschaften zwischen Luzern und Solothurn.

## Fundgrube

### Urgeschichtliches Pflügen im Garten

Eigentlich ist es gar nicht so schwer, sich in die Haut eines Steinzeitmenschen zu versetzen, die Steinzeit läßt sich im Garten nacherleben. Wer wissen will, wie die ersten Pflüge funktionierten, benötigt einen kräftigen Ast, dessen Ende stark gekrümmt ist. Diesen Hakenpflug, wie man solche urtümlichen Handwerkzeuge nennt, zieht man einfach hinter sich her. Das Ergebnis liegt auf dem Boden – eine einfache Saatrille.

Die frühesten schriftlichen Hinweise über die Ernährung und den Ackerbau der Germanen liefern die Römer. Der Schriftsteller Livius schrieb um die Wende zur heutigen Zeitrechnung erstmals über Ackerland, das der germanische Stamm der Kimbern zusammen mit Wohnplätzen von den Römern verlangte, womit er die Auseinandersetzungen zwischen den Römern und Germanen einleitete. Julius Cäsar war über die einfache Weise der germanischen Feldbestellung verwundert, weil er aus einem Land kam, das eine damals schon weit fortgeschrittene Ackerbaukultur kannte.

Vor allem die Bodenbewässerung der römischen Besitzungen war besonders ausgereift. Aus den auf diese Weise im heutigen Nahen Osten und in Nordafrika bewässerten Olivenhainen und Datteloasen erhielten vor allem die wohlhabenderen Römer die Früchte für ihre erlesenen Gastmähler. Wenn Julius Cäsar nach Ägypten zog, so nicht nur wegen der vielbesungenen Kleopatra. Er war auch an den Feldprodukten des Nillandes interessiert. Wie die Unterwasserarchäologie heute nachweisen kann, führten die Römer auf Mittelmeerschiffen Datteln und Getreide aus Ägypten und auch aus anderen Regionen rund ums Mittelmeer ein. Aus dem Werk Columellas **„Über die Landwirtschaft"** wissen wir, daß die Zufuhr von Getreide aus den fernen Provinzen auch deshalb nötig war, weil der einst fruchtbare Boden Italiens ausgelaugt war. Wieviel Getreide die Römer einführen, ist nicht mehr genau zu ermitteln. Aber die Altertumsforscher stimmen darin überein, daß das Kernland des römischen Reiches seinen heute noch an den Resten prächtiger Baulichkeiten ablesbaren Lebensstandard nur aufrechterhalten konnte, weil Getreide von der Iberischen Halbinsel, Syrien, Ägypten und anderen Gebieten Nordafrikas eingeführt wurde.

Die Römer brachten ihre Produkte auch in das alte Germanien, wie die Untersuchung eines 1950 entdeckten Brunnens bei Rottweil ergab. Dort fand man neben den Resten einheimischer Früchte auch drei Feigen, die – wie in der römischen Zeit üblich – in Honig konserviert waren. Ebenso stellte man Reste von Süßkirschen, Pflaumen, Zwetschgen, Pfirsichen und Walnüssen fest. Um die Jahrtausendwende wiesen die Germanen im Vergleich zu den Römern einen gewissen Rückstand auf, mußten sie doch erst die von den Kelten gelichteten Wälder weiter roden, um Felder bestellen zu können. Dabei förderten sie unabsichtlich die Verbreitung von Wildtieren. Die großen germanischen Waldrodungen im 8. Jahrhundert ermöglichten den aus den asiatischen Steppen stammenden Tieren wie Hase oder Rebhuhn die Zuwanderung nach Mitteleuropa. Dasselbe gilt für viele Pflanzenarten, die aus den Steppen des Ostens und aus dem Mittelmeerraum auf die gerodeten Freiflächen, also auf entstehende Wiesen, Weiden und Äcker, gelangten. Durch die Verbreitung des Ackerbaus verwandelten die jungsteinzeitlichen Menschen in Mitteleuropa zusammen mit den nachfolgenden Kelten und Germanen die Ur- und Naturlandschaft allmählich in eine Kulturlandschaft. Aus natürlichen Ökosystemen entwickelten sich menschlich stark beeinflußte, aber intakte Agrarökosysteme. Erst in den vergangenen Jahrzehnten hat der Landbau das in Jahrtausenden entstandene System auf dem Feld durcheinandergebracht.

15

# Der jahrhunderte-lange Dreierwechsel

Bei der Bewirtschaftung der Äcker hatten die Bauern im Laufe der Zeit ein ausgeklügeltes System entwickelt, um die Flur so lange wie möglich sowohl für das weidende Vieh nutzen als auch nachhaltig bewirtschaften zu können: es war die Dreifelder- oder Brachfeldwirtschaft. Die Menschen des Mittelalters ließen die Äcker auf einem jeweils wechselnden Teil der Gemarkung, der sogenannten Zelg, brach liegen, auch wenn die einzelnen Grundstücke verschiedenen Besitzern gehörten. Dieser Teil wurde durch Zäune, Mauern, Dornenhölzer, Erdwälle oder Hecken eingegrenzt. Der allen Landbewirtschaftern auferlegte sogenannte Flurzwang ist erstmals in einer Urkunde des Klosters St. Gallen aus dem Jahr 763 erwähnt. Die hauptsächliche Wirtschaftsform des Mittelalters bestand in einer Abfolge von Brache, Winter- und Sommerfrucht. Nach der Brache pflügte der Bauer die Fläche und säte vor dem Winter das Getreide ein. Im Anschluß an die Ernte im folgenden Jahr nutzte man die Stoppelfläche als Viehweide. Im darauffolgenden Frühjahr wurde Getreide eingesät, und im Herbst nutzte man die Fläche wiederum als Viehweide. Im anschließenden Jahr folgte erneut die Brache, womit der nächste Umlauf begann. Die Dreifelderwirtschaft verlangte dabei von dem einzelnen Bauern, daß er sich den im Dorfrat gefaßten Beschlüssen fügte und das gleiche Getreide wie die anderen anbaute.

Die Dreifelderwirtschaft konnte sich bis in die Neuzeit hinein erhalten, weil sie Ackerbau und Viehzucht zum Vorteil beider verknüpfte. Bei der Brachweide sorgte das Vieh für eine Düngung des Bodens, andererseits fand es hier besonders eiweißreiche Nahrung wie die später eingeführte Esparsette und andere Futterpflanzen. Vor allem aber bewirkte die Brache eine Erholung des Bodens, da ihn die Bodenlebewesen zusammen mit den Futterpflanzen vor allem mit Luftstickstoff anreicherten. Diese Form der Bewirtschaftung trug sogar zur Mannigfaltigkeit der Natur bei, denn sie ließ entsprechende ökologische Nischen. So konnten auf der Brache die Ackerkräuter immer wieder wachsen und aussamen. Zudem transportierte das Weidevieh zusammen mit den umherwandernden Schafen und Ziegen an den Hufen, im Fell und über den Kot die Samen und Früchte in andere Gebiete. Diesen Umständen ist es vermutlich zu verdanken, daß sich die Ackerwildkräuter auf den damals noch sehr verstreut liegenden Äckern so rasch in nahezu allen Teilen Europas ausbreiteten.

Die alte Dreifelderwirtschaft änderte sich erst im 18. und 19. Jahrhundert, als die Brache aufgegeben wurde und seit Mitte des 18. Jahrhunderts durch den Anbau von Klee und Luzerne verdrängt wurde. Ende des 18. Jahrhunderts kam bei diesem neuen Fruchtwechsel als „Brachefrucht" noch die Kartoffel und zu Beginn des 19. Jahrhunderts die Futterrübe und später noch die Zuckerrübe hinzu. Damit erhielten die Haustiere ein neues Futter und konnten nun auch in den Ställen ernährt werden. Andererseits entstand durch die fehlende Ruhephase und Beweidung der Zwang, die Flächen intensiv zu düngen. Die alte Kreislaufwirtschaft bekam damit schon spürbar Schlagseite, während in verschiedenen Regionen Europas – etwa in Teilen Spaniens – der Brachefeldbau bis Mitte der achtziger Jahre des 20. Jahrhunderts fortdauerte und zum Teil in Abwandlung noch heute existiert.

Viele Bewohner der heutigen Ackerfluren konnten sich erst mit der Ausbreitung der Landwirtschaft in Mitteleuropa ansiedeln. Dazu gehört auch der Feldhase. Da Mitteleuropa rein klimatisch gesehen nahezu ein geschlossenes Waldland wäre, hätten Hasen darin weniger Lebensraum als in einer Kulturlandschaft.

Im Laufe der Jahrtausende hat die Feldflur die Menschheit teils besser teils schlechter ernährt. Bis in die jüngste Zeit fand jedoch der Ackerbau im Zusammenspiel mit den Gesetzen der Natur statt. Heute produzieren wir in Europa Agrargüter im Überfluß und gefährden dabei die ökologischen Grundlagen. Bevor wir uns der jüngsten Entwicklung im Landbau zuwenden, wollen wir den Blick zunächst auf die Leistungen der Bodenkrume richten. Zwischen dem Pflügen im Frühjahr und Herbst liegen nur wenige Monate, und doch bringt das Feld eine Menge Früchte hervor, aus denen wir unzählige Nahrungsmittel herstellen. Aus den Getreidekörnern von Weizen, Gerste, Hafer, Hirse, Roggen, Dinkel oder Emmer, die botanisch gesehen keine Samen, sondern vielmehr eine aus der Blüte entwickelte Frucht darstellen, mahlen wir verschiedene Mehlsorten. Vom hellsten Weißbrot bis zum schwarzen Pumpernickel erstreckt sich das Backparadies mit seinen über zweihundert verschiedenen Brotsorten. Doch damit noch nicht genug – auch für die verschiedenen Arten von Nudeln, Keksen, Kuchen oder Torten brauchen wir den weißen Staub, das Mehl.
Etwas würziger und flüssiger zeigt sich das Gerstenprodukt – schäumendes Bier. Eine Hackfrucht wie die Kartoffel liefert den Grundstoff für Pommes frites, Chips, Kartoffelbrei, -salat, oder -gratin. Ähnlich vielfältig lassen sich verschiedene andere Feldfrüchte wie Raps und Rüben oder Grünkohl und Karotten verwerten. Das Land, wo Milch und Honig fließen, liegt eigentlich auf der Feldflur zwischen Orts- und Waldrand!
Das alles und noch viel mehr ist Pflanzen zu verdanken, die mit Hilfe des Sonnenlichts, Kohlendioxid und den Nährstoffen im Boden gedeihen. Ein Blick ins Detail läßt erahnen, wie die grüne Wachstumsmaschine funktioniert. In der unsichtbaren unterirdischen Welt des Bodens ereignet sich Unvorstellbares. Nach Erkenntnissen des Heidelberger Bodenbiochemikers Fritz Pauli ist das gesamte Wurzelwerk einer einzigen Winterroggenpflanze über sechshundert Kilometer

## Die uralte Wachstumsfabrik

Feldwirtschaft und Viehzucht bringen vieles hervor: verschiedene Brotsorten,

Fleisch und

eine Menge an Wurstsorten,

verschiedene Zuckerprodukte,

Eier und noch vieles mehr.

lang. Jeder Quadratmillimeter dieser Wurzeln besteht aus einem dichten Pelz von knapp 400 winzigen Wurzelhärchen. Um diese Wunderwelt drängt sich im Bereich der obersten Erdschicht die unvorstellbare Zahl von 200 Millionen Bakterien. Und dies allein in einem Gramm Boden. Die Mikroorganismen liefern der Pflanze Stickstoff, Phosphor, Eisen, Kalium, Mangan und andere Grundnährstoffe. Die Pflanze wiederum scheidet an den Wurzelenden Stoffe aus, von denen die Bakterien leben. Der sowjetische Forscher S. Samtsewitsch verglich die Menge dieser Stoffe mit derjenigen des Kornertrags. Es sind Hunderte von Aminosäuren, Zucker, Enzyme, Wachstumsregler und zahlreiche noch nicht näher bestimmte chemische Substanzen. Bisher ist lediglich bekannt, daß die komplizierten organischen Verbindungen eine chemische „Sprache" sind, mittels derer sich Bakterien und Pflanze „verständigen". Noch sind diese Buchstaben ebenso wie der gesamte unterirdische Mikrokosmos kaum erforscht. Es genügen jedoch schon solch wenige Fakten, um die Kompliziertheit und Verletzlichkeit dieses vernachlässigten Ökosystems erahnen zu können. Von ihm profitieren wir mehrmals täglich – es ist unser tägliches Brot.

## Der Wegweiser durch die Natur

Noch um 1950 kamen mehr als 90 Prozent unserer Nahrung von Äckern, Feldern, Wiesen, Weiden und Weinbergen, die in der unmittelbaren Umgebung unseres Wohnortes lagen. Heute müssen viele Menschen lange über Asphalt und zwischen Beton hindurch fahren, bevor sie zu den ersten Feldern gelangen. Und wir leben im Zeitalter der Fernernährung: Beim Einkauf im Supermarkt ist nicht mehr ohne weiteres festzustellen, woher die Lebensmittel stammen. Uns fehlt der Bezug zu dem, wovon wir leben. Den wenigsten ist heute gegenwärtig, daß Getreide unser wichtigstes Nahrungsmittel ist. Und bedeutet „Zivilisation" nicht buchstäblich die Herstellung von Nahrung in nennenswerter Menge durch Kenntnis des Saatgutes und der Böden?

Äcker und Felder sind uns ebenso fremd geworden wie die zahlreichen Lebewesen, die einst im ökologisch intakten Zusammenspiel von Kultur und Natur die Fluren bewohnten. Die für unsere Regionen typische Kulturlandschaft ist zusehends zu einem reinen Agrarproduktionsraum verkümmert. Wie viele Menschen können noch die hakenschlagenden Hasen als Zeichen des bevorstehenden Osterfests im Frühjahr auf Feld und Wiese erleben? Und wer nimmt im Sommer noch den Duft von Kamillen oder das Zirpen der Grillen wahr?

Wir brauchen einen neuen Bezug zu unserer Kulturlandschaft, zum stetigen Werden und Vergehen der Natur, von dem auch unsere eigene Existenz abhängt. Wir brauchen eine Rückbesinnung auf den traditionellen Bauernhof, weil es um unser tägliches Brot geht, das nur dann umweltschonend erzeugt werden kann, wenn der Bauer seine Tätigkeit von der Saat bis zur Ernte in die Regelkreisläufe der Natur einbindet. Dies ist aber nur möglich, wenn unsere auf Konsum eingestellte Gesellschaft – und damit ist jeder einzelne gefordert – bereit ist, den höheren Aufwand einer naturorientierten Landwirtschaft durch entsprechend höhere Lebensmittelpreise zu honorieren.

**Wunderwelt zwischen Acker und Feld** ist in erster Linie ein Buch, das zu dem Erleben von Natur verhelfen soll. Es lädt ein, die kleinen und großen Wunder draußen in der Flur neu zu entdecken. Nur wer die Natur kennt, wird die Umwelt schützen können, und nur der Naturkundige kann negative Veränderungen in der Flur erkennen und sich für die Bewahrung der Vielfalt in unseren Kulturlandschaften erfolgreich engagieren. Und es gibt viel zu entdecken, das unseres Schutzes bedarf:

▷ Die doppelseitigen Naturentdeckungsbilder des renommierten Malers Berthold Faust sollen zu einer auch praktischen Erkundungstour durch Feld und Flur einladen: Die Bilder zeigen Lebensräume von Pflanzen und Tieren oder interessante Details aus einzelnen Biotopen. Damit können Exkursionen in die Natur auch visuell vorbereitet werden. Und abschließend kann die Entdeckungsreise noch einmal zu Hause nacherlebt werden.

▷ Farbige Insektenvergleichs- und Erkennungstafeln (ebenfalls von Berthold Faust gemalt) zeigen die wichtigsten und interessantesten Insekten in Feld und Flur und ordnen sie dem jeweiligen Lebensraum zu. Das Erkennen von einzelnen Insektenarten wird dadurch erleichtert, daß Unterschiede und Gemeinsamkeiten zu ähnlichen Insekten herausgestellt werden.

▷ Pflanzenvergleichs- und Erkennungstafeln (gezeichnet von Barbara Kutterer und Alexander Walsch) vermitteln eine Übersicht über die wichtigsten typischen Begleitpflanzen, wie sie in Äckern, Feldern, Wiesen und Weinbergen anzutreffen sind. Auch diese Tafeln erleichtern das Erkennen und Bestimmen vieler Blumen und Pflanzen unserer heimischen Feldfluren.

▷ Die einseitigen und doppelseitigen Fototafeln zeigen typische Feldfrüchte und das, was daraus gemacht wird. So können die ursprünglichen Früchte und das, was daraus für unseren täglichen Nahrungsbedarf gemacht wird, verglichen werden. Gehen wir also öfter mal in die Flur – auf eine entdeckungsreiche Naturerlebnistour.

▷ Einzelne Tier- und Pflanzenarten erscheinen in diesem Buch (wie auch in den anderen Naturwegweiser-Bänden) mehrfach. Dadurch wird anschaulich vermittelt, daß manche Arten in der Lage sind, ganz unterschiedliche Typen von Biotopen zu besiedeln. Natur kennt keine Grenzen. Sollten dabei die Pflanzen draußen in der Natur etwas andere Farben aufweisen als die hier im Buch, so liegt das daran, daß die Farben in der Natur von Pflanze zu Pflanze leicht variieren und sich so exakt nicht festlegen lassen.

# Mitten im Kornfeld

An einem strahlenden Frühjahrstag stürzt etwas aus großer Höhe steil herunter. Erst etwa einen Meter über dem noch grünen Getreidefeld bremst es abrupt ab. Erst jetzt zeigt sich, daß dieser Flugakrobat ein Greifvogel ist – eine Kornweihe, die ihre angewinkelten, langen Flügel kurz vor dem Boden ausbreitet. Dann steigt der Vogel mit dem auffallend langen Körper mit taumelnden Flügelschlägen wieder in die Höhe, um nun wie betrunken herabzukreisen. Dieses Schauspiel kann sich bis zu einhundert Mal wiederholen. Wir erleben hier den Balzflug der Kornweihen. Das Weibchen gaukelt dabei in geringer Höhe über dem Kornfeld und ist das Ziel von spielerischen Scheinangriffen des Männchens. Dieses will mit seinen Flugkünsten dem größeren Weibchen imponieren. Zugleich wählen die beiden den Neststandort aus. Wie andere Weihearten, beispielsweise die Rohr- oder Wiesenweihe, sind die Kornweihen Bodenbrüter. Das Nest wird inmitten des Getreidefeldes vor allem vom Weibchen angelegt. Hierzu sammelt es Zweige als Unterlage und bedeckt diese mit Grashalmen. Das knapp 500 Gramm schwere Weibchen legt 6 bis 7 Eier, wodurch es bis zu 40 Prozent seines Eigengewichtes verliert. Währenddessen kümmert sich das Kornweihen-Männchen um die Nahrungsversorgung und kann dabei bis zu 6 anderen Weibchen ein ähnliches Schauspiel vorführen. So halten sich Kornweihen-Männchen mitunter einen richtigen Harem. Merkwürdigerweise leidet darunter nach Feststellungen von Wissenschaftlern, welche die Balz und die Aufzuchten untersuchten, keine der Bruten. Das hängt damit zusammen, daß die Kornweihen äußerst beweglich sind. Diese Akrobaten der Luft können länger als andere Greifvögel im kräftezehrenden Schlagflug vorankommen, was wohl der leichten, fast elegant wirkenden Flugbewegung zu verdanken ist. Die flatterhaften Flügelschläge unterbricht die Kornweihe durch kurzes Gleiten. Oft bewegt sie sich in schwankendem Ruderflug über den Boden des offenen Flachlandes, um dann plötzlich ein Beutetier zu ergreifen. Zumeist fängt die Kornweihe Mäuse, verzehrt aber auch am Boden sitzende Kleinvögel wie Ammern und Lerchen sowie Eidechsen, Frösche, Insekten, Käfer oder auch junge Rebhühner. Tiere kennen kein Pardon, wenn es um das eigene Überleben geht. Während der Jagdflüge des Männchens wärmt das Weibchen die Jungen oder schützt sie bei sommerlicher Witterung vor Überhitzung. Und wenn jemand dem Nest zu nahe kommt, so verteidigt es den Nachwuchs heftig, auch gegenüber dem Menschen.

Doch dieser Einsatz für die Kinderstube im Getreidefeld hat der Kornweihe nicht viel genutzt. Kornweihen gehören neben dem Seeadler heute zu den am stärksten bedrohten Greifvogelarten. In der Schweiz starb die imposante Art schon 1917 aus, in Süddeutschland ist sie als

## Seltener Gaukler im Getreidefeld

Nur wenn wir naturnahe Landschaften erhalten, Biotopverbundsysteme aufbauen und eine umweltorientierte Landwirtschaft begründen, haben Kornweihen (links) in unseren Fluren noch eine Chance.

Brutvogel verschwunden. Lediglich in der norddeutschen Tiefebene und in den Steppen Polens gaukeln zur Brutzeit noch Kornweihen in der Flur; in Norddeutschland gibt es gerade noch ein halbes Dutzend Brutpaare, während in den neuen Bundesländern, vor allem in Brandenburg und Mecklenburg, immerhin beinahe 80 Paare leben. Gründe für den seit 1935 rapide erfolgten Rückgang sind hauptsächlich in der Zerstörung der Nahrungs- und Lebensräume (wozu auch Heiden und Feuchtwiesen zählen), der Verdrahtung der Landschaft, den Chemieeinsätzen der Landwirtschaft und der direkten menschlichen Verfolgung zu suchen. Der Rückgang zeigt deutlich, daß die Feldflur zu einem Sterbebett geworden ist. Doch scheint es noch eine Chance für die Kornweihen zu geben. Dies zeigt eine erfolgreiche Wiederbesiedlung in den Niederlanden. Auch eine landwirtschaftliche Extensivierung in Verbindung mit dem Aufbau von Biotopverbundsystemen in den Fluren könnte dazu beitragen.

## Vom Steppengras zum Getreide

In den Wildgräsern, den Urahnen unserer heutigen Getreidesorten, schlummern heute noch die Genreserven der Nutzpflanzen. So entstand auch der Hafer aus einer Wildgetreideart.

Ein leichter Sommerwind streicht durch das Feld mit dem reifen Weizen. Ähnlich den Wellen der See wiegen sich die gelben, hohen Getreidehalme. 400 bis 600 Halme ringen hier auf jedem Quadratmeter um das Sonnenlicht. Vor wenigen Wochen noch, im Stadium der sogenannten Milch- oder Teigreife, herrschte zartes Grün vor. Noch ein paar heiße Augusttage, dann tauchen schon die großen roten und grünen Mähdrescher auf. Sie nehmen die vielen Ähren auf, während sie die zerkleinerten Halme als gepreßte Strohballen oder große Strohwalzen zurücklassen.

Bis solche Ernten möglich waren, war eine jahrhundertelange Zuchtauswahl erforderlich. Der Stammbaum unseres Getreides geht auf Wildgräser zurück, die vor allem aus dem Vorderen Orient stammen. Als die Menschen der Jungsteinzeit mit dem Ackerbau begannen, übernahmen sie für den Anbau solche Arten aus dem Orient, die bereits im Wildzustand durch Größe und Güte der nutzbaren Pflanzenteile auffielen. Begonnen hatte alles wahrscheinlich ganz zufällig, als die Urmenschen die Früchte solcher Urgetreide wie Wildhafer, Wildemmer, Wildeinkorn, Bergroggen, Wildgerste, Rispen- oder Grünhirse sammelten und nach der willkürlichen Aussaat in der Nähe ihrer Behausungen merkten, daß diese Wildgräser auf nährstoffreicher Erde größere Samenkörner hervorbrachten. Die nunmehr gepflegten Wildgräser kreuzten sich untereinander, so daß aus dem Wildeinkorn und dem Wildemmer irgendwann der Zwergweizen hervorging. Als sich der Zwergweizen mit dem kultivierten Emmer kreuzte, entstand der Dinkel. Und als dieser später wieder mit dem Zwergweizen gekreuzt wurde, erhielten die Menschen der Eisenzeit den ersten Saatweizen. Die ersten Kulturpflanzen des Getreides aber unterschieden sich noch nicht sehr von den Wildpflanzen. Das beweisen verkohlte Wildgetreidekörner, die man im Gebiet des Tell Mureybit in Nordsyrien gefunden hat und die Wissenschaftler auf die Zeit um 7500 vor Christus, also lange vor der Eisenzeit, datierten. Es handelte sich dabei um Wild-Gerste und Wild-Einkorn. Die bisherigen Funde deuten darauf hin, daß sich die Kulturpflanzen anscheinend in einem relativ kurzen Zeitraum entwickelt haben. Sie weisen im Vergleich zu den Wildarten einen kräftigeren Wuchs und größere Blüten auf. Desweiteren zerbricht die Ährenspindel des Wildgetreides in einzelne Teile, die mit den herausfallenden Körnern vom Wind verbreitet werden. Kulturgetreidearten dagegen haben feste Ähren, bei denen sich die Körner erst beim Dreschen lösen. Wie wichtig die Wildsorten für uns heute noch sind, zeigt sich daran, daß Kulturgetreide immer wieder mit Wildgetreide rückgekreuzt werden muß, damit sich die Kultursorten nicht genetisch überleben. Nur dann erhalten wir weiterhin brauchbare Früchte von Gerste, Hafer, Roggen, Weizen oder Dinkel, die uns das unentbehrliche Mehl liefern. Teils wird beim Mahlen in der Mühle der Kern des Getreidekorns von der Fruchtschale getrennt, teils verbleiben, wie beim Vollkornmehl, die wertvollen Bestandteile der Schale. Das so gewonnene Mehl mit seinem hohen Gehalt an Eiweiß, Fetten und Vitaminen kann nun zu allerlei Brot, Brötchen, Brezeln, Kuchen, Torten, süßem Gebäck, Keksen, Fruchtriegeln, Nudeln oder Pizza-Teig verarbeitet werden. Eigentlich steckt also in jedem Brotlaib ein großes Stück Kulturgeschichte.

Wenn im Hochsommer auf dem Land der Weizen heranreift, löscht so mancher in der Stadt seinen Durst mit einem kühlen, prickelnden Weizen- oder Weißbier. Grundlage für das erfrischende Getränk ist der Brauweizen. Die dickstengelige Halmfrucht zählt zu den ältesten Kulturpflanzen. Man fand den Mumienweizen, der deutliche Merkmale der heutigen Kulturpflanze aufweist, schon in den ägyptischen Pharaonengräbern aus der Zeit um 6000 vor Christus. Einfache Formen gab es sicher schon lange vorher. Weizen gehört zu den wichtigsten Nahrungspflanzen und wird heute in allen Erdteilen, auch im hohen Norden wie in Schweden oder Kanada angebaut. Fast zu jeder Jahreszeit wird irgendwo auf unserem Planeten Weizen geerntet. Der Grund für die weltweite Verbreitung liegt in der großen Mannigfaltigkeit des höchstens 120 Zentimeter hohen Weizen verborgen. Nach neueren Forschungen sind die Chromosomensätze, also die winzigen Träger der Erbsubstanz in den Zellkernen, beim Weizen nicht nur zweifach, sondern wie bei vielen Kulturpflanzen im Gegensatz zu den Wildarten mehrfach vorhanden. Dies ist auch die Grundlage dafür, daß heute zahlreiche Sorten mit ebenso zahlreichen Eigenschaften gezüchtet werden können. Wir kennen inzwischen über 1.000 Weizensorten. Die einzelnen Sorten lassen sich in drei typische Formenkreise einteilen: die sogenannte Einkorn-Reihe besitzt 14 Chromosomen, die Emmer-Reihe 28 und die sogenannte Dinkelreihe 42. Zu letzterer gehört neben dem Dinkel als einer Weizenursorte auch der weit verbreitete Saatweizen, dessen Erbgut vermutlich bei frühen Kreuzungen von einem Wildgras, und zwar einer Queckenart, eingebracht wurden. Dies zeigt, daß wir heute nach wie vor auf Wildpflanzen und deren Eigenschaften angewiesen sind. Eine weitere alte Sorte – der Durum-Weizen – hat den höchsten Eiweißgehalt. Und der uralte Stammbaum hatte im vergangenen Jahrhundert noch viele feinere Verästelungen. Es gab Sorten, die an die lokalen Verhältnisse angepaßt waren.

## Weizen – uralter Weltenbürger

Getreide wird heute in nahezu allen Regionen der gemäßigten Klimazonen angebaut.

Aus dem einst nahezu endlosen Urwald Mitteleuropas wurde im Lauf der Jahrtausende durch die Arbeit des Menschen eine Kulturlandschaft.

Dinkel

Weizen

Gerste

Roggen

Mais

Hafer

27

## Vom flüssigen Brot

Biertrinker erzählen gerne, daß ihr Durstlöscher gesund sei und man ihn als flüssiges Brot ansehen könne. Zumindest wird das erfrischende Alkoholgetränk aus natürlichen Ausgangsstoffen gebraut, so daß es nicht verwundert, wenn schon bald nach der Züchtung der Kulturgerste auch der Gerstensaft getrunken wurde. Die frühesten Funde von Gerste aus Vorderasien datieren aus der Zeit um 7000 vor Christus. Sowohl in Ägypten als auch im ehemaligen Zweistromland zwischen Euphrat und Tigris gibt es Darstellungen von der Bierherstellung. Im Laufe der Jahrtausende konnte sich eine große Formenvielfalt der niedrigen, höchstens einen Meter hohen Gerste entwickeln. Heute wird sie sogar künstlich niedrig gehalten: mit chemischen Mitteln, den sogenannten Halmverkürzern, verhindert der Landwirt, daß er zuviel Stroh erhält.

Das Getreide mit dem schmalen Halm ist recht anspruchslos. Es gedeiht in den trocken heißen Steppen Vorderasiens ebenso wie auf der Hochebene Tibets in mehr als 4.500 Meter Höhe und sogar nördlich des Polarkreises. Im hohen Norden muß allerdings der Boden für mindestens 3 Monate knietief auftauen. Unter solchen extremen Bedingungen macht sich bezahlt, daß Sommergerste nur etwa 70 Tage von der Aussaat bis zur Reife benötigt. Überall wo Gerstenfelder angelegt sind, fallen sie von der Gelbreife an durch einen hellen Glanz auf. Dieser Schmuck rührt von den seidig schimmernden Grannen her, wie man die langen, haarfeinen Auswüchse an der Ähre nennt. Die Granne kann sich mit ihrer oft rauhen Oberfläche im Fell eines Tieres verfangen, so daß das Saatkorn mitgenommen und für seine Verbreitung gesorgt wird. Doch auf diesen Trick ist die Zuchtgerste heute nicht angewiesen, denn wir Menschen selbst sorgen für die Wiederaussaat.

## Fundgrube

### Nicht nur für arme Leute: die Gerstensuppe:

Was haben die Menschen wohl vor der Einführung der Kartoffel gegessen? Es waren ärmliche Speisen, wie etwa die Gerstensuppe. Über Nacht werden die Gerstenkörner im Wasser aufgeweicht und am anderen Tag eine halbe Stunde gekocht. Heutzutage kann noch Gemüse wie klein geschnittene Gelberüben, Lauch oder Weißkohl zugegeben werden. Etwas läßt sich die Suppe mit Kümmel und Pfeffer abschmecken. Bei der Niedersächsischen Gerstensuppe kommen noch Speckwürfel und Blutwurst hinzu.

## Fit durch Hafer

Es muß seinen Grund haben, warum Pferdefreunde ihren Hengsten, Stuten, Ponys oder warum Bauern dem Jungvieh regelmäßig Hafer zu fressen geben. Nicht nur in den Körnern, sondern selbst im Stroh sind wichtige Aufbaustoffe wie Phosphor, Kalium und Mangan enthalten. Hafer weist unter allen Getreidearten am meisten Eiweiß und Fett sowie Vitamin B, Kalzium und Eisen auf.

Auch für die Menschen ist Hafer ein wertvolles Nahrungsmittel. Welches Kind kennt nicht Haferflocken oder Haferbrei? Vor der Einführung der Kartoffel war Hafermus, die Engländer sprechen von porridge, sogar ein Volksnahrungsmittel. Die damals weite Verbreitung hängt damit zusammen, daß Hafer hinsichtlich der Bodenverhältnisse nicht so anspruchsvoll ist wie der Weizen. Und Intensivdüngung gab es ja früher nicht. Hafer gedeiht am besten in feuchtkühlen, regenreichen Zonen, also in Mittelgebirgsregionen, den Voralpen Österreichs, der Schweiz und Deutschlands sowie in Küstengebieten. In trockenen, warmen Lagen schwankt der Ertrag, so daß der Hafer hier nicht sehr verbreitet war. Seine relative Genügsamkeit verdankt der Hafer einem leistungsfähigen und stark entwickelten Wurzelnetz. Es dringt tiefer in den Boden ein als dasjenige anderer Getreidearten. Auch in bezug auf seine Herkunft nimmt der Hafer eine Sonderrolle ein. Er stammt im Gegensatz zu den anderen Getreidearten wahrscheinlich aus Mitteleuropa, denn nur hier hat man Reste aus vorgeschichtlicher Zeit gefunden – zum Beispiel in den prähistorischen Pfahlbauten des Bodensees. Die Körner wiesen 3 Millimeter Größe auf, während sie heute fast die dreifache Länge erreichen. An Weg- und Ackerrändern gedeiht der Flughafer, ein wilder Verwandter des Hafers. Er kann auch mit den Kulturrassen gekreuzt werden. Bei einem Sommerspaziergang durch Acker und Feld kann man die Rispen des Flughafers und der angebauten Frucht einmal vergleichen.

Über Jahrhunderte eine Mühle, heute nur noch ein Freilichtmuseum.

Es ist keine Täuschung, wenn man draußen in der Feldflur an einem Getreidefeld plötzlich glaubt, den Duft von frischem Schwarzbrot zu riechen. Er stammt von Kustro, Carokurz, Nomaro, Pekuro oder Karlshuder, wie man die verschiedenen Sorten von Winterroggen nennt. Das dunkle, herzhafte Roggenmehl ist Grundstoff für viele beliebte Brotsorten. Die heutige Verbreitung dieses Getreides ist ver-

## Roggen muß Glocken läuten hören

---

### Begleitpflanzen des Wintergetreides

(Kurzbeschreibungen zur Erkennungstafel auf der nächster Seite)

Eine äußerst farbenprächtige Pflanzenwelt kennzeichnet die Wintergetreideäcker. Viele Pflanzen haben sich an die herbstliche Einsaat angepaßt. Im Laufe des seit 5.000 Jahren existierenden Ackerbaus lebten Nutzpflanzen und Ackerkräuter konkurrenzlos nebeneinander. Erst in den letzten Jahrzehnten hat der moderne Landbau und der Saatgutreinigung diese zumeist einjährigen Kulturbegleiter zurückgedrängt, so daß sie mancherorts ganz fehlen oder nur an wenigen ungespritzten Ackerrändern gedeihen.

Auf nährstoffreichen aber nicht überdüngten Getreidefeldern oder auch Brachen wächst die **Kornblume** (Centaurea cyanus), die in der Zeit von Juli bis Oktober blüht. Die dunkelroten Blüten des seltenen **Sandmohns** (Papaver argemone) erscheinen im Frühsommer und berühren sich im Gegensatz zu denjenigen des **Klatschmohns** (Papaver rhoeas) nicht. Die Herkunft beider Arten ist unsicher. Mit seiner Höhe bis zu 1 Meter überragt die vielerorts ausgestorbene **Korn-**

**rade** (Agrostemma githago) das Getreide und ist durch die oben mitassimilierenden, also die Sonnenenergie nutzenden, Kelchblätter gut als Getreidebegleiter ausgerüstet. Der häufige **Hasenklee** (Trifolium arvense) wächst auf Sandböden und blüht in der Zeit von Juli bis Oktober zuerst weiß, dann rötlich; schmeckt bitter. Die mittleren und oberen Blätter des **Dreiteiligen Ehrenpreis** (Veronica triphyllos) sind drei- bis fünfteilig. Er kommt auch in Weinbergen, Gärten oder Hackfruchtäckern vor. Auf lehmigen Kalkböden wächst der **Feld-Rittersporn** (Consolida regalis), dessen Blüten von Hummeln und vor allem Schmetterlingen besucht werden. Der selten gewordene **Acker-Wachtelweizen** (Melampyrum arvense) ist ein Halbschmarotzer, der die Wurzeln anderer Pflanzen anzapft und die Nährsalze selbst weiter aufbereitet. Auf nährstoffreichen Äckern wie auch Ruderalstandorten gedeiht das einjährige **Acker-Stiefmütterchen** (Viola tricolor). Die im Sommer blühende **Kletten-** oder **Möhren-** bzw. **Acker-Haftdolde** (Caucalis lappulla) erreicht nur eine Höhe von 8 bis 30 Zentimetern und gilt als gefährdet. Stark gefährdet ist auch der **Acker-Hahnenfuß** (Ranunculus arvensis). Er kommt vor allem auf lehmigen Böden vor.

Kornblume

Klatschmohn

Kornrade

Sandmohn

Hasenklee

Dreiteiliger
Ehrenpreis

Feld-
Rittersporn

Acker-
Wachtelweizen

Acker-Stiefmütterchen

Kletten-
Haftdolde

Acker-
Hahnenfuß

30

mutlich auf seine hohe Widerstandskraft gegen extreme Kälte von minus 20° bis 24° Grad Celsius zurückzuführen. Wahrscheinlich kam Roggen als sogenannte sekundäre Kulturpflanze ursprünglich nur als Wildkraut in Weizenbeständen vor. Es wird angenommen, daß der Wildroggen von den Weizenfeldern Persiens und der Türkei, wo er heute noch häufig vorzufinden ist, allmählich nach Europa eingeschleppt wurde.

Die größte Ähnlichkeit von Wild- und Kulturroggen ist ein Hinweis darauf, daß diese Getreideart noch relativ jung ist. Tatsächlich datieren Funde des Roggens nur bis in die Eisenzeit, also etwa 900 Jahre vor unserer Zeitrechnung zurück. Der Roggen muß Europa eher zufällig erobert haben, indem er mit der Weizensaat einwanderte. Wahrscheinlich wurde der Roggen von den Menschen der Eisenzeit aus dem Saatweizen entwickelt. Der Wissenschaftler E. Bauer hat in einem Versuch in der Mark Brandenburg nachweisen können, daß der Roggen den Weizen bei hälftigen Mischsaaten unter den dortigen Klima- und Bodenverhältnissen schon nach drei Jahren verdrängt.

Dabei wurde auch eine alte Bauernweisheit bestätigt, die besagt, daß der Roggen die Glocken läuten hören muß. Es bedeutet, daß der bis zu 2 Meter hoch werdende Roggen nur 1,5 bis 3 Zentimeter tief eingesät werden darf. Ist er tiefer eingesät, so keimt er nicht.

## Wenn Unkraut verdirbt

Für die schönsten Erlebnisse in der Wunderwelt auf Acker und Feld müssen wir so manche Regenperiode durchstehen und bis Juli warten. Wenn die heiße Luft über dem Boden flimmert, ist es stiller geworden in der Feldflur. Das geschäftige Treiben der verschiedenen Vogelarten, die im Frühling und Frühsommer ihre Jungen aufziehen, ist einer eigentümlichen Ruhe gewichen. Alles scheint jetzt irgendwie heimlicher und versteckter vor sich zu gehen. Jetzt ist auch das Getreide goldgelb herangereift, und zugleich blühen verschiedene der attraktivsten Arten der Ackerbegleitflora: die kobaltblaue Kornblume etwa oder die violette Kornrade, der scharlachrote Klatschmohn und die stark aromatisch duftende Kamille. Doch solche Bilder sind selten geworden; denn was als Wildkraut die Feldflur bereichert, läßt vielen Landwirten immer noch die Haare zu Berge stehen. Für den Landwirt ist beispielsweise die Kamille ein Platz-, Wasser- und Nahrungskonkurrent für das Getreide, weshalb er sie zum Unkraut abstempelt und wie viele andere Wildpflanzen mit chemischen Mitteln, den Herbiziden, bekämpft. Sicherlich können Problemkräuter wie die Kratzdistel etwa mit ihren Unmengen an wolligen Flughaaren auf dem Feld nicht unbeschränkt geduldet werden. Doch müssen deshalb gleich alle Ackerbegleiter mit der chemischen Keule verfolgt werden? Wäre der Roggen in Asien, wo er einst als Wildkraut in den Getreidefeldern vorkam, als unerwünschte Pflanze ausgerottet worden, so müßten wir heute auf dieses Brotgetreide verzichten. Die Ackerbegleitflora ist nicht nur als Genreserve von Interesse, sondern ihr kommt auch eine nicht zu unterschätzende Rolle im Naturhaushalt der Feldflur zu. Mit der Ausrottung jeder Pflanze sind zugleich 10 bis 25 direkt oder indirekt von ihr abhängige Tierarten bedroht. Auch wenn die Verarmung der Wun-

Wir wissen heute oft gar nicht mehr, woher unsere Nahrung kommt und wie sie entsteht. Jedes Weizenkorn bringt in vielfacher Weise neues Leben hervor. Wer ahnt schon, daß aus diesem Weizenkeimling ein mehlspendender Ährenträger wird.

Distel und Kornblume haben auf den heute intensiv genutzten Feldern kaum noch Platz.

derwelt zwischen Acker und Feld vor allem auf den Einsatz von Herbiziden zurückzuführen ist, so hat doch nicht die direkte Bekämpfung allein die bunten Ackerbegleiter so rar werden lassen. Die gestiegenen Mineraldüngergaben führen zu einem dichteren Stand der Getreidepflanzen, so daß lichtliebende Arten verdrängt werden. Auch die neugezüchteten Getreidesorten mit ihren breiten Blättern lassen den lichtliebenden Wildkräutern kaum noch eine Chance. Außerdem ist die Reinigung und Behandlung des Saatgutes mit Beizmitteln (also ebenfalls Chemikalien) Ursache für das dramatische Aussterben der Ackerflora. Besonders die großsamigen Arten wie die Kornrade werden ausgesiebt und gelangen nicht mehr auf das Feld. Das Ergebnis ist erschreckend: auf einst pflanzenreichen Standorten sank die Zahl der Arten um etwa 30 bis 40 Prozent. In Deutschland und Österreich finden sich von den Ackerwildkräutern von Jahr zu Jahr mehr auf der Roten Liste, 15 Arten sind bereits ausgestorben. Und in der Schweiz sind 40 einstige Ackerpflanzen verschwunden oder finden sich nur noch auf wenigen Flächen im Wallis, weil sich dort die extensive Landwirtschaft am längsten halten konnte.

Dabei haben sich die Ackerkräuter jahrhunderte- und jahrtausendelang mit den steppenähnlichen Bedingungen der Äcker zurechtgefunden. Sie hatten sich sogar ganz speziellen Anbauformen wie der des Winter- oder Sommergetreides angepaßt. Die Harmonie zwischen Natur und Kultur ergab sich beim Anbau von Winterroggen, Wintergerste oder Winterweizen dadurch, daß auch die wilden Florenelemente tiefere Temperaturen zum Keimen benötigen. Wenn in der Zeit von September bis Dezember das Wintergetreide ausgesät wurde, gelangten die Samen der Wildpflanzen in das umgepflügte Erdreich. Sie überstanden den Winter als Rosette und gediehen im kommenden Frühjahr und Sommer bis zur Blüte. Samen von kurzer Lebensdauer profitierten davon, daß das Feld für das Wintergetreide innerhalb weniger Wochen im Herbst wieder zur Einsaat vorbereitet wurde. Mit der Ernte des Getreides wurden auch die Samen der Ackerbegleitpflanzen aufgenommen, so daß sie bei der Aussaat im Herbst wieder auf dem Acker landeten. Früher fanden die Samen noch einen weiteren Weg zum Acker zurück: da sie nach dem Dreschen in den Samenkapseln verblieben, gelangten sie mit dem Stroh in den Stallmist und mit der Düngung erneut auf den Acker – der Kreislauf hatte sich wieder geschlossen. Wildkraut konnte damals noch nicht verderben – es war Teil eines Jahrtausende währenden Kreislaufs, in dem Natur und Kultur gleichermaßen als Zahnräder wirkten.

## Kornblume, Symbol für herkömmlichen Landbau

Vor allem auf dem Umweg über Kuh- oder Schweinestall konnte die Kornblume sich auf den Wintergetreidefeldern der ganzen Welt ausbreiten. Sie kam nach der letzten Eiszeit wahrscheinlich nur in den kalten Steppen Mitteleuropas vor, wurde aber durch die Bewaldung in wärmeren Zeiten verdrängt und war vermutlich nur noch an den Klippenstandorten der Ostsee verbreitet. Auch an offenen, trockenen Standorten in Sizilien, auf dem südlichen Balkan und in Vorderasien war die Kornblume ursprünglich beheimatet. Von hier aus gelangte das bis zu 70 Zentimeter hohe Korbblütengewächs wie 90 Prozent der

32

Getreidebegleiter wieder nach Mitteleuropa und eroberte mit dem Getreideanbau die ganze Welt. Diese weite Verbreitung der Art ist nicht zuletzt auf ihre gut entwickelte Blüte zurückzuführen. Die hellblau leuchtenden, tief ausgezackten und sterilen Randblüten umrahmen das Blütenkörbchen wie eine Schautracht. Die Röhrenblüten selbst sind reichlich mit Nektar versehen, weshalb die Blüten Bienen, Hummeln, Falter und Fliegen besonders anziehen. Das Ergebnis der Insektenbesuche – die meisten Bienen kommen morgens gegen 11 Uhr zu dieser blauen Tankstelle – sind 700 bis 1.600 Samen je Pflanze. Die 4 bis 5 Millimeter langen Samen besitzen eine ebenso lange Haarkrone, weshalb sie besonders für die Verbreitung durch den Wind geeignet sind.

Auch Ameisen tragen zur Verbreitung der blauen Blume bei. Sie sind am Samen interessiert, weil er einen Ölkörper mit einem Fettgehalt von 28 Prozent besitzt. Die vor allem in Kalkgebieten vorkommende Pflanze ist vielerorts kaum mehr anzutreffen. Sie kann jedoch wieder zu einer Symbolpflanze für einen naturnahen Landbau werden, wenn zumindest Ackerränder als solche belassen und frei von Spritzmitteln und Kunstdünger gehalten werden.

Äcker brauchen nicht einheitlich grün oder gelb zu sein. Landwirte können Farbe bekennen und Äcker wieder bunt blühen lassen. Wie sich die Segetalflora – so wird die Ackerbegleitflora wissenschaftlich genannt – retten läßt, hat der Biologe Dr. Wolfgang Schuhmacher mit dem sogenannten Ackerrandstreifenprogramm aufgezeigt. Begonnen hatte es zunächst mit 33 Versuchsflächen in der nördlichen Kalkeifel in

## Natürliche Samenbanken als letzte Rettung

### Pflanzen nicht nur der Sommergetreideäcker

(Kurzbeschreibungen zur Erkennungstafel auf der nächsten Seite)

Die Einsaat von Hafer, Sommerweizen und Sommergerste im März und April begünstigt durch das Umbrechen des Bodens im Frühjahr vor allem diejenigen Pflanzen, die eine höhere Temperatur zum Keimen benötigen. Diese Flora ähnelt stark derjenigen der Hackfruchtäcker.
Die Stammform des Saathafers ist der **Flughafer** (Avena fatua). Er erreicht eine Höhe von 50 bis 120 Zentimetern. Auf grundfeuchten Äckern gedeiht der bis 45 Zentimeter hoch werdende **Acker-Schachtelhalm** (Equisetum arvense). Wegen seines Gehalts an Kieselsäure findet er als natürliches Schädlingbekämpfungsmittel gegen Pilze Verwendung. Zur Familie der Baldriangewächse gehört eine schmackhafte Salatpflanze, der **Feld- oder Ackersalat** (Valerianella locusta). Bis zum Frühjahr findet man ihn als Halbrosette, dann blüht er zwischen April und Mai. Auf nährstoff- und stickstoffreichen Lehmböden gedeiht die **Echte Kamille** (Matricaria chamomilla), die im Gegensatz zur ebenfalls häufigen Geruchlosen Kamille ätherische Öle verströmt, die heilend auf Entzündungen wirken. Wo magere und lückige Getreideäcker zu finden sind, kann auch der **Gemeiner Frauenspiegel** (Legousia speculum-veneris) mit seinen leuchtend blau-violetten Blüten vorkommen. Auf lehmigen Getreideäckern und Ruderalflächen ist das **Acker-Vergißmeinnicht** (Myosotis arvensis) häufig anzutreffen. Der widerhakige Samen wird durch Tiere verbreitet. Ebenfalls häufig wächst die **Rote Gauchheil** (Anagallis arvensis), wobei er zumeist in Hackfruchtäckern gedeiht. Die Blüten des seltenen **Acker-Frauenmantels** (Alchemilla arvensis) messen nur bis zu 2 Millimetern und bestehen nur aus dem Kelch. Die Blüten des **Gemeinen Erdrauch** (Fumaria officinalis) haben eine schwarzrote Spitze. Das Mohngewächs ist häufig vor allem auch auf Hackfruchtäckern zu finden. Sehr häufig weil zählebig ist die **Gemeine Quecke** (Agropyron repens) mit ihren ausgedehnten Wurzelausläufern. Sie kommt zumeist dichtrasig auf nährstoffreichen, lockeren bis mittelschweren Böden vor. Und hat nicht jede Pflanze und jedes Tier schon um seiner selbst willen ein naturgegebenes Existenzrecht?

Flughafer

Acker-
Schachtelhalm

Feldsalat

Echte
Kamille

Roter
Gauchheil

Acker-
Vergißmeinicht

Gemeiner
Frauenspiegel

Gemeiner
Erdrauch

Gemeine
Quecke

Acker-Frauenmantel

den Jahren 1978 bis 1981. Dort wurden 2 bis 3 Meter breite Streifen am Rande der Äcker eingerichtet. Diese nutzten die Landwirte weiter, verwendeten aber dort keine Herbizide mehr. Der Verzicht auf die chemische Keule brachte Überraschendes zutage: 3 von 15 der in dieser Region als ausgestorben geglaubten Pflanzen, nämlich Einjähriger Ziest, Flammen-Adonisröschen und Ackerkohl tauchten in stattlicher Anzahl wieder auf. Wie Forschungen des Londoner Ökologen Peter D. Moore zeigen, legen Pflanzen „Samenbanken" an. Sie bilden zwei Arten von Samen. Während die einen sofort keimen, legen die anderen eine Ruhepause ein. In dieser Zeit wäscht der Regen die Samen in immer tiefere Bodenschichten. Dort fehlt ihnen das, was die meisten Samen zum Keimen benötigen: Licht oder Wärmeschwankungen. Unter einem Quadratmeter Ackerboden sind so zwischen 10.000 bis 80.000 keimfähige Samen gelagert. Wenngleich man einige der 1.700 Jahre alten Samen des Weißen Gänsefußes aus eisenzeitlichen Bodenschichten in Jütland noch zum Keimen bringen konnte, so liegt die Keimfähigkeit der Samen der Ackerflora „nur" zwischen 20 und 40 Jahren. Wenn man bedenkt, daß jährlich etwa 20 Samen durch das Pflügen an die Oberfläche gelangen und durch regelmäßige Anwendung von Herbiziden zerstört werden, bleiben im Laufe von 20 Jahren von einem Samenvorrat von 1.000 keimfähigen Samen von nur noch 600 übrig. Sofern also noch ein Samenvorrat vorhanden ist, können gefährdete und seltene Ackerbegleiter auf chemisch unbehandelten Randstreifen wieder auftauchen – mit Ausnahme der Kornrade, deren Samen, sobald sie im Boden sind, nur wenige Monate keimfähig bleiben, sofern sie nicht in kalten Wintern erfrieren. Diese Pflanze hat ihren Lebensrhythmus so auf das Getreide eingestellt, daß sie immer auf eine Aussaat angewiesen ist.

Etwas Seltenes ist passiert. Ein Hund, der eigentlich an die Leine sollte, entdeckt auf dem Brachefeld neben den Getreidefeldern ein etwa 25 Zentimeter langes, gelbliches Nagetier. Es ist ein Feldhamster, und für ihn geht es bei dieser Begegnung um Sein oder Nichtsein, weshalb das ansonsten harmlose Tier sofort den Feind angreift. Zielstrebig geht der Feldhamster auf den Hund zu. Dieser weicht überrascht zurück. Den ersten Rückzug des Überlegenen nutzt der Hamster, um in Richtung seines Erdbaus zu fliehen. Der Hund sieht nun seine Chance erneut gekommen und setzt zur Verfolgung an. Der Nager bemerkt dies und stellt sich auf die Hinterbeine, droht dem Stärkeren und springt sogar den Hund an. Jetzt könnte sich der scheinbar harmlose Hamster am Feind verbeißen. Der verschreckte Hund zieht sich jedoch wieder zurück, was der Feldhamster zur erneuten Flucht ausnutzt Nachdem sich die Scheinangriffe mit Rückzug und Flucht mehrmals wiederholt haben, hat der Feldhamster seinen unterirdischen Bau erreicht und kann sich durch seine Fallröhre vor dem Verfolger retten. Diese seltene Beobachtung gelang dem Wiener Verhaltensforscher und Biologen Irenäus Eibl-Eibesfeldt Anfang der fünfziger Jahre.
Es hat seine Gründe, warum Feldhamster kaum zu Gesicht zu bekommen sind. Sie verlassen fast nur in der Dämmerung und während der

## Wenn ein Steppentier hamstert

Wegen seiner heimlichen Lebensweise bekommen Wanderer den Feldhamster nur selten zu Gesicht.

Nacht ihren Bau. Die relativ große Ohrmuschel verrät ein gutes Gehör. Zudem helfen die am gesamten Körper verteilten Leithaare zusammen mit den Schnurrhaaren dem tastempfindlichen Feldhamster sich zu orientieren. Wenngleich noch nicht genau erforscht ist, wie das Steppentier des Nachts zu seinem unterirdischen Bau zurückfindet, so dürfte es sich nach den reichlich angebrachten Duftmarken innerhalb seines Reviers richten. In Mitteleuropa fand das hauptsächlich in baumlosen Steppen und steppenähnlichen Landschaften Osteuropas und Westasiens vorkommende Tier zunächst keine optimalen Lebensbedingungen vor. Nach Auffassung der meisten Wildbiologen drang das Nagetier mit der Umwandlung großer Teile Mitteleuropas von Wald- und Ackerland – dies erfolgte in größerem Stil vor allem in der Karolinger Zeit im 8. Jahrhundert – nach Westen vor, wo es sich in den von Menschen geschaffenen steppenartigen Bereichen niederließ. Es besiedelte jedoch nur Gebiete mit sommerwarmem, trockenem Klima auf Löß- und Lehmböden bis maximal 400 Meter Höhe. Westlich des Rheins ist es mit Ausnahme einiger Inselvorkommen in Belgien, Frankreich und den Niederlanden nicht anzutreffen. In seinem etwa 30 Meter um den Bau reichenden Aktionsraum schneidet der Feldhamster den Pflanzenbewuchs ab. Wenngleich so mancher Bauer im Feldhamster einen Korndieb sieht, so ist er doch ein Allesfresser und lebt nicht nur von Getreidekörnern. Er verzehrt Knollen, Halme, Kartoffeln, Möhren oder Klee ebenso wie Löwenzahn, Hederich und sogar die für den Menschen giftigen Wolfsmilchgewächse oder Früchte des Schwarzen Nachtschattens. Außerdem verspeist der putzige Säuger Kleintiere wie Heuschrecken, Raupen, Engerlinge, Regenwürmer und gelegentlich auch einen bodenbrütenden Vogel. Wenn Hamster auch gerne Vorratslager an Getreidekörnern anlegen, so leben sie nicht inmitten der Getreidefelder. Vielmehr legen sie ihren Röhrenbau mit Wohn- und Vorratskammern für die Getreidekörner als Winternahrung gerne in größeren Brachflächen an. Nur noch auf diesen unbewirtschafteten Flächen bleiben ihre Erdbauten von den heutigen Tiefpflügen verschont. Doch solche Rückzugsflächen sind rar geworden. Es gibt immer weniger Landstriche, in denen dieses gefährdete Nagetier leben kann, denn die modernen Tiefpflüge zerstören seine unterirdischen Bauten, und die Spritzmittel vernichten seine Nahrung.

## Zu schade für ein Strohfeuer

In großen Schwaden zieht eine Rauchwolke langsam in Richtung Stadtrand. Stammt der stinkende Qualm womöglich von einem Waldbrand? Der Brandherd liegt auf den Feldern. Dort hat ein Landwirt die Rundballen aus Stroh mitsamt dem Stoppelfeld angezündet. Wenn es auch nur ein Brand von kurzer Dauer ist, das Strohfeuer hätte sich vermeiden lassen, wenn die Halme untergepflügt worden wären. Auch der Pferdestall im Ort hätte die bis zu 380 Kilogramm schweren, schneckennudelartig zusammengepreßten Strohballen angenommen, ließe sich doch damit ein Reitstall mit 38 Pferden zweimal täglich ausmisten. Für viele Landwirte bedeuten die gelben Stengel heutzutage Abfall, doch jahrhundertelang waren sie ein gefragter Rohstoff. Einst mischten die Bauern diese Ernteteste dem Futter bei oder gaben es als

Einstreu in den Stall. Was von den tonnenweisen Überbleibseln dann nicht mehr gebraucht wurde, landete als Füllstoff in Matratzen oder fand als Werkstoff beim Strohflechten Verwendung. In vielen Gegenden wie etwa dem Schwarzwald halfen die gelben Flechtarbeiten den Bäuerinnen im 18. und 19. Jahrhundert als Zubrot über die Runden. Ebenfalls im Schwarzwald sowie in der Schweiz und im Elsaß waren die Häuser noch vor 150 Jahren mit Stroh gedeckt; heute noch gibt es solche Schwarzwaldhöfe, bei denen die Früchte des Feldes das Dach decken. Ob Bienen in Strohkörben lebten oder der Brotteig im Stroh bis zum Backen lagerte, allemal lieferte der gelbe Stoff vom Getreidefeld das Grundmaterial. Immer mehr glänzt uns Christbaumschmuck aus Kunststoff entgegen, und beim Strohhalm ist nur noch der Name natürlich. Das Stroh von einem Hektar, das heute noch sinnlos als Strohfeuer verpufft und damit zur weiteren Aufheizung unseres schon bedenklich ins Wanken geratenen Weltklimas beiträgt, könnte 1.200 bis 1.500 Liter Heizöl ersetzen. Wieviel leeres Stroh wird bis dahin noch gedroschen werden?

Nur noch selten wird das Stroh, wie hier auf dem Bergacker, von Hand zusammengebunden.

## Mutterkorn, die unheimlichen schwarzen Mehlkörner

Was heute allenfalls in Schlagzeilen auftaucht, hatte vor 100 Jahren noch für Massenerkrankungen gesorgt. Ein Pilz mit dem harmlosen Namen Mutterkorn (Claviceps purpurea) bildet in feuchten Jahren im Frühjahr aus dem Boden kleine rötliche gestielte Fruchtkörper. Deren winzige Sporen können vom Wind oder von Insekten auf die Fruchtknoten des Getreides getragen werden. Vor allem bei Roggen wächst dann das schwarzviolette Mutterkorn, das sich bis zur doppelten Länge eines normalen Roggenkorns entwickelt. Das Mutterkorn ist giftig und bei einer Aufnahme von mehr als 5 Gramm sogar lebensgefährlich. Doch keine Bange: auch im biologischen Anbau wird das Getreide kontrolliert und gereinigt. Und ob das Saatgutbeizen, also die Behandlung mit einem chemischen Mittel gegen tierische und pflanzliche Schädlinge, den Mutterkornpilz tatsächlich vertreibt, wird etwa von Wissenschaftlern im Fachbereich „Alternative Landbaumethoden" an der Gesamthochschule Kassel bestritten. Auf jeden Fall muß als wichtigste Vorsorgemaßnahme das Saatgut sorgfältig gereinigt werden, wobei allerdings die kleineren Mutterkörner nicht immer leicht von den Roggenkörnern zu trennen sind. Zur Vorbeugung bietet sich auch eine breite Fruchtfolge an. Die Geister im Getreide sollten uns jedoch nicht kopflos machen und blindlings auf chemische Waffen zurückgreifen lassen.

Mutterkorn auf Roggen

## Akrobat zwischen Himmel und Erde

Im März. Es beginnt ganz lautlos. Ein Feldlerchenmännchen steigt mit raschen Flügelschlägen und gespreiztem Schwanz steil und rasch in die Höhe. Bald darauf stimmt es seinen etwas rauhen, anhaltenden Gesang an. Oft fällt es schwer, den Vogel auszumachen, weil er für das menschliche Auge nur noch ein kleiner Punkt am Himmel ist. Wie der Vogel den energieaufwendigen Steigflug auf 50 bis 100 Meter und gleichzeitig das Singen ohne Atemnot bewerkstelligt, ist bis heute größtenteils ungeklärt. Die Lerche kann dabei sogar noch Futter im Schnabel tra-

Wo naturnahe Kulturlandschaften geschützt und erhalten werden, finden auch Ackerwachtel-weizen (links Mitte), Feld-Rittersporn (links unten) und Kornrade (links) ihren Lebensraum. Die Ackerwinde ist im Gegensatz zu den genannten botanischen Kostbarkeiten der Flur noch nicht gefährdet (unten).

Von den landbewohnenden Vogelarten Mitteleuropas werden die
Feldlerche (oben) und die Grauammer (rechts) immer seltener.

Wo Chemikalien der
Natur noch nicht
den Garaus gemacht
haben, kribbeln und
krabbeln Lederlauf-
käfer (oben), Marien-
käferlarven (rechts)
und Goldlaufkäfer
(links) in der Flur.

gen. Der Lerchen-Singflug gehört zu den kleinen Wundern der Welt am Ackerrand.

In luftiger Höhe verweilt die Feldlerche oft ohne erkennbaren Flügelschlag bis zu 8 Minuten und umkreist langsam das ausgewählte Bodenrevier. Dann gleitet sie mit ganz ausgebreiteten Flügeln langsam wieder herab, ohne ihr Singen zu unterbrechen. Oftmals ersetzt sie den etwas schrillen Gesang dabei durch flötende Töne oder imitiert andere Vogelstimmen. Entweder gleitet die Lerche nun auf diese Weise vollends bis zum Ackerboden oder läßt sich die letzten 10 Meter im Sturzflug hinab, um sich erst kurz vor dem Erdboden abzufangen. Dieser 2 bis 6 Minuten dauernde Fluggesang wird innerhalb einer halben Stunde bis zu 4 Mal wiederholt. Länger als 15 Minuten währt das Schauspiel jedoch nicht.

Für die reife Flugleistung gibt es eine einfache Erklärung. Dem einstigen Steppenbewohner, der ein möglichst baumloses Revier braucht, ersetzt der Höhenflug die Singwarte. Die Feldlerche meidet sogar Bäume und konnte sich in der vom Menschen geschaffenen Kultursteppe gut ausbreiten. Von Mitte April an beginnt das Weibchen 2 bis 10 Eier in einem kunstlosen, in einer Ackerfurche versteckten Bodennest zu bebrüten. Erst später im Frühjahr verbergen die Pflanzen das Nest. Die Feldlerche gleicht mit der Vielzahl der Eier die Verluste durch verschiedene Feinde wie Mauswiesel oder Fuchs wieder aus. Die Brutzerstörungen durch Feldmaschinen dagegen, welche etwa zum häufigen Spritzen eingesetzt werden, sind nicht auszugleichen. Nach dem Schlüpfen beteiligt sich auch das Männchen an der Aufzucht und Fütterung des Nachwuchses. Die Jungen werden mit Samen der Ackerbegleitflora, frischem Grün und kleinen Insekten ernährt. Die Zukunft der jungen Feldlerchen ist heutzutage ungewiß. Neben Feldmaschinen, Herbiziden und Insektiziden macht den Vögeln auch die Dauerdüngung zu schaffen, weil durch den schnellen Pflanzenwuchs die Nester zu früh und zu stark beschattet werden. Der an die Ackersteppe angepaßte Vogel kommt mit der immer intensiveren Landwirtschaft nicht zurecht. Untersuchungen am Bodensee ergaben, daß der Vogel an dem flurbereinigten, schweizerischen Südufer kaum noch anzutreffen ist, während er auf unbereinigten Flächen am deutschen Nordufer noch häufiger vorkommt. Wie lange wird es noch dauern, bis der Landbau die Tiere auch aus der letzten Ackerfurche vertrieben hat?

## Vom Indianerkorn zum Viehfutter

1977 entdeckte der Botanikstudent Raphael Guzmann in einem abgelegenen Berggebiet von Mexiko eine bisher unbekannte Stammpflanze des Maises. Es handelt sich um die Grasart Teosinte (Zea diploperennis), die dort als Unkraut angesehen wird. Als Dr. Hugh Iltis von der Universität Wisconsin im Nordosten der USA das Gras untersuchte, stieß er auf eine weitere Überraschung. Teosinte besaß 20 Chromosomen, die Träger der Erbsubstanz. Sie eignete sich damit anders als die 1910 entdeckte Unterart Zea prennis mit ihren 40 Chromosomen zur Kreuzung mit modernem Mais, der ebenfalls 20 Chromosomensätze hat. Die sensationelle Entdeckung eröffnete die Chance, den einjährigen Mais nun nicht mehr jedes Jahr neu einsäen zu müssen, sondern mit dem mehrjährigen Wildgras zu kreuzen und eine ebenfalls mehr-jährige Kulturmaissorte zu züchten, die zudem in Gebieten mit unter-schiedlichem Klima und unterschiedlicher Bodenbeschaffenheit ange-baut werden könnte.

Die Wissenschaftler überraschte es nicht, daß Ralph Guzmann das Wildgras ausgerechnet in Mexiko aufgespürt hatte, denn dort wurde das Ursprungsgebiet des Kulturmaises vermutet. Die Mayas, Inkas und Azteken bauten das sogenannte Indianerkorn, eine einfache Art des Kulturmaises, an, lange bevor die Spanier den Boden Amerikas betra-ten. Kolumbus nahm 1492 Samen der tropischen und subtropischen Pflanze mit nach Europa, und damit eroberte eine neue Feldfrucht den Kontinent. Im großen Stil sollte der Mais jedoch erst im 20. Jahrhun-dert die Landschaft prägen – und zwar durchaus nicht in einem nur positiven Sinn. Durch laufende Züchtungen des Grasgewächses mit seinen vielfältigen Formen konnte die Pflanze in den fünfziger Jahren in gemäßigten Zonen wie Süddeutschland, der Schweiz und Österreich angebaut werden. Heute ist durch die Züchtung frühreifer Sorten auch ein Anbau in Norddeutschland möglich. Mais zählt neben Weizen und Reis zu einer der bedeutendsten Getreidearten der Welt. Er wird vor allem als Futterpflanze für das Vieh genutzt. Mais zählt zu den pro-duktivsten Pflanzen, er bringt bis zu 20 Tonnen Biomasse pro Hektar zuwege und liefert damit im Vergleich zu anderen Getreidearten einen Mehrertrag von 70 Doppelzentnern. Allein ein Maiskolben enthält zwischen 500 und 800 Körner. Keine andere Kulturpflanze liefert sol-che überdurchschnittlich hohen Erträge wie der Mais. Doch diese außergewöhnlichen Leistungen fordern auch ihren Preis. So ist der Boden der Maisfelder vor allem in Hanglagen stark von der Abschwemmung bedroht, insbesondere wenn Niederschläge in einer Zeit erfolgen, in der die Pflanzendecke des ohnehin in weiten Reihen stehenden Maises noch nicht geschlossen ist. Mais zählt zudem zu der einzigen Ackerpflanze, welche die laufende Überdüngung übersteht. Die Schweinemastbetriebe nutzen deshalb die Maisäcker, um die in großen Mengen anfallende Gülle dort auszubringen. Die Pflanze über-steht diese Duschen, doch das Grundwasser wird dadurch erheblich belastet. Die Belastung wiegt durch den weitverbreiteten Maisanbau in der EG besonders schwer. Die Anbaufläche des Silomaises als der inzwischen häufigsten Ackerfutterpflanze beläuft sich in der EG Anfang der 90er Jahre auf 7,2 Millionen Hektar. Weil der Silomais zur Fütterung von Milchkühen und für die Bullenmast sehr gut geeignet ist, dürfte seine Ausbreitung weiter vorangehen.

Und damit ist der Einsatz von Pestiziden geradezu vorprogrammiert. So entstehen durch den Maisanbau Teufelskreise, die unsere Umwelt sehr nachteilig beeinflussen.

41

# Früchte des Feldes

Etwas Seltsames passiert auf dem Feldweg. Ein Hase torkelt wie benommen auf uns zu. Nicht mehr lange, und er wird alle viere von sich strecken. Dies ist leider kein Einzelfall. Seit Ende der achtziger Jahre ist ein solch plötzliches Siechtum auch bei Rehen immer wieder aufgetreten. Was ist die Ursache für dieses Verhalten der Tiere? Sie befinden sich im Rapsrausch, weil sie eine neue Rapssorte aus Kanada gefressen haben. Sie wird in Mitteleuropa häufig angebaut, da die EG alte Rapssorten nur noch bis 1989 subventioniert hat. Dieser „Killer-Raps" mit dem merkwürdigen Namen Doppel-Null enthält weniger Faser- und kaum noch Bitterstoffe, dafür um so mehr Eiweiß. Dieses Übermaß an Eiweiß können die Wildtiere nicht rasch genug verarbeiten, was dann zu den merkwürdigen Reaktionen führt. Sie werden damit Opfer einer Zuchtentwicklung beim Raps, die auf immer größere Erträge sowie einen höheren Ölgehalt der Samen abzielt.

Ähnlich ablehnend stehen die Umweltschützer dem Gedanken der nachwachsenden Rohstoffe gegenüber. Aus Raps oder zucker- und stärkehaltigen Pflanzen wie Zuckerrüben oder Getreide läßt sich Alkohol gewinnen, der die Benzinkraftstoffe ersetzen könnte. Doch zur Produktion eines solchen Treibstoffes muß mehr Energie für Dünger, Traktoreinsatz oder die Verarbeitung aufgebracht werden als der Biosprit schließlich liefert. Die Ökobilanz ist also sehr fraglich.

Ganz anders verhält es sich mit der Verarbeitung der ölhaltigen Rapssamen zu Rapsöl, das etwa die Waldarbeiter heutzutage zum Schmieren ihrer Motorsägen verwenden. Das Pflanzenprodukt baut sich im Gegensatz zu den Mineralölen besser ab und gilt deshalb als umweltfreundlich. Das in Ölmühlen aus dem Rapsamen gewonnene Öl wird in Deutschland, Österreich und der Schweiz allerdings größtenteils im Ernährungssektor und nur zu einem geringen Teil im technischen Bereich als Schmierstoff verwendet. Der Gebrauch des Rapsöls zum Schmieren der Dampfmaschinen war übrigens der Grund für die Verbreitung des gelben Kreuzblüters in Mitteleuropa. Er gedeiht in küstennahen Gebieten Norddeutschlands ebensogut wie in Mittelgebirgslagen, und im April, Mai verzaubert er überall die Flur durch die leuchtend gelbe Blütenpracht.

Während die kleine Jenny nicht genug von den heißen Pommes frites aus der Straßenbude bekommen kann, nascht ihr großer Bruder knusperige Chips aus der bunten Tüte. Ist es nicht interessant, wie viele Arten es gibt, Kartoffeln zu essen: Kroketten, Salzkartoffeln, Salate, Pommes macair, Püree, Reibekuchen, Klöße und noch manches mehr. Die heutige weite Verbreitung der Kartoffel hängt mit einer Hungers-

## Vom Rausch im Rapsfeld

Die Feldflur bringt viele Früchte hervor, und in allen Kulturen wurde diese für die Menschen lebensnotwendige Fruchtbarkeit besonders verehrt. Der mit diesem Dorfbrunnen dargestellte Überfluß der Agrarproduktion ist indessen noch nicht allen bewußt.

## Eine tolle Knolle

Der spanische Konquistador Francisco Pizarro gilt als Importeur der Kartoffel nach Europa. Der Eroberer brachte die Urknolle, aus der heute mittlerweile rund 160 Sorten hervorgegangen sind, von einem seiner Beutezüge aus den südamerikanischen Anden mit. Dort kommen noch Kartoffel-Wildformen vor.

not im Siebenjährigen Krieg (1756–1763) zusammen. Damals ordnete der Preußenkönig Friedrich der Große den Kartoffelanbau einfach an. Damit konnte sich die damalige Speise der Reichen zu einem Hauptgericht der „kleinen Leute" entwickeln. Die Verbreitung der „Grundbirne" – wie sie in Österreich auch genannt wird – ist in Europa letztlich auf die Spanier zurückzuführen. Der Eroberer Pizarro lernte die Kartoffel 1526 in Peru kennen. Aus dem Jahr 1573 stammt die erste urkundliche Erwähnung aus der spanischen Hafenstadt Sevilla. Der Engländer Sir Francis Drake ist also nicht der erste Importeur der Kartoffel von der Neuen in die Alte Welt. Als die Kartoffel 1573 im „Hospital de la Sangre" in Sevilla serviert wurde, war sie noch rotschalig und länglich. Sie ähnelte noch sehr der Stammform in Peru, welche die Indianer schon seit unserer Zeitenwende kannten und kultivierten. Vor 200 Jahren aßen die Menschen Kartoffeln mit rot und violett gestreiftem und gescheckten Fruchtfleisch, das heute durch laufende Züchtung gelb gefärbt ist. Doch für so manchen bedeutete das erste Kartoffelessen damals eine herbe Enttäuschung, denn man verzehrte anstelle der unterirdischen Knollen die oberirdischen, grünen und ungenießbaren Teile.

Die Erdäpfel entstammen unterirdischen Sproßausläufern, in denen das Nachtschattengewächs Reservestoffe in Form von Stärke einlagert. Dies läßt die Enden der Sproßausläufer zu Knollen anschwellen. Die Knollen sind also keine Wurzeln. Die Knolle bildet sich an Kurztagen – also wenn die Sonne kurz scheint –, während die Pflanze an Langtagen die oberirdischen Teile sowie die Blüte gedeihen läßt. Die Kartoffel besteht zu Dreivierteln aus Wasser, weshalb sich Freunde der Knolle nicht unbedingt um ihre Figur zu sorgen brauchen. Sie ist besonders wertvoll, weil sie sehr viel Vitamin C sowie lebenswichtige Aminosäuren in einem dem menschlichen Eiweiß nahekommenden Verhältnis enthält. Die braunen Knollen weisen sogar noch zurückgebildete Blätter, die Augen, auf. In deren Mitte bilden sich die Sprosse für 3 bis 8 Seitentriebe aus, von denen jeder 2 bis 5 neue Knollen entstehen läßt. Die Kartoffel vermehrt sich also vegetativ, während sich die meisten Ackerkräuter sowie das Getreide über die Samen, also generativ, ausbreiten. Die Kartoffelzüchtung freilich kombiniert beides, denn die verschiedenen Sorten werden über die Blüten zu neuen Kartoffelsorten wie „Sieglinde" oder „Ulla" gekreuzt.

## Ein Käfer auf Schiffsreise

Während es mehrere hundert Jahre dauerte, bis sich die Kartoffel von Amerika als neue Speise überall in Europa durchgesetzt hatte, schaffte ein nur ein Zentimeter großer Pflanzenschädling das gleiche ohne unser Zutun in weniger als 100 Jahren. Dabei hatte es mit dem Kartoffelkäfer eigentlich recht harmlos begonnen. Als er 1823 in seinem Ursprungsgebiet in Colorado erstmals entdeckt wurde, interessierten sich nur wenige Forscher für ihn. 1850 hatte er sich dann schon massenweise auf den Kartoffelfeldern Colorados ausgebreitet. 25 Jahre später hatte er die über 2.500 Kilometer entfernte Atlantikküste erreicht. Vermutlich gelangte er als blinder Passagier auf Schiffen nach Europa. 1930 war der Coloradokäfer – wie er in den USA genannt wird

– schon in ganz Frankreich verbreitet, und 1938 hatte er schließlich die Rheingrenze überschritten. Der Fluß war für ihn deshalb keine Barriere, weil er fliegen kann und vom Wind oft über weite Strecken getragen wird. 1946 fand man den auffällig gestreiften Käfer dann bereits in ganz Deutschland, 1960 durchquerte er Polen, und 1970 war er bis tief in den europäischen Teil Rußlands hinein vorgedrungen.

Wo der Naturkreislauf durchbrochen ist, können Kartoffelkäfer schnell zu Schädlingen werden. Eine vielfältige Nutzung der Agrarlandschaft beugt dem vor.

Diese lauffeuerartige Verbreitung des Kartoffelkäfers ist zunächst auf seine grenzenlose Gefräßigkeit zurückzuführen. Ein einziges Käferpaar mit Nachkommen kann bei uneingeschränkter Vermehrung innerhalb eines Jahres ein 2,5 Hektar großes Kartoffelfeld kahlfressen. Dieser enorme Schaden ist nur durch die hohe Vermehrungsrate möglich. Das Weibchen legt auf die Blattunterseite von Nachtschattengewächsen – dazu gehören neben der Kartoffel auch der Tabak oder die Tollkirsche – 20 bis 30 Eier ab. Ein einziges Käferweibchen wiederholt dies im Laufe seines zweijährigen Daseins so oft, daß schließlich bis zu 2.400 Eier verteilt sind. Die zunächst weinroten und später gelben Larven fressen wie die erwachsenen Käfer Blätter. Maximal 50 Tage nach der Eiablage schlüpft aus der verpuppten Larve der fertige Käfer. Jährlich können auf diese Weise 2 Käfergenerationen entstehen. Die Winterzeit verbringen die Käfer im Boden. Dieses Quartier verlassen sie erst wieder im Frühsommer des kommenden Jahres.

Wenn Kartoffelkäfer heute kaum mehr eine sogenannte Landplage sind, so deshalb, weil sie wie viele andere Insektenarten chemisch bekämpft werden. Das kann jedoch keine Dauerlösung sein, denn die Giftmittel schädigen nicht nur die Käfer, sondern auch andere Teile der Natur, wie beispielsweise Rebhühner und Fasane, die sich unter anderem von Kartoffelkäfern ernähren. Betroffen ist auch die am Waldrand lebende Grüne Blattwespe, die ihre Eier in die Kartoffelkäferlarve ablegt.

Die Folgen des Pestizideinsatzes sind auch für Boden und Grundwasser unübersehbar. In vielen Gegenden mußten schon Trinkwasserfassungen geschlossen werden, weil Pestizidrückstände aus der Landwirtschaft das Wasser vergiftet hatten. Erst seit ganz kurzer Zeit gibt es eine Alternative zum giftfreien, aber mühsamen Absammeln der Käfer: Kartoffelkäfer-Absaugmaschinen. Der Landwirt Siegfried Keller aus der Nähe von Pforzheim hat sie so weiterentwickelt, daß 90 Prozent der unverwechselbaren Käfer mit den 10 Streifen auf den gelben Flügeldecken nebst ihren Larven mit seinem „Staubsauger" giftfrei vom Acker geholt werden können.

---

### Kartoffelsalat – mal südliche, mal nördliche Variante

8 Saatkartoffeln mit der Schale weichkochen, auf Handwärme abkühlen lassen und schälen. Danach werden sie in dünne Scheiben geschnitten und feingehackte Zwiebel zugegeben. Aus Salz, Pfeffer, Sonnenblumenöl, Essig, 1 Tasse warmer Fleischbrühe und Senf eine Marinade herstellen, eventuell auch mit Dillspitzen. Bei der norddeutschen Variante gibt man anstelle von Öl 4 Eßlöffel Mayonnaise bei. Dann den Kartoffeln beimengen. Gut durchmischen und mindestens eine Stunde ziehen lassen.

### Fundgrube

## Bizarre Köpfe aus dem Kürbisacker

Kürbisse… und was man auch daraus machen kann.

„Ah, pumpkins" – nicht nur der sechsjährige Willie May bekommt leuchtende Augen. Die ganze Schar von 110 Schulkindern der American Elementary & Junior High School aus Stuttgart richtet ihre Blicke auf einen Berg Kürbisse auf dem Bauernhof der Zundels in der kleinen Landgemeinde Mühlhausen. Wie jedes Jahr vor Halloween-day, also Allerheiligen, erhält jedes von ihnen einen Kürbis, um ihn zu Hause auszuhöhlen und eine Kerze hineinzustellen. So wird das von außen eingeschnittene „Gesicht" bei Dunkelheit beleuchtet. Diesen Brauch kennen auch die Kinder in Mühlhausen, die ihre beleuchteten Kürbisgeister wie Laternen in der Dämmerung durch die Gassen tragen.

Bevor die amerikanischen Gastkinder jedoch ihren Kürbis auswählen dürfen, besichtigen sie den Hof, sehen der Fütterung der Schweine zu und dürfen die Ziegen mit altem Brot füttern. Nachmittags erzählt Frau Zundel vom Landleben. Dabei hören die Kinder, daß der Kürbis – in Österreich wird er auch Plutzer und in der Schweiz Bebe genannt – aus den tropischen Regionen Amerikas stammt. Die Frucht ist biologisch gesehen eine Beere und wächst bei uns nur in wärmeren Gegenden und auf Böden, die sich rasch erwärmen. Die meisten der in Europa gezogenen Formen sind Abkömmlinge der bis 100 Kilogramm schweren amerikanischen Riesen- oder Zentnerkürbisse.

„Großer gelber Zentner heißt die bei uns am weitesten verbreitete Kürbissorte", erzählt Frau Zundel. „Sie kann bis zu 50 Kilogramm schwer werden." Die Bäuerin berichtet weiter, daß sich Kürbisse aus den gelben Blüten an den Ranken bilden, die sowohl links- als auch rechtswindend sind – also unterschiedliche Drehungen vollziehen – und viele Meter lang werden können. Die Ranken liegen wie bei den meisten Kürbisgewächsen, etwa den Gurken am Boden. Kürbisse werden spät im Herbst vor dem ersten Frost geerntet, wenn die Blätter schon welk sind. Das Fruchtfleisch läßt sich als Mastfutter für Tiere oder als Gemüse nutzen. Es läßt sich auch wie Essiggurken einlegen oder zu Kompott verarbeiten. Die mandelartigen Samen liefern Speiseöl. Während Frau Zundel dies berichtet, ist so manches Kind im Geiste schon dabei, den Kürbis zu einem bizarren Kopf auszuhöhlen.

---

## Fundgrube

### Eingelegte Kürbisse

Zum süßsauren Einlegen wird der Kürbis geschält, ausgekratzt und in kleine Würfel geschnitten. Je kg Fruchtfleisch ein Pfund Zucker, 30 Gewürznelken und 1 Stange Zimt. Einen Topf mit Essig auffüllen, Früchte zugeben und kochen, bis die Kürbisstückchen glasig geworden sind; heiß in Marmeladengläser füllen und abkühlen lassen.

---

## Wenn die gelbe Pracht erstrahlt

Der berühmte Maler Vincent van Gogh war von den Sonnenblumen im südfranzösischen Arles so fasziniert, daß er sein Farbenerlebnis auf der Leinwand festhielt. Keine andere Feldfrucht hat die Künstler so zum Malen angeregt wie die „Goldblume". Der einjährige Pflanzenriese ragt mit seinen 1,5 bis 3 Metern Höhe besonders aus den Ackerpflanzen heraus. Doch erst zur Blütezeit Ende Juli bis Anfang August zeigen die Sonnenblumen so richtig ihr Gesicht. Besonders fällt der Kranz sattgelber und fingerlanger Blütenblätter auf, die wegen ihres Aussehens auch Zungenblüten genannt werden. Die Blütenblätter haben lediglich die Aufgabe, durch ihre leuchtende Farbe Insekten wie Bienen, Hummeln oder Fliegen anzulocken. Sie blühen deshalb vor den eigentlichen Blüten im Innern des Blütenkorbes auf und verwelken nach 10–12 Tagen als letzte. Die eigentlichen Blüten – zwischen 1.000 und 2.000 kleine Einzelblüten befinden sich im bis zu 40 Zentimeter großen Blütenkorb – sind gelb bis rotbraun. Nach der Bestäubung durch Insekten reifen bis zum Herbst die bekannten, ölhaltigen Kerne heran. Der weiße Samenkern besitzt einen Ölgehalt von 55 bis 60 Prozent. Damit zählt die Sonnenblume zusammen mit dem Raps in Mitteleuropa zum wichtigsten Pflanzenöllieferanten.

Es ist schon ein kleines Wunder, wie der kleine Sonnenblumenkern im Laufe weniger Sommerwochen eine solch große Pflanze hervorbringt. Überhaupt wirkt der Korbblütler irgendwie exotisch. Tatsächlich ist Mexiko das Ursprungsland. Von dort gelangte die Pflanze im 16. Jahrhundert nach Europa. In Europa kannte man Sonnenblumen anfangs nur als Zierpflanzen, später wurden sie großflächig angebaut, und seit Ende der 80er Jahre erlebt der Sonnenblumenanbau nicht zuletzt durch Förderung durch die EG eine neue Renaissance.

Am Wegesrand finden sich oft wilde Verwandte heutiger Nutzpflanzen. So gilt die Wegwarte als Urplanze der Zichorie oder auch des als Gemüse und Salat bekannten Chicoree.

Es ist kein Zufall, daß der Venuskamm oder das Feld-Löwenmaul überall nur in bestimmten Äckern und mit bestimmten anderen Pflanzen vorkommt. In Sommer- und Wintergetreidefeldern findet sich eine andere Flora als in Äckern mit Hackfrüchten, zu denen alle Wurzel- und Knollenfrüchte sowie alle Gemüsearten zählen. Die Ackerwildkräuter haben sich den speziellen Bedingungen der bewirtschafteten Standorte angepaßt. Sie können mit einigen Ausnahmen sonst nirgends gedeihen. Die Flora der Kartoffel- und Rübenäcker hat sich auf die ständige Bodenbearbeitung, das Hacken, Eggen und Pflügen und

# Hacken und Säen

Bekannte und heute unbekannte Feldfrüchte: Sonnenblumen (links) und der Lein (rechts).

Hirtentäschelkraut

die hier typische Nährstoffversorgung eingestellt. Dabei erweist sich Frühlings-Greiskraut oder die Geruchlose Kamille als Begleiter der Hackfrüchte gegen die intensivere Bodennutzung nicht widerstandsfähiger als die Getreidewildkräuter, denn ausschlaggebend für ihr Gedeihen ist der bei Hackfrüchten übliche Zeitpunkt des Hackens oder Pflügens. Weil bei den Hackfruchtäckern der Boden erst im Mai, Juni oder gar noch später bearbeitet wird, haben hier alle Warmkeimer eine gute Chance, sich zu entwickeln. Schon 1939 hat der Biologe Salzmann an Schweizer Kleearten festgestellt, daß die Wildkräuter der Hackfruchtäcker erst bei Temperaturen über 15° oder sogar erst über 20° Celsius keimen. Sie sind im Frühsommer direkt der Sonne ausgesetzt, ohne daß ihnen wie im Getreidefeld die Weizenhalme das Licht nehmen würden.

Weil Hackfruchtäcker im Gegensatz zu den Wintergetreidefeldern in der Regel stärker gedüngt werden, finden sich hier auch stickstoffliebende Arten wie die Kleine Brennessel oder der Schwarze Nachtschatten. Weitere Arten wie der Weiße Gänsefuß bevorzugen kaliumreiche Böden, die Sonnenwend-Wolfsmilch kalziumreiche und Borstenhirse oder die häufige Vogelmiere zinkreiche Standorte. Die zunehmende Düngung auch der Getreideflächen führt nun dazu, daß sich die Wildkrautgesellschaften von Halm- und Hackfruchtäckern immer mehr angleichen. Anspruchsvolle Arten wie die Saatwucherblume sterben zunehmend aus, und Allerweltarten wie das Gemeine Hirtentäschel, der Weiße Gänsefuß oder die Vogelmiere setzen sich durch.

## Pflanze auf den Fersen des Menschen

Die dreieckigen Hirtentaschen aus Ziegenleder sind heute nördlich der Alpen weitgehend unbekannt, da es kaum noch Ziegenhirten, Schäfer und Schweinehirten gibt. Die danach benannte Pflanze dagegen, das Hirtentäschel, kommt noch recht häufig vor. An Wegrändern, auf Äckern und Brachgelände gedeiht es ebenso wie auf frisch umgebrochenen Böden. Trotzdem wird es häufig übersehen. Obwohl das Hirtentäschel immerhin 40 Zentimeter groß wird, ist es eher unauffällig. Die weißen Blüten sind nur 2 bis 3 Millimeter groß, die Grundblätter gezähnt, die oberen Stengelblätter hingegen ganzrandig. Der Kreuzblütler zeigt alle typischen Merkmale dieser großen Pflanzenfamilie: einfache, kurzlebige Blüten in großer Zahl sowie rasche und reiche Bildung der kleinen Früchte. Das Hirtentäschelkraut hat sich als alter Kulturfolger gewissermaßen an die Fersen des Menschen geheftet und ist dabei überall dorthin gelangt, wo durch menschliches Zutun offene, vegetationsarme Flächen entstanden. Es gedeiht vor allem auf lehmigen Brachäckern oder Hackfruchtfeldern, auf denen noch keine geschlossene Pflanzendecke vorhanden ist. Sofern diese Bedingungen in Getreideäckern gegeben sind, trifft man die Pflanze ebenso in Weizen- oder anderen Getreidefeldern an. Auf fetten, feuchten Böden wächst das Hirtentäschelkraut in großer Anzahl und wird, reich verzweigt, bis zu einem halben Meter groß. Auf mageren, trockenen Flächen dagegen findet man es in kleiner, unverzweigter Form. Das Hirtentäschelkraut ist sehr anpassungsfähig – und zwar in mehrfacher Hinsicht.

Es blüht und keimt das ganze Jahr hindurch, auch im Winter. Gewöhnlich blüht es jedoch vom Frühjahr an, wird durch Schwebfliegen und kleinere Bienen bestäubt oder bestäubt sich selbst. Während im unteren Sproß der Trugdolde schon die Samen heranreifen, bildet der obere Teil unentwegt bis in den Herbst hinein weiße Blüten. So bringt es die Pflanze auf bis zu 60.000 Samen im Jahr. Diese befinden sich in herzförmigen kleinen Schoten, in denen die Samen beidseits sitzen. Wind und Tiere verbreiten die klebrigen Samen ebenso wie der Regen, indem die Wassertropfen den Fruchtstiel zurückschnellen lassen und so die Samen wegschleudern. Aus den Samen, die im Sommer herabfallen, wächst bis zum Herbst eine Blattrosette heran. Im nächsten Frühjahr sproßt dann der Stengel mit den Blüten. Bei diesem unentwegten Wachstum schadet es der Verbreitung so gut wie nicht, wenn das Hirtentäschelkraut ab und zu von einem Pilz befallen wird und dann weißlich bepudert aussieht. Dem Pilz schadet es nicht, daß die Pflanze leicht giftig ist.

## Als der Faden noch vom Feld kam

Nur noch die Anzahl der Textilfabriken am Rande der Schwäbischen Alb erinnert daran, daß hier einst der Flachs die häufigste Kulturpflanze der Landschaft war. Die Zeiten, als sich hier und in anderen Gegenden der Schwäbischen Alb und des Allgäus ebenso wie in Niederösterreich oder der Steiermark himmelblaue Felder ausdehnten, sind längst vorbei. In der Schweiz ist der Flachsanbau zuletzt 1960 mit noch 6 Hektar erfaßt worden. Einige fußbetriebene Spinnräder in den Heimatmu-

---

### Pflanzen nicht nur der Hackfruchtäcker

(Kurzbeschreibungen zur Erkennungstafel auf der nächsten Seite)

Viele Pflanzen haben sich dem regelmäßigen Rhythmus der Feldbestellungen angepaßt. So werden Kartoffel- und Rübenäcker im Frühjahr umbrochen, und die Ernte erfolgt schon im Spätsommer. Als Lückenfüller können sich sommereinjährige Arten rasch entwickeln. Zumeist sind diese Begleiter der Äcker häufig und nährstoffliebend.
Bereits im März blüht meist an Ackerrändern und Ruderalflächen der **Huflattich** (Tussilago farfara). Der Anzeiger von Wechselfeuchte gilt als Pionierpflanze vor allem auf Lehmböden. Dort wächst auch der **Gemeine Erdrauch** (Fumaria officinalis), der von Mai bis Oktober blüht. Eine ungewöhnlich hohe Zahl von Samen – es sind bis zu 32.000 je Pflanze – sichern die Verbreitung des **Ackerleinkrautes** (Linaria vulgaris). Es bevorzugt steinigen, sandigen Boden und findet sich auch auf Sommergetreideäckern, Wegrändern oder Bahndämmen. Auf lockeren, stickstoffreichen Lehmböden kommt sehr häufig die **Ackerwinde** (Convolvulus arvensis) vor. Es ist eine Eintagsblume. Bei der Bodenbearbeitung entwickeln sich kleinste, abgetrennte Teile im Boden zu ganzen Pflanzen. Auf frischen Standorten gedeiht das **Hirtentäschelkraut** (Cap-

sella bursaoastoris). Es ist schwach giftig. Der Name des **Acker-Stiefmütterchens** (Viola tricolor) rührt von den ungleich gestalteten und gefärbten Blütenblättern her. Das unterste gilt als „Stiefmutter", die beiden anschließenden stehen für die „Töchter", während die zwei obersten vom Volksmund wegen der anderen Färbung die „Stieftöchter" darstellen. Wie beim **Weißen Gänsefuß** (Chenopodium album) haben viele Begleiter der Hackfruchtäcker unscheinbare Blüten. Das Günsefußgewächs tritt zumeist als erste Pflanze bei bloßgelegten Böden wie Baustellen auf. Erst im Jahre 1805 verwilderte der in Kleinasien beheimatete **Persische Ehrenpreis** (Veronica persica) aus dem Botanischen Garten in Karlsruhe. 1839 hatte er sich bereits bis Zürich und 1866 bis Magdeburg ausgedehnt. Der **Windenknöterich** (Falopia convolvulus) führt im Gegensatz zur ähnlichen Ackerwinde Milchsaft, ist ausdauernder und hat nur kurze, zugespitzte Blätter. Solche kräftig gefärbten Blüten, zumal in einer nicht geringen Größe von bis zu 15 Millimetern, wie beim **Ackersenf** (Sinapis arvensis) sind unter den Begleitern der Hackfruchtäcker eine Seltenheit. Weil die Früchte des **Acker-Hellerkrautes** (Thlaspi arvense) einer Münze ähneln, hat der Kreuzblütler seinen Namen erhalten. Durch die größeren Früchte läßt sich das auch als Acker-Pfennigkraut bezeichnete Gewächs vom Hirtentäschelkraut unterscheiden.

Gemeiner
Erdrauch

Huflattich

Ackerleinkraut

Acker-Stiefmütterchen

Ackerwinde

Persischer
Ehrenpreis

Hirtentäschelkraut

Weißer
Gänsefuß

Windenknöterich

Ackersenf

Acker-Hellerkraut

seen oder die spinnende Tochter im Märchen von Frau Holle erinnern an die Zeit, als man aus Flachs, auch Lein genannt, noch Kleider herstellte. Wenn wir den Faden verlieren, uns verhaspeln und über Spinner reden, bedienen wir uns sprachlicher Reste, welche der alten Kultur des Leinanbau und der damit zusammenhängenden Spinnerei entstammen. Die Blütezeit des Leinanbaus liegt bei uns schon einige hundert Jahre zurück, und die Herstellung von Kleidung aus dem Fasergewebe des über 50 Zentimeter hohen Leins ist weitgehend in Vergessenheit geraten. Lein ist ein aus reiner Zellulose bestehendes Festigungselement aus den Flachsstengeln. Es kann anders als Jute zu einer feinen und weichen Faser verarbeitet werden. Die Faserbündel liegen einzeln im äußeren Stengelteil, sind langgestreckt und unverholzt. Man zog bzw. rupfte die Pflanze aus dem Boden und röstete sie. Beim Rösten – einem Gärvorgang – löste sich die Faserbündel vom anderen Gewebe und man erhielt Fasern in der Länge des Leinstengels. Durch Brechen, Schwingen, Hecheln und Kämmen mit entsprechenden Werkzeugen befreite man die blaßgelben Faserbündel von den noch anhaftenden holzigen Teilen. Die aus 20 bis 40 Einzelfasern bestehenden und 60 bis 70 Zentimeter langen Bündel wurden dann von Mädchen in Spinnstuben zu Fäden versponnen. Diese verarbeitete man in Webereien oder auf eigenen Webstühlen zu Leinengewebe für Kleider. Ein solches, von den Frauen zu Hause in harter und mühevoller Arbeit angefertigtes Kleidungsstück wurde lange in Ehre gehalten. In unserer schnellebigen Zeit sind Kleider bei einem Pro-Kopf-Verbrauch von 23 kg im Jahr zum Wegwerfartikel geworden.

Wo Lein (auch Flachs genannt) angebaut wird, wächst auch der wilde Leindotter.

Vor allem auf sandigen Böden klimatisch begünstigter Gebiete gedeiht der Spargel. Der Anbau ist nicht unproblematisch, weil die zum Teil sehr hohen Düngergaben den Boden und das Grundwasser durch zu viel Nitrat gefährden.

Die heutigen Kleider sind aus Baumwolle, Wolle oder synthetischen Fasern hergestellt, und in der Bundesrepublik ist der kommerzielle Flachsanbau zwischen 1950 und 1960 aufgegeben worden. Der vermutlich aus dem Orient stammende Lein wird in größerem Maße nur noch in Indien, Rußland, Argentinien oder in Teilen Italiens angebaut. Der feinste Lein stammt aus dem belgischen Flandern. Hier gibt es noch ein paar letzte Leinfelder, weil sich die feinen Fasern zu ganz besonders edlen oder modisch gefragten Stoffen verarbeiten lassen. Leinenstoffe sind Anfang der achtziger Jahre wieder in Mode gekommen. Noch haben wir den Faden zu der alten Flachskultur, von der man in schweizerischen Pfahlbauten aus der Jungsteinzeit etwa 4.000 Jahre alte Gerätschaften oder Schnüre fand, also nicht ganz verloren. Zudem überlebt der Flachs in etlichen Freilichtmuseen und Wildkräuterreservaten mitsamt seiner Begleitflora. Vielleicht können sich von dort aus so selten gewordene Wildpflanzen wie Gezähnter Leindotter, Flachs-Seide, Leinlolch oder die Flachs-Nelke wieder ausbreiten.

**Süße Rübe**

Aus einer Zuckerrübe kann man den Stoff für 30 bis 40 Stück Würfelzucker gewinnen. Doch bis dies möglich war, bedurfte es einer mehr als zweitausendjährigen Entwicklung. Die fingerdicken Wurzeln der Wildrübe aus den Küstengebieten des Mittelmeers fanden in Griechenland um 500 vor Christus nur als Gemüse vielseitige Verwendung. So berichten zumindest schriftliche Aufzeichnungen aus dieser Zeit. Erst die systematischen Untersuchungen des Berliner Apothekers Andreas Sigismund Markgraf brachten 1747 ans Tageslicht, daß die Preßsäfte aus gewöhnlichen Futterrüben – auch Runkelrüben genannt – „einen wahren, vollkommenen Zucker gaben, der dem gemeinen, aus

Zuckerrohr verfertigten Zucker vollkommen ähnlich war". Sein Schüler und Chemiker Franz Carl Achard setzte die Arbeiten 1782 fort und fand durch Auslese der vorhandenen Rüben eine zuckerreiche Form, die später „Weiße Schlesische Rübe" genannt wurde. 1802 nahm in Schlesien die erste Rübenzuckerfabrik ihre Arbeit auf. Sie erzielte damals eine 6prozentige Zuckerausbeute, während die heutigen Rübenabkömmlinge zwischen 17 und 18 Anteile enthalten und knapp die Hälfte des weltweiten Zuckerbedarfs decken.

Die Zuckerrübe ist eine zweijährige Pflanze. Nach der Samenaussaat gedeiht im ersten Jahr lediglich eine Blattrosette, und es werden Reservestoffe, darunter auch der Zucker, in die Rübe eingelagert, die wir im gleichen Jahr noch ernten. Gelegentlich fressen Feldlerchen von den jungen Pflanzenkeimlingen. Im zweiten Jahr erst wachsen Fruchtbestand und Samen des Meldengewächses heran, dessen nächste Verwandte Spinat, Mangold und Rote Rübe sind. Pro Quadratmeter können 5 bis 9 Zuckerrüben wachsen, von denen jede bis zu 60 Blätter hervorbringt. Mit dieser großen Blattfläche kann die Zuckerrübe als „Langtagpflanze" die tägliche Lichtmenge voll nutzen und mit Hilfe des Sonnenlichts den Zucker produzieren. Im Zucker selbst ist dann die geballte Sonnenenergie gespeichert, denn mit der Stoffwechselenergie aus einem 3 Gramm schweren Würfelzucker können wir zweieinhalb Minuten radfahren oder eine halbe Minute wandern.

Aus dem Feld mit all seinen Früchten schöpfen wir also Lebenskraft, sind auf Gedeih und Verderb von ihm abhängig. In der Vergangenheit hatten die meisten Menschen eine große Achtung vor dem jährlichen Werden und Welken gerade auf den Äckern. Jahrhundertelang erwiesen sie alljährlich mit einem Fest ihren Dank gegenüber der Natur und der Schöpfung. In allen Religionen spiegelt sich dieses Verhältnis wieder. Die Kirchen führen diese Tradition am Sonntag nach Michaelis (29. September) oder je nach Landschaft an verschiedenen Sonntagen fort. Es gab auch viele Erntebräuche wie das Erntefest nach der Getreideernte mit einem Dankgottesdienst, das Erntemahl und den Erntetanz. Doch während heutzutage manche noch danken, fühlen sich viele andere der Natur nicht mehr verpflichtet. Manch einer geht zum Erntedankgottesdienst und hat doch rücksichtslos den Boden ausgebeutet, Flüsse und das Grundwasser mit einem Übermaß an Dünger belastet sowie Wildtiere mitsamt Wildpflanzen verdrängt. Wie lange können wir noch ernten, ohne zu danken und zu denken?

## Ernte ohne Fest und Dank?

## Fundgrube

### Löwenzahnsalat mit Speckwürfeln

250 Gramm zarte und junge – das ist sehr wichtig – Löwenzahnblätter (nur von ungespritzten Ackerrändern oder Wiesen) waschen, beliebig schneiden und in einer Salatschüssel pfeffern und salzen. Dann 100 Gramm durchwachsenen Speck in Würfel schneiden und in einer Pfanne knusprig ausbraten. Die Speckwürfel – das Bratfett wird vorher abgegossen – über den Salat geben. Essig in einer heißen Pfanne kurz erhitzen und über den Salat gießen, wenden und sofort servieren.

# Dem Acker benachbart

Stille liegt an diesem Sonntagmorgen über dem Feld. Noch haftet der Tau an den Gräsern, und die ersten Sonnenstrahlen tauchen in die dunsterfüllte Morgenluft. Um diese frühe Zeit sind Jürgen und Kai auf Natur-Tour. Plötzlich saust geradewegs vor ihnen etwas davon. Verdutzt schauen sie einem rasch davoneilenden Hasen hinterher. Kurz zuvor hatte sich Meister Lampe noch in der „Sasse", seinem sicheren Ruheplatz in der Ackerfurche gedrückt. Mit halbem Pulsschlag hatte das Tier die beiden näherkommen lassen und war erst kurz vor seiner Entdeckung mit einem fast zweieinhalb Meter weiten Satz aus dem Versteck gesprungen. Der Überraschungseffekt, den der Hase damit erzielte, ist den beiden Naturfreunden kurz darauf noch anzumerken. Der davongelaufene Sprinter kann kein Angsthase gewesen sein – clever meistert der Feldhase solche für ihn heiklen Momente. Der Rammler, wie der Feldhasenmann in der Jägersprache bezeichnet wird, eilt nicht durch den nahen, aber taunassen Kleeacker davon. So vermeidet er, daß sein Haarkleid unnötig feucht wird und ihn auskühlt. Stattdessen saust er geradewegs die Ackerfurche zwischen dem Klee- und Getreideacker entlang. Die beiden Naturfreunde können die auffällige „Blume", also den Schwanz, mit der schwarzen Färbung in der Mitte und der weißen Umrahmung, sowie die Löffel, die Ohren mit ihrem schwarzen Ende, im Fernglas gut erkennen. Ein flüchtender Hase kann eine Geschwindigkeit von 50 bis 60 Stundenkilometern erreichen. Doch als Kurzsprinter hält er dies nicht lange durch, allerhöchstens 2 Kilometer lang. Manchmal erliegen Hasen nach einer längeren Hetze dem Erschöpfungstod. Zum Schutz vor schnellen Feinden wie dem Fuchs benutzt er eine andere Fluchttechnik. Er schlägt immer wieder Haken im Laufe des Sprints, seine Verfolger jagen ins Leere, und er hat eine schützende Distanz geschaffen. Nun merkt der Hase bald, daß von den beiden Naturbeobachtern keine weitere Bedrohung ausgeht. Er hält an einer Böschung inne. Durch das erdbraune Fell ist er so gut an den Ackerboden angepaßt, daß ihn die beiden selbst mit dem Fernglas kaum noch ausmachen können.

Jürgen und Kai können sich glücklich schätzen, einen Feldhasen gesehen zu haben. Diese einst so häufigen Lauftiere sind in vielen Gegenden sehr selten geworden. In den alten Bundesländern ging die Jagdstrecke der Feldhasen Ende der siebziger Jahre rapide zurück. Während 1978 in der Bundesrepublik rund 1 Million Hasen erlegt wurden, sank die Zahl 1979/80 auf rund 450.000 und kletterte bis 1989/90 nur wieder auf etwas über 600.000 Tiere. Ähnlich verhält es sich in der Schweiz und Österreich, und selbst in den klassischen Hasengebieten und Kornkammern wie der Magdeburger Börde, der hessischen Wetterau

## Wer weiß, wohin der Hase läuft?

Frauenflachs und wildes Stiefmütterchen.

## Hat Langohr ausgehoppelt?

oder Polen und Ungarn ist der Hase stark rückläufig. Der Wiener Wild-
biologe Professor Kurt Onderscheka sprach schon Mitte der achtziger
Jahre von einer krassen Abnahme der Feldhasen.

Auf den ersten Blick mutet der Rückgang ungewöhnlich an. Meister
Lampe ist ein anpassungsfähiges Tier, das als einstiger Bewohner des
Graslandes und der Buschsteppe – sie besteht aus hohen Gräsern,
Kräutern und Büschen – die vom Menschen geschaffene Ackerflur als
Kultursteppe angenommen hat. Er wanderte erst vor etwa 10.000 Jahren von Südosten nach Mittel- und Westeuropa ein. Sein Lebensraum
nämlich, Lößsteppen mit niedrigen Sträuchern, lag damals zwischen
den Eisfeldern der Alpen und Skandinaviens. Es herrschte ein kaltes
Klima, und weite Schneedecken dehnten sich über dem Boden aus. Es
ist deshalb nicht erstaunlich, daß die Archäologen in den Küchenabfällen der Steinzeitmenschen nur ganz selten Knochen des Feldhasen
fanden. Erst als sich das Klima erwärmte und der nach der Eiszeit allmählich entstandene Wald von den Menschen um die Zeitenwende zunehmend gerodet und in eine Ackerflur umgewandelt wurde, konnte
sich der Feldhase ausbreiten. Jetzt boten sich dem Feldhasen ausreichend ökologische Nischen, die einer natürlichen Steppenlandschaft
ähnelten. Als Kulturfolger des Menschen konnte sich so das einstige
Steppentier nach und nach ausbreiten. Wenngleich die neue Kultursteppe sehr wohl den Lebensraumansprüchen des Feldhasen entspricht, so ist das für ein Waldland typische Großklima in Mittel- und
Westeuropa gleich geblieben. Bei feuchter und kühler Witterung im
Frühjahr geht der Hasenbestand meist zurück, so daß er in Westeuropa
von Natur aus nicht stabil ist, sondern immer wieder Schwankungen
unterliegt.

Dennoch ist der drastische Rückgang des Feldhasen angesichts seiner
enormen Fruchtbarkeit nicht ohne weiteres einleuchtend. Die Feldhäsin bekommt nach einer relativ kurzen Tragezeit von 45 bis 53 Tagen
bis zu 6 mal im Jahr zwischen ein und vier Junge, die meisten davon
von Mai bis Juli. Damit sind zum Zeitpunkt des größten Nahrungsan-
gebotes im Frühsommer mindestens zwei Drittel der Nachkommenschaft großgezogen. Die Jungen sind bereits vor Vollendung ihres

Solche Bilder werden im-
mer seltener. Eine intensive
Landwirtschaft, die An-
wendung von Chemikalien
und die Zerschneidung
von Lebensräumen führen
dazu, daß Hasen bald
nicht mehr durch die
Fluren hoppeln.

ersten Lebensjahres geschlechtsreif. Die Häsin „setzt" (Jägersprache) ihre Jungen ohne ein schützendes Nest, und die Kleinen werden rasch selbständig. Dann steht ihnen ein von vielen Seiten bedrohtes Leben bevor.

Trotz all dieser günstigen Grundvoraussetzungen hat der anpassungsfreudige Steppenbewohner seit etwa 1978 drastische Einbußen erlitten. Sind die sprichwörtlich vielen Jäger – Mensch und Tier – des Hasen Tod? Wohl kaum, denn Marder, Wiesel, Fuchs, Krähe, Elster oder Habicht gab es auch in der Vergangenheit, ohne daß der Bestand gefährdet war. Wo liegen also die Ursachen? Es muß an der Umwelt liegen, und in der Tat sind sich alle Forscher einig, daß die intensive Landwirtschaft und die damit verbundene Veränderung der Landschaftsstruktur eine zentrale Rolle für die Lebensbedingungen des Feldhasen spielen. Ein Zahlenvergleich bringt uns auf die richtige Spur. Während dem ortstreuen Hasen in einer kleinstrukturierten, abwechslungsreichen Flur ein Revier von 2–5 Hektar zur Nahrungsbeschaffung ausreicht, benötigt er in einer ausgeräumten, flurbereinigten „Einheits-Landschaft" einen Raum von 30 Hektar. In der verarmten Flur, die anstelle kleiner Parzellen große Schläge aufweist, finden sich nur wenige der vielen verschiedenen Pflanzen vom Speisezettel des Feldhasen. Der Vegetarier äst neben Gras vor allem saftreiche, bittere Kräuter und bevorzugt dabei ganz besonders Rotklee. Er frißt auch Pflanzen wie Scharfgarbe, Kohl und Rübenarten. In untersuchten Hasenmägen wurde festgestellt, daß Feldhasen 77 verschiedene Futterpflanzen verzehren. Umfangreiche Untersuchungen des Ökologen Volker Späth in der badischen Oberrheinebene ergaben einen aufschlußreichen Einblick in Meister Lampes Speiseplan. In der kalten Jahreszeit ernährt er sich vorwiegend von Kulturpflanzen, im Sommer dagegen von Wildpflanzen. Das liegt daran, daß die einkeimblättrigen Pflanzen, zu denen die Gräser und damit auch unsere Getreidearten gehören, im Winter weniger stark zurückfrieren als die zweikeimblättrigen Kräuter. Während der wärmeren Jahreszeit dagegen stellen Kräuter 40 bis 60 Prozent des Menüs auf dem Hasen-Speisezettel. Der Vegetarier ist überdies sehr wählerisch, denn er frißt nicht nur bestimmte Pflanzen, sondern sucht sich gezielt Pflanzenteile wie Blüte, Blatt oder Stengel aus. Zudem scheint er auf jungen Grünbeständen ausgiebig zu fressen, während er auf Brachflächen sowie Äckern und Wegrändern immer wieder Kräuter nascht. Kräuterreiche Ackerränder sind für den Feldhasen daher eine lebenswichtige Feldapotheke. Offensichtlich spielt das richtige Verhältnis zwischen eiweißreicher und rohfaserreicher Kost eine wichtige Rolle für das Wohlbefinden des Hasen. Gerade diese Mischung bieten nur die kleinstrukturierten Fluren. Wo sich Monokulturen ausdehnen und Ackerkräuter mit Herbiziden verdrängt werden, fehlen dem Feldhasen wichtige Zwischenmahlzeiten und der Nachtisch. Er muß sich auf Kleefeldern, Wiesen und Graswegen die Kost zusammensuchen. Die immense Verwendung von Chemikalien sowie die Bodendüngung – Volker Späth spricht vom Stickstoff als „Schadelement" – haben viele Kräuter, die dem Hasen eine vielseitige

## Hasendiät erfordert intakte Natur

Während das Wildkaninchen (oben) unterirdische Baue gräbt, bringt der Feldhase die Jungen nur in einer leicht eingedrückten Erd- oder Grasmulde zur Welt. Jäger nennen dies Sasse. Feldhasen haben also kein schützendes Nest.

Im Frühjahr tragen die Feldhasen oft regelrechte „Boxwettkämpfe" aus. Zuvor laufen sie suchend und orientierend über die Äcker.

Ernährung gewährleisten, beseitigt. Eine einseitige Ernährung schwächt aber die Widerstandskraft und läßt die Feldhasen anfälliger werden für Parasiten und Infektionen. Volker Späth konnte nachweisen, daß auf biologisch bewirtschafteten, herbizidfreien Getreidefeldern 3 bis 5 mal so viele Hasen äsen wie auf intensiv genutzten Flächen. Im Sommer kann der Feldhase auf solchen Intensivfeldern sogar verhungern, da die reifen und verholzten Getreidepflanzen ihm kaum noch Saftiges bieten und Wiesen oder Kleefelder rar sind. Wenn trotzdem in ausgeräumten Fluren noch Hasen leben, dann meist, weil sie aus der Umgebung zuwandern. In ökologisch verarmten Gebieten können die Feldhasen auf einem Zehntel der Fläche aufeinandersitzen.

## Der Osterhase soll nicht sterben

Die Sommerzeit bringt den Beobachtungen des Wiener Wildforschers Kurt Onderscheka zufolge einen weiteren Streßfaktor für den Feldhasen mit sich. Heutzutage ernten die Landwirte zumeist riesige Getreideflächen in wenigen Stunden und Tagen ab, so daß der Lebensraum des Hasen sich schlagartig verändert. Es fehlt nun vor allem die notwendige Deckung in der Flur. Deswegen muß der Hase bei Gefahr immer größere Räume nach geschützten Flächen absuchen. Dabei sinkt der lebenswichtige Blutzucker so stark, daß die Tiere schnell verschiedenen Krankheiten erliegen. Außerdem werden 10 bis 20 Prozent des Junghasenbestandes von Maschinen getötet, wenn die Häsin die Jungen kurz vor der Ernte in Luzerne-, Futterroggen-, Runkelrüben- und Kartoffeläcker oder Heuwiesen setzt. Weiterhin fallen polnischen Untersuchungen zufolge rund ein Achtel der neugeborenen Hasen den Bioziden zum Opfer. Die Jungen nehmen die Gifte nicht nur indirekt über die Muttermilch auf, sonden auch direkt von den Zitzen der

Hasenmutter, wenn diese zuvor über gespritzte Pflanzen gelaufen ist. Die Hasenmilch wird so zum Giftcocktail. Bedenkt man noch, daß allein in Deutschland noch einmal 10 bis 12 Prozent, also etwa 150.000 Hasen jährlich, dem Straßenverkehr zum Opfer fallen, so wird klar: Es ist der Mensch, der einst die Hasen unfreiwillig förderte, und nun den Tieren an den Fellkragen geht. Zur Erhaltung des bekanntesten Feldtieres benötigen wir vor allem eine Allianz von Bauern, Jägern, Naturschützern und Politikern, die eine umweltschonende Bewirtschaftung auf der gesamten Feldfläche ermöglichen müssen. Es kommt nicht nur dem Osterhasen, sondern der gesamten Umwelt und damit uns selbst zugute.

## Wenn dem Dreckspatzen der Staub fehlt

Das waren noch Zeiten, als Kurfürst Maximilian im Jahr 1724 anordnete, daß jeder Bauernhof jährlich 12 Spatzenköpfe abzuliefern habe. Damals war der Feldsperling ein Getreideschädling. Selbst nach dem 2. Weltkrieg wurde der Vogel noch als so große Landplage angesehen, daß allein in Hessen im Laufe von 3 Jahren über 1 Million Spatzen auf der Strecke blieben – man hatte mit Strychnin vergifteten Weizen ausgelegt. Wenngleich keine exakten Bestandszahlen vorliegen, so pfeifen es die Spatzen von den Dächern: Sowohl Feld- als auch Haussspatzen sind längst keine Allerweltsvögel mehr. Wir brauchen uns nur zu fragen, wann wir das so typische Getschilpe zum letzten Mal bewußt vernommen haben? Übrigens unterscheidet sich das Feld- vom Hausssperlingmännchen nicht nur durch einen kürzeren, metallischeren Gesang, sondern auch durch den tief kupferbraunen Scheitel und den schwarzen Fleck auf der rein weißen Ohrengegend sowie dem fast geschlossenen weißen Halsband.

Der Rückgang der Spatzen läßt sich jedoch nicht allein mit ihrer enormen Verfolgung in der Vergangenheit erklären. Wenngleich über die Spatzen kaum Forschungen vorliegen und über sie weniger bekannt ist als über manch seltene exotische Vogelart, so sind die Ursachen in der Veränderung der Landschaft sowie in der Art der heutigen Landwirtschaft zu vermuten. Wo soll der Feldsperling denn seine Brut großziehen, wenn die alten Obstbäume, in denen beispielsweise ein Specht eine Bruthöhle angelegt hat, zu absoluten Ausnahmen geworden sind? Auch die geköpften Weiden, die sogenannten Kopfweiden, in denen Feldsperlinge gerne nisten, stehen nur noch selten an Wassergräben und Bächen. In flurbereinigten Gebieten verschwanden viele Feldgehölze, die dem Sperling ebenfalls Lebensraum boten. Großflächige Gehölzinseln können das Verlorene nicht ersetzen. Wo Brachflächen und kräuterreiche Ackerränder fehlen, leben kaum Insekten, gerade dieses tierische Eiweiß aber braucht der Feldsperling vor allem während der Aufzucht der Jungen. Und noch etwas hat dem Feldsperling den Garaus gemacht: Weil die Getreidefelder heute sehr schnell nach der Ernte umgebrochen werden, können Spatzen und andere Vögel nicht mehr wie einst von den vielen liegengebliebenen Körnern zehren. Nicht zuletzt mangelt es an unbefestigten Feldwegen, in denen die Feldsperlinge ihr tägliches und ausgiebiges Staubbad nehmen können, das sie von Parasiten befreit.

Früher Allerweltsvogel, heute vom Rückgang bedroht: der Feldsperling.

Noch haben sich die „Dreckspatzen" nicht völlig von der Flur verabschiedet. Sie fallen vor allem nach der Brutzeit noch ins Auge, wenn sie sich in größeren, hierarchisch strukturierten Schwärmen zusammenfinden. Wie Sievert Rohwer von der Universität Washington herausfand, weisen höherrangige Sperlinge besonders satte Farben auf.

Ein einstiger Verwandter des Feldsperlings ist bereits ausgestorben: Den Steinsperling gibt es in der Schweiz und in Deutschland schon seit den vierziger Jahren nicht mehr, und auch in Österreich ist er schon lange nicht mehr Gast.

# Hecken, Pulsadern der Landschaft

Als das Geräusch des Mähdreschers immer lauter wird und die Maschine dann Streifen um Streifen das Haferfeld abmäht, setzt ein Fliegen, Rennen, Hüpfen, Schwirren und Kriechen ein. Zunächst flüchten die größeren Tiere wie Fasan und Rebhuhn, Feldlerche und Goldammer, Mauswiesel und Feldhase. Nach und nach folgen die kleinen Tiere – von den Wildbienen, Tagfaltern, Schweb-, Tanz- oder Blumenfliegen und Hummeln bis zu den Wanzen, die am abgemähten Ackerrand keine Blüten mehr finden. Auch Wolfsspinnen oder Laufkäfer, die nun erheblich weniger Beute am Boden finden, machen sich auf die Wanderung. Doch wohin geht die Flucht? Sie alle eilen auf eine lange Hecke zwischen Feldweg und Wald zu. Dieses Gebüsch ist für die Tierwelt ein ideales Rückzugsgebiet und sicheres Notquartier. Hier finden die Flüchtenden alles, was sie brauchen. Vor der Hecke liegt ein kleines Wiesenstück, in dem sich vor allem sonnenhungrige Bewohner wie die Zauneidechse und die fliegenden Blütenbesucher einfinden. Dort, wo höhere Kräuter und kleine Sträucher gedeihen, duckt sich die Feldhäsin mit ihren 3 Jungen. Auf der schattigen Seite der Hecke lebt die Blindschleiche. Einige Vogelarten haben ohnehin in der Hecke ihr Standquartier: Die Heckenbraunelle legt ihr Nest knapp über dem Boden an, während die Dorngrasmücke schon bis zu 50 Zentimeter hoch nistet und der Grünfink in über 2 Metern Höhe seine Jungen aufzieht.

Schlehen-Hecken beherbergen eine ungewöhnlich vielfältige Lebenswelt.

Hecken stehen bei den Tieren ganz hoch im Kurs. In den norddeutschen, einst auf Erdwällen zur Besitzabgrenzung angepflanzten Wallhecken kommen 1.500 verschiedene Wildtiere, vor allem Insekten, vor. Diese unerwartet hohe Zahl erklärt sich durch die Vielgestaltigkeit des Lebensraums Hecke. Hier treffen Pflanzen und Tierarten des offenen Landes mit denen der Wälder zusammen. Zudem können in einem mit Hecken durchsetzten Grünland Arten überleben, die einerseits die kühle Frühjahrswitterung und andererseits die Sommertrockenheit auf Wiese und Weide nicht vertragen. Interessanterweise verlängert die Windgeschütztheit der Hecke sogar die Dauer der Fortpflanzung und der jährlichen Aktivitätsphase der hier vorkommenden Wildtiere.

Vom Tierreichtum profitiert nun wiederum die Landwirtschaft. Längst weiß man, daß Hecken bei der natürlichen Schädlingsbekämpfung auf den benachbarten Äckern unentbehrliche Dienste leisten. Das zeigt allein ein Blick auf die nützlichen Schlupfwespen, wovon in Hecken und angrenzenden Kräutersäumen alleine 110 verschiedene Arten gezählt wurden. Indem Schlupfwespen nämlich ihre Eier in die Larven

## Frühlingserwachen in der Feldflur – einige typische Bewohner und Elemente der Kulturlandschaft in Steckbriefen

(Kurzbeschreibungen zum Naturentdeckungsbild auf den beiden nächsten Seiten)

Ein Vorfrühlingstag im April. Dort, wo in der Flur noch nicht alle Landschaftselemente ausradiert sind, erwacht die Wunderwelt zwischen Acker und Feld zu neuem Leben. Wer sich als echter Naturschützer an die Wege hält, kann zu dieser Zeit bei einer Naturentdeckungstour dem Leben auf Feld und Flur auf die Spur kommen.

**1 Feldlerche** *(Alauda arvensis)*
Im typischen Singflug markieren die Feldlerchen-Männchen ihr Revier. Den Winter verbringen diese Feldvögel hauptsächlich in Südeuropa, so auf der Iberischen Halbinsel, Südfrankreich oder in Griechenland. Feldlerchen, die in milden Wintern zu beobachten sind, kommen aus nordeuropäischen Brutgebieten nach Mitteleuropa.

**2 Kiebitz** *(Vanellus vanellus)*
Männchen. Ende März kommen die ersten Kiebitze aus ihren Winterquartieren – etwa aus der spanischen Extremadura – in die Brutgebiete zurück. Das Männchen fertigt mehrere Nestmulden im Boden an, von denen das Weibchen eine auswählt. Intensive Landwirtschaft, Pestizidanwendung und Grundwasserabsenkung haben in den letzten Jahren zu einer erheblichen Dezimierung der rund 31 Zentimeter großen Vögel geführt.

**3 Rehgeißen, 3a Rehbock** *(Capreolus capreolus)*
Die Rehe tragen im April noch die Farbe der grauen Winterdecke.

**4 Rebhuhn:** links ♀ rechts ♂ *(Perdix perdix)*

**5 Feldhase** *(Lepus europaeus),* **5a junger Feldhase** (knapp 2 Wochen alt)
Die jungen Feldhasen sind nach ungefähr drei Wochen selbständig und bereits mit einem Jahr geschlechtsreif. Hasen bringen drei- bis viermal im Jahr Junge zur Welt.

**6 Feldmaus** *(Microtus arvalis)*
Tag- und nachtaktiv. Feldmäuse vermehren sich das ganze Jahr über. Die Jungen sind schon nach drei Wochen selbständig und geschlechtsreif. Zwischen drei- und siebenmal im Jahr kann eine Feldmaus Junge zur Welt bringen. Die abgebildete Feldmaus überquert übrigens den gleichen Feldweg wie im Naturwegweiser „Wunderland am Wegesrand", nur aus anderer Perspektive. Sie ist also der Ururenkel der dort abgebildeten Maus.

**7 Kleiner Fuchs** *(Aglais urticae)*
Einer der ersten Frühlingsboten. Die Falter überwintern in Höhlungen, Schuppen, unter Dachvorsprüngen und auf Dachböden und kommen an warmen Tagen bereits Ende Februar, Anfang März aus ihren Verstecken. Die Raupen leben ausschließlich auf Brennesseln.

**8 Aussiedlerhof**

**9 Feldgehölz,** in den 70er Jahren neu angelegt
Nur wenn in ausgeräumten und flurbereinigten Gebieten neue Biotopverbundsysteme durch Hecken, Gehölze, Feuchtgebiete und andere Biotope geschaffen werden, hat die Natur in Feld und Flur noch eine Chance.

**10 Feuchtbiotop**
Durch Entfernung einer Drainage, die während einer Flurbereinigung in den 60er Jahren verlegt wurde, ist neuer Feuchtlebensraum wiedererstanden. Noch um 1920 bestand die Senke – wie in vielen anderen Gegenden – aus Feuchtwiesen. Die Wiese hinter dem Schilfgürtel wird nur noch einmal im Jahr gemäht und nicht mehr gedüngt. Jetzt brüten hier wieder 2 bis 3 Paare Kiebitze.

**11 Schwarzdornhecke** mit Holunder

**12 Löwenzahn** *(Taraxacum officinale)*
Die ersten Löwenzahnblüten stehen auf kurzen Stielen, da die Frühjahrsstürme sie sonst umknicken würden.

**13 Breitwegerich** *(Plantago major)*

**14 Gehölzpflanzung**
Bei einer Pflanzaktion im Rahmen der Aktion „Jugend erlebt Natur" wurden an den Grabenrändern wieder Salweiden angepflanzt (erste Frühlingsweide für Wild- und Honigbienen).

FAUST

anderer Insekten legen und auf diese Weise einer unbeschränkten Vermehrung anderer Arten entgegenwirken, bilden sie ein wichtiges Regulativ im Regelkreis der Natur.

Hecken haben noch eine andere wichtige Funktion. Indem sie Winde abbremsen und die Taubildung erhöhen, wirken sie ertragssteigernd auf die benachbarten Wirtschaftsflächen. Vergleichsuntersuchungen ergaben einen Mehrertrag von etwa 8 Prozent bei Sommerweizen oder 4 Prozent bei Rüben. All diese Vorzüge haben Landwirte, Naturschützer oder Jäger in der jüngsten Vergangenheit bewogen, neue Hecken zu pflanzen. Oft ist dies nur ein Trostpflaster, denn in der Westfälischen Bucht oder in Oberfranken sind durch Flurbereinigungen schon über 60 Prozent der einstigen Heckenbestände vernichtet worden. Aber jede neue Hecke ist ein kleines ökologischer Fundament für den Aufbau eines Biotopverbundsystems.

## Nützliche Schweber

Stelldichein auf dem Wiesenbärenklau neben dem Weizenfeld. Die vermeintlichen Wespen auf dem Doldenblütler sind gut getarnte Schwebfliegen. Sie haben zwar die auffällige schwarzgelbe Warnfarbe auf dem Hinterleib, aber stechen können sie nicht. Durch die Tarnung schützen sie sich erfolgreich vor Freßfeinden. Ein Schwebfliegen-Weibchen der Art Metasyrphus corollae – sie hat keinen deutschen Namen – entfernt sich gewandt von der Pflanze, nachdem es sich mit Pollen und Nektar für einen längeren Flug gestärkt hat. Heute morgen hat das Insekt eine Kolonie Grüner Pfirsichblattläuse entdeckt und ist nun erneut auf der Suche nach Blattläusen. Als es dann auch recht bald eine Unmenge Schwarzer Blattläuse findet, legt es dort mehrere Eier ab. Ein anderes Weibchen war auch bereits hier, denn es sind schon Larven zu sehen. Ganz junge Schwebfliegenlarven fressen vor allem die Eier der Blattläuse. Im fortgeschrittenen Stadium machen sie sich über die fertigen Blattläuse her. Frühmorgens oder abends läßt sich gut beobachten, wie die Schwebfliegenlarven mit schnellen, egelartigen Bewegungen die Kolonie aufsuchen. Sobald die Larve auf eine Laus trifft, wird diese blitzschnell aufgespießt, aus der Kolonie am Pflanzenstengel herausgerissen, und oft in weniger als einer Minute ausgesaugt. Anschließend maskiert die Schwebfliegenlarve sich mit der ausgesaugten Körperhaut ihres Opfers. Auf diese Art ernährt sich die Schwebfliege in ihrer Jugend ausschließlich von Blattläusen. In einem Versuch ließ sich nachweisen, daß eine Larve während ihrer 10tägigen Entwicklung 870 Blattläuse vertilgt. Danach verpuppt sie sich und verbleibt in der letzten Larvenhaut. Als ausgewachsenes Insekt ernährt sich die Schwebfliege von Pollen und Nektar vor allem der Doldenblütler wie der Wilden Möhre. Hat der Landwirt die Ackerbegleitflora durch Herbizide zurückgedrängt, so finden die jungen Schwebfliegen weit weniger Nahrung. Fehlt auch noch eine Hecke, so haben sie Schwierigkeiten, ein Überwinterungsquartier zu finden. Um die beschriebene Schwebfliegenart ebenso wie etwa 100 andere blattlausfressende Arten zu fördern und die am Getreide schmarotzenden Blattläuse effektiv zurückzudrängen, bedarf es eines dichten Netzes von Feldrainen, Wegrändern oder Böschungen, auf denen pollen- und nektarspendende

Pflanzen wachsen. Schwebfliegen können zwar weit fliegen und Nahrungslücken überbrücken, doch die für den biologischen Pflanzenschutz erforderliche größere Tierzahl kann nur durch ein kleinräumiges Netz von Saum- und Trittsteinbiotopen erreicht werden. Blattläuse haben den Schwebfliegen eines voraus: Sie können sich mehrere Generationen lang ohne Männchen fortpflanzen. Dieser Vorteil läßt sich wettmachen, wenn der Landwirt Wildkräuter als Nahrungspflanzen für Schwebfliegen duldet. Mit den „Tankstellen" der Schwebfliegen lassen sich so die Massen der Blattläuse giftfrei in Schach halten.

## Moderner Landraub

Nur wer an diesem trüben Herbsttag genau hinsieht, erkennt den Schaden. Jedes Mal, wenn Bauer Fridolin Krach nach dem Wendemanöver auf dem ungeteerten Feldweg den Pflug auf den Acker setzt, nimmt er auch den Grünstreifen an der Bankette mit und pflügt diesen einfach um. Wenn er seinen Acker fertigbearbeitet hat, hat er diesem so 500 Quadratmeter Randstreifen einverleibt. Zusammen mit seinem Wegnachbarn hat Fridolin Krach derart die Wegbreite von einst 6 Metern auf 3,5 Meter zu seinen Gunsten und auf Kosten der Allgemeinheit geschmälert. Die Feldwege mit ihren Rändern, Rainen und Gräben sind nämlich öffentlicher Besitz. Es handelt sich also um unzulässigen Landraub.

Untersuchungen ergaben, daß in einer 14.000 Einwohner großen Gemeinde nordwestlich der bayerischen Landeshauptstadt rund 30 Hektar Randfläche verloren gegangen waren – ein Prozent der bewirtschafteten Feldflur! Selbst Kleinflächen wie die etwa 10 Quadratmeter großen Zwickel an Wegeinmündungen waren fast alle weggepflügt. Allein in den alten Bundesländern gingen so schätzungsweise 74.000 Hektar an naturnahen Ackerrändern verloren, was einem Fünftel der Naturschutzgebiete entspricht. Nicht nur in Bayern, sondern auch in Norddeutschland, ist diese Art der Landnahme gängige Praxis. In den Gemeinden Bliesdorf, Breitenfelde und Klein-Wittensee in Schleswig-Holstein verschwanden von 10.000 Metern Knicks, die nach der Flurbereinigung neu gepflanzt worden waren, genau 7.280 Meter. Auch hier hatten Landwirte ungerechtfertigterweise eingegriffen.

Die Folgen der illegalen Landnutzung sind katastrophal. Bei Intensivnutzung werden 300.000 Liter Pestizide sowie 28.000 Tonnen Mineraldünger und 2,5 Millionen Kubikmeter Gülle auf der Fläche der einst blumenbunten Ränder aufgebracht. Doch selbst außerhalb der intensiv genutzten Agrarfluren hat die Natur immer weniger Chancen, und die Auswirkungen auf die Tier- und Pflanzenwelt sind verheerend. Allein im Bereich der alten Bundesländer geht der Versteck- und Brutraum sowie die Futterquelle für 15.000 Rebhühner und schätzungsweise 7.500 Feldhasen verloren. Durch den Verlust der Ackerbegleitflora sind inzwischen etwa 90 Prozent der hier lebenden Insektenarten verschwunden. Was ließe sich auf den umgepflügten Rändern wieder für die Natur leisten, wenn anstelle von Mais oder Zuckerrüben wieder Ackerrandstreifen, Hecken oder Wegraine existieren dürften? Die 74.000 Hektar bedeuten die Fläche von einem Fünftel aller Naturschutzgebiete der alten Bundesländer. Die Nöte der Landwirtschaft aufgrund der verfehlten Brüssler Agrarpolitik können keine Rechtfertigung dafür sein, auch noch den letzten Quadratmeter Boden zwischen Acker und Weg umzupflügen und mit Düngemitteln und Chemikalien zu behandeln. Kein Bauer würde durch einen naturnahen Ackerrandstreifen von dreißig bis fünfzig Zentimeter Breite – der ohnedies der Allgemeinheit gehört – ärmer, aber der Naturhaushalt auf dem Felde würde bereichert und stabilisiert.

## Steinzeit am Ackerrand

Lange Zeit zurück – ein feuchtkalter Novembermorgen. Irgendwie sieht die abgeerntete Feldflur gespenstisch aus.

Nebelschwaden ziehen an diesem Herbsttag im Jahr 1764 aus dem Tal zur Anhöhe, wo drei Männer sich am Boden zu schaffen machen. Die drei sind in geheimer Mission unterwegs. Nachdem der Felduntergänger, ein Hilfsassistent des Landvermessers, den Gemarkungsgrenzstein gesetzt hat, fertigt der Landvermesser ein geheimes Zusatzprotokoll an, in dem niedergelegt wird, in welchem Abstand und in welcher Himmelsrichtung die auseinandergebrochenen Tontäfelchen, auf denen die Ortswappen der beiden Gemeinden angebracht sind, im Erdboden vergraben wurden. Auf dem etwa 50 Zentimeter aus dem Ackerrand ragenden Grenzstein kann man heute die Jahreszahl und die

---

### Kiebitz – Kiwitt im Frühling

Oft schon Ende Februar kommen die ersten Kiebitze aus ihren Winterquartieren zu uns nach Mitteleuropa. Der metallisch blaugrün schimmernde – von weitem schwarzweiß erscheinende – Regenpfeifer fällt durch den gellenden, lauten Kiwitt-Ruf auf, den er auch beim kapriolenreichen, gaukelnden Balzflug ertönen läßt. Charakteristisch beim Flug sind die weißen Unterseiten und die breiten Flügel. Besondere Kennzeichen des fast 30 cm großen Vogels ist der bis 12 cm lange Schopf, der beim Weibchen nur halb so lang ist wie beim Männchen.

Der Kiebitz ist ein Bewohner des offenen Geländes, das keine zu hohe oder zu dichte Vegetation aufweist. Während man ihn im vergangenen Jahrhundert nur auf Wiesen und Viehweiden fand, kennt man seit dem beginnenden 20. Jahrhundert auch Ackerbruten. Heute finden sich auf den Äckern mehr Kiebitz-Gelege als auf dem Grünland. Gerne wählen die Tiere nässebedingte Kahlstellen auf. Die Brutplätze sind also an Feuchtigkeit – vorwiegend zeitlich befristete Wasserstellen – gebunden. Auch Rieselfelder, Schlammbänke oder Hochmoore nehmen sie als Lebensraum an. Dort finden sie Weichtiere, Würmer, Insekten und deren Larven wie etwa den Wiesenschnaken. Auch Pflanzen wie Sämereien verzehren sie. Das Männchen scharrt im Frühjahr verschiedene Mulden, und das Weibchen wählt davon eine aus und polstert sie mit einigen Pflanzenteilen aus. Es legt darin zumeist 4 Eier ab, welche eine gute Schutzfärbung besitzen. Um die Fläche des Geleges möglichst klein zu halten, legt der Kiebitz die Eier so, daß sie sich in der Nestmitte mit der spitzen Seite berühren. Beide Partner bebrüten die Eier etwa einen Monat lang. Die graubraun gefleckten Jungen sind Nestflüchter, sie verlassen also das Nest schon kurz nach dem Schlüpfen. Die Elterntiere führen sie dabei und greifen Störenfriede an oder locken sie weg. Nach über einem weiteren Monat können die Jungen dann fliegen. Im Juni verschwindet in der Regel der Großteil der Kiebitze bereits wieder, um sich ins Winterquartier zu begeben. Es liegt an der Atlantikküste zwischen Südfrankreich und Nordafrika sowie dem Mittelmeerraum.

Der knapp taubengroße und auffällige Vogel ist seit Ende der achziger Jahre immer seltener in den ausgedehnten Marschwiesen Norddeutschlands wie auf Feuchtwiesen, Äckern oder Grünland Süddeutschlands, der Schweiz oder in Österreich zu beobachten. Der Rückgang der feuchten Wiesen und Weiden sowie die intensive Bewirtschaftung – wobei viele Gelege durch Landmaschinen oder das Weidevieh zerstört wurden – haben die Bestände rasch sinken lassen. Während sich die Vögel zunächst auf den umgebrochenen Äckern für einige Jahre halten konnten, ist der Bestand nun in den letzten Jahren drastisch gefallen. Auf Dauer kann der Vogel, welcher auf Sümpfe oder Feuchtwiesen angepaßt ist, die veränderten und verschlechterten Umweltbedingungen zumal bei nur einer Jahresbrut eben nicht hinnehmen. Für viele Naturfreunde ist damit der Frühling ohne das typische Kiwitt ärmer geworden.

beiden Gemeindewappen gerade noch erkennen. Weit auffallender sind die bunten Flecken, mit denen der Stein übersät ist. Es sind Flechten, die dank ihrer Fähigkeit, den Stoffwechsel völlig einstellen zu können, mehrere hundert Jahre alt werden können. Durch den Scheintod ist die Kombination zwischen Pilz und Alge in der Lage, Extremsituationen wie Hitze oder Kälte zu überdauern. Auf dem Grenzstein finden sich verschiedene Flechten. Die Steinflechte zersetzt mit ihren ätzenden Ausscheidungen die Oberfläche des Gesteins und erleichtert es damit den Pilzfäden des Flechtenlagers, sich im Stein zu verankern. Oben auf dem Grenzstein wächst eine Schönflechte. Sie wird vom Vogelmist oder dem Urin von Wildtieren mit Nährstoffen versorgt. Deren Ausscheidungen enthalten den für diese Flechten wichtigen Stickstoff nebst Phosphat. Gold- und Grauammer, Hänfling oder Wiesenpiper nutzen den steinernen Zeugen als Singwarte. Greifvögeln wie dem Mäusebussard oder gelegentlich auch dem Turmfalken bietet der Grenzstein eine Ansitzwarte.

In der Flur trifft man öfters auf ganze Ansammlungen von Steinen am Rande der Felder. Es sind Gesteinshaufen, die Generationen von Bauern aus den Äckern an den Rändern zu Lesesteinwällen aufgereiht haben. Wo viele Steine lagen, gab es wenig Getreide und damit wenig Brot. Diese Zeugen althergebrachter Flurentrümpelung hat sich die Natur nach und nach erschlossen. Mit dem Kot verbreiteten die Vögel unfreiwillig die Samen von Sträuchern wie der Schlehe oder der Hundsrose. Zum Stein kam der Stock, vor allem auch am Rande der Steinhaufen, wo sich Roter Hartriegel oder Gemeiner Liguster einfinden. Gelbflechte, graugrüne Mauerflechte oder Hedwigsmoos überzogen die Steinbrocken, und Mauerpfeffer und Ruprechtskraut fanden in den Nischen Platz. Die Steinhummel, Erdmäuse oder der zwischen den Steinen vorkommende Steinpicker, eine Schneckenart, folgten. Mitnichten also lauter tote Steine, sondern Nischen voller Leben.

Grenzsteine sind mit dem Flechten- und Moosbesatz regelrechte „Mini-Biotope".

## Schwarzer Öko-Transfer

Gemächlich bewegt sich ein riesiger Schwarm schwarzer Vögel über das winterliche Berlin. So manchem Passanten fällt der scheinbar nicht enden wollende Zug auf, denn er hebt sich von der schneebedeckten Dächerlandschaft deutlich ab. Im westlichen Teil Berlins befindet sich ein traditioneller Schlafplatz, den die Vögel aus einem Einzugsbereich von 600 Quadratkilometern täglich anfliegen. Zehntausende von Tieren sammeln sich allabendlich auf den Schlafbäumen. Saatkrähen sind gesellige und intelligente Tiere, zu denen wir erst noch ein unverkrampftes Verhältnis finden müssen, weil unser Blick von vielen falschen Darstellungen verstellt ist. So sind die Tiere beispielsweise nicht einheitlich schwarz gefärbt. Wer Glück hat, kann bei Gegenlicht den herrlichen, purpurnen Schimmer auf dem Gefieder bestaunen. Die in unseren Breiten im Winter zu beobachtenden schwarzen Rabenvögel weilen als Gäste hier. Sie stammen aus den riesigen Brutgebieten Osteuropas und Skandinaviens, wo sich 200, 500 oder viele tausend Einzeltiere zusammenschließen und dann im Herbst und Frühwinter in Deutschland, Österreich, der Schweiz und Luxemburg erscheinen. Was für die Menschen erst Ende der achtziger Jahre durch den

Die im Winter nach Mitteleuropa einfliegenden Saatkrähen stammen meist aus Skandinavien und Sibirien, während die mitteleuropäischen Saatkrähen den Winter in südlicheren Gefilden verbringen. Sie ziehen im Frühjahr wieder in ihre Brutgebiete zurück.

Abbruch des Eisernen Vorhangs möglich wurde, haben diese Vögel uns schon lange vorgemacht: den Ost-West-Transfer. Von ihren gemeinsamen Schlafplätzen fliegen die Vögel alltäglich vor allem in die offene Feldflur. Sie waren wohl ursprünglich Steppenbewohner und fühlen sich daher in der Kultursteppe sicher. Es müssen aber einige Landschaftselemente wie Bäume, Hecken oder Kunstelemente wie die sonst für Vögel so problematischen Hochspannungsleitungen und Gittermasten vorhanden sein. Mit ihren langen und starken Schnäbeln suchen Saatkrähen ihre Nahrung vor allem unter der Bodenoberfläche. Durch das Herumstochern hat sich der Schnabelgrund gräulich gefärbt. Junge Saatkrähen haben an der Schnabelwurzel noch schwarze Federborsten, die sich im Laufe der Zeit jedoch abwetzen. Sie erbeuten Insektenpuppen, Schnecken, Drahtwürmer, Lauf- oder Rüsselkäfer sowie zu einem nicht geringen Teil auch Feldmäuse. Diese werden mit einem Trippeln und anschließendem geschickten Sprung gefaßt. Bei einer Heidelberger Winterkolonie von 4.000 Saatkrähen ließ sich über Gewölle – also die von den Krähen ausgespieenen, unverdaulichen Nahrungsteile – nachweisen, daß sie rund 35.000 Mäuse während des Winteraufenthalts verspeist hatten. Als Allesfresser ernähren sich Saatkrähen auch von Sämereien, vor allem von Wildgräsern, Hahnenfuß- und Veilchengewächsen. Wenn die Vögel gelegentlich Keimlinge der Wintersaat fressen, so ist die Landwirtschaft daran nicht schuldlos. Mit dem großen Rückgang an umgebrochenen Wiesen haben die Krähenvögel einen erheblichen Teil ihrer eigentlichen Nahrungsflächen verloren. Und wenn sie Maiskörner fressen, so nur die liegengebliebenen Reste der Ernte.

Grenzbereiche zwischen unterschiedlichen Nutzflächen bringen eine größere Vielfalt in die Landschaft und sind dadurch bedeutender Lebensraum für viele Feldbewohner.

Ende März bis Anfang April verlassen die Saatkrähen, die in Paaren bis zu 20 Jahre lang zusammenleben, wieder die gemäßigten Breiten. Eine tief in der Sowjetunion beringte Saatkrähe hatte bei ihrem Flug nach Westfrankreich 2.700 Kilometer zurückgelegt. Mit den Krähen ziehen auch andere Gäste der Feldflur, wie Ohrenlerchen, Schneeammern, Kornweihen oder Rauhfußbussarde, wieder zu ihren nordischen und östlichen Brutgebieten.

# Das Rückgrat der Feldflur

Ein feuchtkalter Morgen im späten November. Noch hat es nicht geschneit. Das Wasser in den Pfützen auf den unbefestigten Feldwegen ist jedoch schon zu Eis erstarrt. Über den fahl gewordenen Wiesen hängen noch dichte Nebelschwaden. Die alten Obstbäume wirken von weitem wie Geister in einer fremden, geheimnisvollen Welt. Mit dem ersten Sonnenstrahl beginnen die dicht mit Rauhreif überzogenen Äste der alten Birnen-, Apfel- und Zwetschgenbäume zu funkeln wie kristallene Kronleuchter. Das Trommeln eines Buntspechtes unterbricht die Stille. Unter den großen, majestätisch wirkenden Obstbäumen scharren Wacholderdrosseln aufgeregt rufend nach angemodertem Fallobst. Regungslos lauschende Hasen sind zu beobachten, und mit etwas Glück entdeckt man ein flink dahinspringendes Wiesel. Im verdorrten Gras einzelner, ungemäht gebliebener Grundstücke halten sich Rebhühner und Fasanen verborgen.

Sechs Monate später: Mit schneeweißen Blüten übersäte Obstbäume, farbenprächtige Wiesen und ein emsiges Tierleben kennzeichnen jetzt die Obstbaumwiesen. Kaum ein Element der Kulturlandschaft weist über das ganze Jahr hinweg ein so vielfältiges Leben auf wie die Streuobstwiesen. Sie prägen nicht nur seit Generationen weite Landschaftsteile in Baden-Württemberg, Bayern, Brandenburg, Hessen, Nordrhein-Westfalen, Luxemburg, Österreich oder der Nordschweiz, sondern sind Bindeglied zwischen Natur und Kultur.

Den Apfel als die häufigste Baumfrucht der Obstwiesen kennen die Menschen seit 7.000 Jahren. Ob Evas Apfel, der als Frucht des Baumes der Erkenntnis gedeutet wird, rotbackig gefärbt war, läßt sich nicht sagen, aber daß die Früchte des Wildapfels schon zu biblischen Zeiten existierten, ist sicher. Die Zivilisation des Zweistromlandes hat Apfelbäume ebenso kultiviert wie später die alten Griechen, die den Apfel als Symbol der Liebe, Fruchtbarkeit und Sinnlichkeit betrachteten. Die Römer führten mediterrane Apfelsorten nach Mitteleuropa ein. Klöster und Landesherren verbesserten im Mittelalter durch Zucht Farbe, Geschmack und Wuchs der Äpfel. Einer dieser Landesherren war Herzog Carl Eugen, der Johann Caspar Schiller mit der Leitung einer Obstbaumzucht auf Schloß Solitude bei Stuttgart beauftragt hatte. Als dessen berühmter Sohn, der Dichter Friedrich Schiller, im Sommer 1785 zum ersten Mal in Weimar weilte, Goethe war damals noch in Italien, war der Vater mit der Züchtung und Verbreitung neuer und alter Obstbaumsorten beschäftigt. So sorgten verschiedene Förderer dafür, daß hunderte verschiedener Landsorten, die vor allem auf das regionale und lokale Klima abgestimmt waren und sich durch Reifezeitpunkt sowie Verwendung und Haltbarkeit unterschieden, Verbreitung fanden. Im Jahre 1839 hat man noch 878 verschiedene Apfelsorten

## Kleiner Garten Eden

Wo die landschaftsprägenden Streuobstwiesen mit ihren alten Apfelsorten – wie hier der Boskoop – erhalten werden, hat auch der Steinkauz noch einen Lebensraum.

71

Intensiv betriebene Obst-
plantagen lassen nicht nur
die Landschaft verarmen,
sondern gefährden auch
Boden und Grundwasser
und damit unsere eigenen
Lebensgrundlagen.

gezählt. Schon die Namen der Sorten sind vielversprechend: Geflamm-
ter Kardinal, Kleiner Langstiel, Schottischer Evaapfel oder Rheinischer
Winterrambur. Sie alle enthalten Vitamin C oder Carotin, und ihr
Aroma ist aus nahezu 200 Duftstoffen zusammengesetzt. Es reicht von
zimt- und ananasartig bis mandel- oder erdbeerartig.
Und was bietet heute der Markt an? Überwiegend 15 äußerlich makel-
lose, aber geschmacklich eher fade, übergroße Massenapfelsorten wie
Cox Orange, James Grieve oder Golden Delicious beherrschen das
Angebot. Obendrein hat die EG-Kommission Anfang März 1990
beschlossen, daß Äpfel, die einen Durchmesser von weniger als 55 Millimeter haben, nicht mehr verkauft werden dürfen. Die echten Obstfreunde fühlen sich davon veräppelt, denn die geschmackvollen kleineren Apfelsorten laufen Gefahr, vom Ladentisch und aus der Landschaft
zu verschwinden. Mit der Verarmung einer geht eine immer intensivere Nutzung der Anbauflächen. Die Ware Apfel kommt in Südtirol
ebenso wie etwa am Bodensee zunehmend von sogenannten Spindel-
bäumen, die in Dichtpflanzungen von 300 bis über 3.000 Stück pro
Hektar angelegt sind und überhaupt nicht mehr aussehen wie ein
Baum. Die bildschönen Schaustücke der Zwergbäumchen gedeihen
freilich nur, wenn diese Monokulturen intensiv mit Pflanzenschutz-
mitteln behandelt werden. Im Rheinland rieselten nach 10 bis 45mali-
ger Spritzung auf einen Hektar durchschnittlich 27,1 Kilogramm Gift
von den Blättern.

## Zwischen Blumen und Bäumen

Derartige Giftduschen haben die robusten Hochstämme der Streuobstwiesen nicht nötig. Hier hat sich nämlich ein ökologisches Gleich-
gewicht eingespielt, das die Schädlinge weitgehend in Schach hält. Die
verstreut liegenden Obstbäume und Feldgehölze in der Flur – deren
nach Sorten und Standort auf einer Wiese gestreute Anordnung hat
übrigens zum Begriff Streuobstwiesen geführt – vermitteln ein park-
ähnliches Bild. Hinzu kommen extensiv genutzte Wiesen, die reich an
Blumen sind. Für Insekten bedeutet dies eine wertvolle Nahrungs-
quelle. Das immer wieder dazwischen anzutreffende Altholz abster-
bender Bäume nutzen viele Arten als sichere Kinderstube für den
Nachwuchs. Zwischen 2.500 und 3.000 Tierarten leben im Biotop
Streuobstwiese, wobei der größte Teil Insekten wie Käfer, Hautflügler
oder Wanzen sind. 35 verschiedene Vogelarten brüten hier. Dazu
gehören Goldammer, Neuntöter, Stieglitz, Singdrossel, Fliegen- und
Trauerschnäpper, Gartenrotschwanz oder Grünspecht. Auch boden-
brütende Arten wie Rebhuhn oder Fasan als Tiere der offenen Feldflur
finden in den Streuobstwiesen Rückzugsräume. Die Idylle schmilzt
freilich Tag für Tag zusammen. Zwei für die Streuobstwiesen typische
Vögel, der Steinkauz und der Wendehals, sind vielerorts schon ausgestorben. Was ist geschehen?
Wir Menschen vertreiben die paradiesischen Gärten aus unserer Landschaft. Sowohl durch die Intensivobstplantagen als auch durch Sied-
lungsentwicklung, Freizeitgelände, Flurbereinigung, die Umwandlung
in Ackerland und den Straßenbau werden die Obstbaumwiesen vernichtet. Allein im Bundesland Hessen ist der Bestand an Obstbäumen

von 3,5 Millionen im Jahre 1965 auf eine Million im Jahre 1988 zurückgegangen. In der Schweiz fielen zwischen 1951 und 1981 10 von insgesamt 16 Millionen der knorrigen Obstbäume. Heute sind noch 2 bis 3 Millionen übrig. Und in Österreich sind seit 1968 sechs Millionen Obstbäume verschwunden. Über Generationen haben die Menschen die Obstwiesen gepflegt und von den Früchten gezehrt, Säfte, Most oder Appelwoi gepreßt. Jahrhundertelang betonten die Streuobstwiesen die topographischen Konturen der Landschaft und schützten als Grüngürtel die Dörfer und Städte vor den Herbst- und Winterwinden. Heute sind sie vielerorts nur noch Bauerwartungsland statt paradiesisch anmutende Ökozellen.

## Ein merkwürdiger Kauz

Als es vom Kirchturm Mitternacht schlägt, setzt eine kühle Brise ein, ein Schatten huscht an der alten Mauer entlang, und man hört ein Käuzchen rufen. Kurz darauf durchbricht ein kurzer Schrei die stille Nacht. In dieser klassischen Krimiszene eines Edgar-Wallace-Films stammt der Vogelruf freilich vom Tonband, denn der Steinkauz läßt seinen Balzruf auch schon während der Dämmerung hören und wartet nicht drehbuchgerecht bis Mitternacht. Heute zählen seine Rufe zu den seltenen Naturerlebnissen, denn es gibt nur noch wenige Steinkäuze. Dafür ist die Rodung von Streuobstgebieten ebenso verantwortlich wie die Beseitigung alter Häuser am Rand der Obstwiesen, der Gifteinsatz in der Landwirtschaft ebenso wie die Rodung alter Kopfweiden. Vor allem sind die Streuobstgebiete oftmals auf weniger als 50 Hektar, die Größe eines Steinkauz-Jagdreviers, geschrumpft.

Als Lebensraum bevorzugt der Steinkauz eine mit Baumgruppen, Baumreihen und Feldgehölzen durchsetzte Kulturlandschaft. Dabei sind für ihn die Höhlen in alten Bäumen als Brutmöglichkeit von großer Bedeutung. In Süddeutschland, Österreich, Südtirol, Luxemburg und der Schweiz findet er dieses Biotopelement am ehesten in den Streuobstwiesen. In Norddeutschland dagegen lebt der Steinkauz vorwiegend in Niederungsgebieten, in denen Kopfweiden die Kinderstube für den Nachwuchs stellen. Auch in Höhlen und Nischen in Felsen und Scheunen oder verlassenen Erdbauten, etwa von Kaninchen, zieht die nur 20 Zentimeter große Eule ihre Jungen auf. Schon Ende Februar oder Anfang März läßt der Steinkauz seine häufigen Balzrufe hören. Das Brutgeschäft folgt dann Anfang April bis Mitte Mai. Die ortstreuen und in Dauerpartnerschaft lebenden Eltern füttern ihre Jungen zu zweit und schleppen dazu hauptsächlich Insekten, wie Laufkäfer, Raupen, Regenwürmer, und später auch bis zu 26 verschiedene Kleinsäugerarten wie Feldmäuse an. Der kleine Vogel wird sogar mit einem Maulwurf oder einer Ratte fertig – mit Tieren also, die seine eigene Körpergröße aufweisen. Selten sind auch kleine Vögel auf der Beuteliste. Hin und wieder läßt sich schon nachmittags beobachten, wie der Steinkauz in niedrigem, stark wellenförmigem Flug schnell über den Wiesen jagt. Gerne sonnt er sich auf höherer Warte, von wo aus er Überraschungsangriffe startet, indem er sich plötzlich herabfallen läßt. Auf diesen Warten fällt auf, daß er sich bei Erregung in die Waagrechte duckt und dann rasch wieder in die Höhe schnellt. Dies

Kopfweiden werden nicht nur vom Steinkauz, sondern auch vom Zaunkönig, Gartenrotschwanz und einer Reihe anderer Vogelarten bewohnt.

Hohlwege sind Bindeglieder zwischen Natur und Kultur. Sie entstanden durch die jahrhundertelange Nutzung und die dadurch erfolgte Bodenvertiefung. Oft entstanden Hohlwege auch, weil man daraus Erde entnahm, um sie auf den angrenzenden Ackerbereichen zu verteilen. Noch ist viel zu wenig über die kulturhistorische Entstehung und Bedeutung der Hohlwege bekannt.

Hecken, Feldgehölze und Einzelbäume bilden wichtige Bestandteile von Biotopverbundsystemen.

Hier hat der Landwirt Weitsicht gezeigt, indem er den Baum stehen gelassen hat. Der Natur hat er eine Chance gegeben.

Streuobstwiesen sind auch im Winter Rückzugsgebiete vieler Tiere in Feld und Flur.

74

Die eigentümliche Mistel gilt als Halbschmarotzer. Es ist jedoch wissenschaftlich noch nicht geklärt, wie das Zusammenspiel zwischen der Mistel und dem Wirtsbaum letztlich funktioniert.

Die Hundsrose blüht im Frühsommer. Rosensträucher sind mitunter Sitzwarte, Nist- und Brutplatz des Neuntöters (Bild unten).

Der Holunder spielt in vielen Sagen und Märchen eine Rolle. Auch der Name von „Frau Holle" wird auf den Holunder zurückgeführt.

Ursprünglich gab es den Jagdfasan in Mitteleuropa nicht. Erst während des Barock wurde damit begonnen, Fasanen (eigentlich eine asiatische Art) zu züchten und in der freien Landschaft als Jagdbeute auszusetzen.

wiederholt der Vogel mehrmals. Die geduckte Haltung, die niedere Stirn und die schwefelgelben Augen verleihen ihm ein wildes, finsteres Aussehen. Finster sieht jedoch vor allem seine Zukunft aus, wenn auch die letzten Reviere mit den alten Obstbäumen und Kopfweiden noch verschwinden sollten. Und die vielen Veränderungen summieren sich: Dort wird eine Wiese umgebrochen und in ein Maisfeld umgewandelt, hier die Hochstämme durch Niederstämme ersetzt oder die Obstwiese mit dem Rasenmäher traktiert. Schon ein schneereicher Winter genügt, um den ohnehin rapide abgesunkenen Steinkauzbestand noch weiter schrumpfen zu lassen.

## Schöner Spießer

Auf einem schwankenden Zweig der Hundsrose sitzt ein fast drossel-großer Vogel und beobachtet die Umgebung. Die helle Mittagssonne beleuchtet sein auffälliges Gefieder. Besonders ins Auge sticht die breite, tiefschwarze Gesichtsmaske von der Ohrengegend bis zur Schnabelbasis. Sie hebt sich vom taubengrauen Scheitel, dem weißen Hals, dem weiß-rötlichen Bauch und dem leuchtend rotbraunen Rücken mit den Flügeln gut ab. Es ist ein Neuntöter-Männchen, das in diesen Maitagen aus dem tropischen Winterquartier zurückgekehrt ist. Es ist über die Halbinsel Sinai und die Türkei nach Mitteleuropa gekommen und hat eine Reise von 9.000 bis 10.000 Kilometern hinter sich. Der Herbstzug dagegen, den die Altvögel schon im August beginnen, führt über den Balkan und Kreta nach Afrika. Weil sich Herbst- und Frühjahrszug unterscheiden, spricht man von Schleifenzug. Die Ursache hierfür sehen manche Vogelzugforscher im Wechsel der Winde – der Neuntöter liebt Rückenwinde.

Doch nun bricht er in seinem heimischen Brutrevier ganz plötzlich seinen leisen, perlenden und nicht oft zu hörenden Gesang ab. Zwei Elstern durchfliegen das Revier Richtung Waldrand. Wie heute morgen beim Auftauchen der lärmenden Spaziergänger läßt er auch jetzt den harten und lauten Warnruf ertönen. In seiner Erregung läßt das Tier den Schwanz hin- und herwedeln. Als die beiden Rabenvögel abgezogen sind, fliegt er zunächst einmal um die Hecke und dann den äußersten, verdorrten Ast eines alten Obstbaumes an. Kurz darauf steigt er steil in die Höhe, schnappt eine Wildbiene und landet geschickt wieder auf einem kleinen Ast. Hier reibt er die Beute so lange gegen das Holz, bis der giftige Stachel entfernt ist. Wie alle Würger besitzt er einen hakenförmigen Oberschnabel, der dem eines Falken ähnelt und dem Erbeuten besonderer Nahrung dient.

Nun fliegt der Vogel zum nahen Schlehengebüsch an der Böschung, in dem das Weibchen in fast 2 Meter Höhe brütet. Der Dornenstrauch bietet guten Schutz vor Feinden und nicht zuletzt auch eine gute Verankerung für das Nest. Dieses legen Neuntöter ebenso in Brombeergebüschen, älteren und buschigen Heckenrosen, aber auch Weißdorn- und Holunderstrauch, sowie in Bäumen an. Das Neuntöter-Männchen füttert nun seine Partnerin während der etwa zweiwöchigen Brutzeit. Sind die Jungen geschlüpft, füttern beide Eltern noch etwa 2 Wochen weiter.

Nach dem Ausfliegen folgt eine ungewöhnlich lange Betreuung des

Nachwuchses. Die jungen Würger müssen das Aufspießen der Beute erst lernen – es ist eine besondere Fertigkeit, die bei anderen Würgern nicht so häufig ist und die dem Vogel zu seinem Namen verholfen hat. Nach 2 Tagen erproben die jungen Neuntöter ihren Schnabel an einer Unterlage. Frühestens 8 Tage nach dem Ausfliegen beginnen sie, Dornen, Stacheln oder spitze Zweige mit dem Schnabel zu berühren. So eignen sich die Jungen nach und nach das Aufspießen an. Sie müssen lernen, genau zu zielen und den richtigen Abwärtsdruck zu entwickeln. Anfangs reißen die Jungen Insekten noch auseinander oder stechen sich in die Mundhöhle, aber nach 2 bis 3 Wochen klappt dann die Spießerei. Sie hilft, die Beute weiter zu bearbeiten und vor allem größere Tiere erst dingfest zu machen. Der Neuntöter kann im Gegensatz etwa zum Falken seine Beute nicht mit den Beinen halten. Zudem dient das Aufspießen von Insekten oder kleinen Tieren auch der Vorratswirtschaft für regnerische Tage und die frühen Morgenstunden, wenn Insekten oder Reptilien nicht so häufig oder noch gar nicht zu finden sind. Wer also bei einer Flurwanderung im Sommer an Hecken aufgespießte Heuschrecken, Käfer oder Feldmäuse findet, kann sicher sein, daß hier ein Neuntöter am Werk war. Trockene, sonnige und halboffene Landschaften mit ausgedehnten Hecken aus Brombeeren, Weißdorn, Schlehen und Heckenrose sowie Gruppen alter Obstbäume stellen den typischen Lebensraum des Neuntöters dar. Über 70 Prozent der untersuchten Reviere wiesen außerdem Feuchtstellen auf. In diesen reich strukturierten Gebieten findet er vor allem Großinsekten wie Heuschrecken, Schmetterlinge, Wespen, Wildbienen oder auch kleine Eidechsen, Mäuse und gelegentlich Kleinvögel. Die größten Neuntöterbestände gibt es auf Trockenrasen, in die einzelne nicht geschlossene Hecken und alte Obstbäume eingestreut sind. Hier können sich 9 bis 10 Paare pro 10 Hektar die reiche Insektenbeute teilen. All diese Lebensräume sind heute rar geworden, so daß es nicht erstaunt, wenn der einst häufige Vogel – er kommt nicht nur in ganz Europa, sondern bis Zentralsibirien vor – heute zu den stark bedrohten Arten zählt. Dafür sind auch die Giftduschen während seines Fluges zum südafrikanischen Winterquartier mitverantwortlich. Schädlingsbekämpfungsmittel, vor allem das gefährliche DDT, werden in den Entwicklungsländern noch immer eingesetzt und von unverantwortlichen Firmen aus Mitteleuropa mit Duldung ebenso unverantwortlicher Politiker noch immer dorthin exportiert. So wie Neuntöter und andere Zugvögel mit Chemikalien kontaminiert aus den Rast- und Überwinterungsgebieten zurückkehren, kommen mit DDT und anderen Chemikalien belastete Erzeugnisse – wie Orangen – quasi als giftiger Bumerang wieder auf unsere Ladentische. Dem einst so häufigen Würger geht es seit den fünfziger Jahren massiv an den Kragen. Will man ihn vor dem Aussterben bewahren, müssen für die Savannen Afrikas die gleichen Forderungen in bezug auf Umwelt- und Naturschutz erhoben werden wie für die mitteleuropäische Heckenflur. Der Schutz des Neuntöters führt uns vor Augen, daß die Obstwiesen Mitteleuropas, die Wälder der östlichen Mittelmeerländer und die Buschlandschaften Südafrikas als internationaler Biotopverbund verstanden werden müssen.

# Ein kleiner ‚Greif-Singvogel' namens Neuntöter

gen, Verbeugungen und – als Höhepunkt der Brautwerbung – das Balz-
füttern. △ Der Nestbau geht in
sinnvoller Arbeitsteilung vonstatten.
Er ist mehr der Materialbeschaffer,
sie mehr der Baumeister.

Sie sind selten geworden, die Würger. Vier
Arten gibt (gab) es in Mitteleuropa: Raub-
würger, Schwarzstirnwürger, Rotkopfwürger
und den Neuntöter. Sie alle sind von dem
dramatischen Artenschwund betroffen, der
zwischen 1960 und 1975 ganze Bestände
dahingerafft und weite Landstriche von
manchen Arten regelrecht leergefegt hat.
Woran liegt das? Es sind sicher mehrere Ursachen, die in ihrem Zusammenwir-
ken so vernichtende Folgen zeitigten.
Als gesichert gilt, daß die allgemeine Beseitigung von Hecken in der Agrarlandschaft die Nistplätze zerstört hat, daß
der Einsatz von Bioziden ihre Haupt-
nahrung, nämlich die Insekten stellenwei-
se auf Null reduziert hat und daß
auch negative Eingriffe und Einwir-
kungen in den Winterquartieren im tropischen Afrika hinzukommen.
Seit 1981/82 wird mancherorts wieder
ein leichter Anstieg der arg dezimier-
ten Populationen registriert. Wie es
scheint, haben die Bemühungen seitens
des Naturschutzes hier die ersten
bescheidenen Erfolge gebracht. Es wird

nicht mehr so bedenkenlos mit gefährlichen Umweltgiften umgegangen wie
zuvor. Auch beginnt eine andere Ein-
stellung zu Brachland, Hecken und
Wildkräutern Platz zu greifen und die
Rückführung von Grünlandflächen aus
der Intensivnutzung in eine Extensivnut-
zung wird in einigen Bundesländern
bereits staatlich gefördert. Auf solchen
Flächen bedeutet das: Keine Düngung
mehr, einmalige jährliche Mahd, dadurch
allmähliche Rückkehr der Vielfalt der
Pflanzengesellschaften, damit wieder
mehr Insekten; weniger oder kein Einsatz von Pestiziden, das heißt abermals
mehr Chancen für Insekten = mehr
Chancen für den Neuntöter.
So ist es möglich, auch im nächsten Frühling mit einigem Glück Szenen zu beobachten, wie sie hier dargestellt sind.
Das etwas früher heimkehrende Männchen (oben rechts) sucht durch verschiedene Darbietungen die Aufmerk-
samkeit eines Weibchens auf sich zu
lenken. Dazu gehören Rufe, Gesang,
Kopfdrehen, seitliches Schwanzschla-

78

In ihrem Lebensraum (offenes Gelände mit viel Gebüsch, Dorngestrüpp und Gehölzgruppen) sitzen die Neuntöter gern in aufrechter Haltung auf einem herausragenden Zweig um nach Beute Ausschau zu halten. Das im Umkreis von bis zu 50m anvisierte Beutetier wird vorwiegend am Boden angegriffen, aber auch fliegende Insekten in der Luft. Was überwältigt ist, wird mit dem falkenähnlichen Schnabel getötet. Das jedoch nicht neunmal täglich, wie eine alte namengebende Legende berichtet.

Die Gepflogenheit der Würger, Beute auf spitzen Dornen aufzuspießen wurde früher nur als Vorratsanlage gedeutet. Neuere Beobachtungen, durch Filmaufnahmen belegt, besagen aber, daß vor allem deshalb gespießt wird, weil ein Würger eben doch ein Singvogel und kein Falke ist und seine Füßchen keine Greifvogelfänge sind, mit denen er die Beute "sicher im Griff" hätte. Das aufgespießte Insekt (oder auch ein kleiner Jungvogel, eine Eidechse, gar eine Maus) kann dann mit dem Schnabel leichter zerpflückt werden.

Das beinahe grotesk anmutende seitliche Ausschlagen mit dem Schwanz ist als Ausdruck der unterschiedlichsten Erregungszustände zu verstehen: Erscheinen eines Partners oder Rivalen im Revier, Anblick eines Feindes oder eines artfremden Nahrungskonkurrenten.
Unter den Tieren auf des Neuntöters Jagdschein finden sich sogar giftstachelbewehrte Insekten wie Wespen

und Hornissen, die mit einer angeborenen Quetsch-Technik vor dem

Sicher bleibt auch einmal etwas hängen, bei reichlichem Angebot, und sicher wird das später irgendwann verzehrt. Dies geschieht wohl kaum während der Jungenaufzucht.

Verschlucken geschickt entstachelt werden.
Obwohl die Schnabelbildung in Anpassung an die Ernährungsweise deutliche Ähnlichkeit zu den Schnäbeln kleiner Greifvögel aufweist, sind die Würger, verwandschaftlich gesehen, echte Singvögel. Und sie singen auch. Überhörbar leise, mit Anleihen aus dem Repertoire anderer Singvögel.

Wie bei allen Sperlingsvögeln hat die auffällig gefärbte Innenseite des aufgesperrten Schnabels und Rachens (Sperren - Sperr linge) stimulierenden Einfluß auf das Fütterverhalten der Vogeleltern.

Der letzte Tag im Nest. Drei Geschwister haben schon den Sprung gewagt, die beiden letzten folgen in der nächsten Stunde, auch wenn sie noch nicht richtig fliegen können. ▷

FAUST

# Alte Alleen

Der Minister ist gerade auf Dienstreise in Mecklenburg-Vorpommern. Nach einem längeren Aktenstudium schweift sein Blick aus dem Autofenster, eben als er durch eine Baumallee fährt, die sich wie ein grüner Tunnel über der Straße wölbt. Die schräg einfallenden Sonnenstrahlen tauchen ihn in ein wohltuendes Flackern von goldenem Licht und Schatten. Er scheint zu spüren, daß Leitungsmasten und Äcker allein das Bedürfnis des Menschen nach einer abwechslungsreichen Landschaft nicht erfüllen können. Wenig später wird er mit der harten Wirklichkeit konfrontiert. Die Lobby der Autofahrer fordert den Ausbau der Straße und die Rodung der Alleebäume. Wie wird der Minister wohl entscheiden?

Keine Allee gleicht der anderen. Leider gibt es in den alten Bundesländern nicht mehr viele von ihnen. Eine der wenigen findet sich im badischen Leutesheim, wo Tage später eine Versammlung wegen der Nutzung der Allee stattfindet. „Und dreißig Mark zum Letzten." Mit diesen Worten des Ortsvorstehers ist die Versammlung beendet, und die Früchte der Obstbaumallee sind wieder unter Dach und Fach. Nicht nur in Leutesheim, sondern in vielen anderen Ortschaften wird das Obst der gemeindeeigenen Obstwiesen jedes Jahr versteigert. Sonntags zuvor begutachten die Obstfreunde die alten ausladenden Bäume mit ihren Früchten.

Die Birnen-, Apfel-, Kirsch-, Nuß- und Lindenbäume sind zwar künstlich gepflanzt, aber doch natürlich gewachsen. Im Ensemble verleiht die strenge Harmonie der Umgebung eine vitale Schönheit. Das Zusammenspiel von offenem Land und Deckung bedeutet eine Oase vor allem für die Tierwelt. Grauammer oder Bluthänfling sind typische Vogelarten der Alleen, fliegende Bindeglieder zwischen Acker und Allee. Auch der Lindenschwärmer ist in der Baumallee zu Hause. Larven und Raupen des orangebraun gefärbten Nachtschmetterlings leben von Juli bis September auf Laubbäumen wie Ulme, Eiche oder Linde. Bei starken Sommerwinden finden sich die Raupen der Lindenallee oft am Erdboden. Auch zur Verpuppung wandert die etwa 10 Zentimeter große Riesenraupe stammabwärts zum Boden und gräbt sich dort für die Winterzeit ein.

# Fundgrube

### So wird Most gemacht

Most machen ist ganz einfach. Der Ausgangsstoff liegt auf den Streuobstwiesen: Äpfel und Birnen – Quitten nur bis zu einem Anteil von höchstens 5 Prozent. In einer Kelterei oder Obsterei kann man das Fallobst raspeln, das heißt zermahlen und pressen lassen. Wer den Saft über den Winter süßhalten will, kann ihn auf knapp 80 Grad Celsius erhitzen und in Flaschen aufbewahren. Most-Trinker füllen die süße Fracht jedoch in ein vorher ausgeschwefeltes Faß. Hier kann sie vergären. Sobald nach Wochen kein Gärgas mehr entsteht, entfernt man die Schwebstoffe, indem die über diesen Trübteilen stehende Flüssigkeit vorsichtig abgelassen wird. Danach einfach Faß putzen, nochmals schwefeln und den Most wieder einfüllen. Bis Weihnachten ist das berauschende Apfelgetränk nachgegärt und noch besser trinkbar. Prost!

Wer heute noch Apfelmost keltert und zu Hause einlagert, schützt damit ganz direkt die landschaftsprägenden Obstbaumwiesen. Früher wurden die Äpfel mit Mahlsteinen ausgepreßt, und noch heute zerquetscht mancher Hobbylandwirt die Äpfel nach dem Raspeln mit einer Handpresse zu Saft.

So wie der Lindenschwärmer vom Baum und dessen Umgebung lebt, so benötigen viele im Altholz der Bäume sich entwickelnde Insektenlarven wie etwa der Bockkäfer oder Hautflügler wie Pflanzenwespen und Bienen als erwachsene Tiere den Blütenreichtum vor allem der Doldenblütler an den Wegsäumen unter den Bäumen. Angesichts dieses Reichtums an Leben mutet es bitter an, daß in den vergangenen Jahren vier Fünftel dieser Alleen und straßenbegleitenden Baumreihen vernichtet wurden. Wie erfrischend wirkt da die Anordnung des Dezernenten für Umwelt und Naturschutz im Landkreis Nauen bei Potsdam, der die Alleebäume von 223 Kilometern Straße zumindest auf die Dauer von 2 Jahren unter Schutz stellte! Das haben in der ehemaligen DDR noch viele der grünen Tunnel nötig, damit dieses Kultur- und Naturerbe, von dem in den westlichen Bundesländern kaum noch etwas übriggeblieben ist, eine Zukunft hat.

**Mein Freund der Baum**

Im ganzen Haus des alten Lehrers gibt es kein schöneres Möbelstück als den ehrwürdigen hölzernen Sekretär. Allein schon das fein gewachsene und rötlich schimmernde Holz strahlt etwas Besonderes aus. Es stammt von der Kirschbaumreihe im Gewann Langer Rain. Als einer der Kirschbäume dort vom Blitz getroffen worden war und aus Sicherheitsgründen gefällt werden mußte, hatte sich der Lehrer vom örtlichen Schreiner das Prachtstück anfertigen lassen. So haben die Bäume der Feldflur einst immer wieder dem Menschen geholfen. Entweder dienten die abgängigen Veteranen als Brenn- oder Bauholz oder die Bauern verwendeten etwa Ahorn und Eschen für ihre Gerätschaften, das Buchenholz für Gabeln und das der Ulme für die Speichen und Naben der Räder des Heuwagens. Das Reisig der in der norddeutschen Tiefebene vorkommenden Birke wurde für Besen und das Eschenholz nicht nur im Alpenraum für Skier genutzt. Das Holz der Bäume war

Stonehenge am Wegesrand. Diese Steinbank im Miniformat zeugt von frühen Formen des Wirtschaftens und der Landnutzung. Auf dem Weg zum Markt stellten hier die Bäuerinnen ihre Lasten ab, um sich auszuruhen. Solche Steinbänke, wie sie es vor allem im süddeutschen Raum gibt, sind Zeugen historisch entstandener Wegverbindungen.

aber nicht nur Werkstoff. Die Bauern hatten auch anderes im Sinn, als sie die Gehölze anpflanzten. Oftmals markierten sie ihr Grundstück am Ende mit einem Obstbaum, während die Landesherren ihr Reich vor allem mit Eichen abgrenzten. Noch heute gibt es einige dieser inzwischen alt gewordenen Grenzbäume. Den Bauern diente ihr „Kopfbaum" am Ende ihres Grundstücks auch als willkommener und heute oft letzter Schattenspender, unter dem sich die Helfer während der Feldarbeit stärkten. So haben die Bauern ihren Vesperbaum immer in guter Erinnerung behalten, zumal darunter im Sommer – je nach Gegend – stets ein Krug Wein, Äppelwoi oder sonst ein Getränk aus eigenem Anbau stand und den Durst löschte.

Auch die Wildtiere hatten sich auf dieses Landschaftselement eingestellt. Beispielsweise leben allein auf einer alten Eiche etwa 300 verschiedene Tierarten. Für die Vögel dient ein Einzelbaum der Feldflur als Ansitz-, Sing- oder Schlafwarte und Brutplatz. Selbst wenn im Winter die Blätter gefallen sind, findet sich noch Leben auf dem Baum – etwa die Mistel. Herbst und Winter bedeuten für viele Einzelbäume eine Zeit der Bewährungsprobe. Ist das Laub einmal abgefallen, wird deutlich, welche Deformierungen Sturm, Schnee, Eis oder Rauhreifbehang am Zweig- und Astwerk anrichten können. Durch Winddruck stellen sie sich schräg, die Krone kann sich nur auf der Leeseite – also der windabgewandten Seite – mit tief herabhängenden Zweigen und „fahnenwindiger" Krone entwickeln. Auf der Luvseite wächst ein dichtes Rutenbündel. Die Baumveteranen haben sich gegen die Unbilden der Witterung aufgebäumt und in den Mittelgebirgen wie der Hohen Rhön, auf den beweideten Höhen des Südschwarzwaldes oder im Alpenvorland zu besonders eindrucksvollen Wetterbäumen entwickelt. Allemal bedeuten uns die Bäume einprägsame, nicht zu übersehende Gestaltungselemente und Wegmarkierungen in der Landschaft. Sie geben der Flur ihr Gesicht und ermöglichen es, uns in der Landschaft zu orientieren.

(links)
Jeder Baum ist für sich genommen ein Lebensraum und beherbergt eine Vielzahl von Lebewesen, die letztlich in einem einzigen Bild gar nicht darstellbar sind.

83

## Niederungen mit Köpfen

Es kracht laut hallend durch die Niederung, dann bebt kurz die Erde. Danach heulen wieder die Motorsägen auf, und der nächste Baum am Wassergraben wird „geköpft". Doch keine Sorge, hier sind keine Baumfrevler, sondern aktive Landschaftspfleger am Werk. Die Arbeitsgruppe Eulenschutz greift die historische Nutzung der Weiden und Kopfweiden wieder auf. Jahrhundertelang beschnitten die Bauern Weiden, Erlen und Eschen, um aus dem Holz Schuhe, Stiele für Besen, Schaufeln oder Schubkarren zu fertigen und aus den Weidenruten Kartoffelkörbe, Kinderwiegen, Schaukelstühle, Wasch- und Einkaufskörbe oder Kleidertruhen zu flechten. Oder man nahm die Äste der so frisierten Bäume einfach als Brennholz. In manchen Gegenden hat sich diese bäuerliche Tradition, die Nutzung und Landschaftspflege verbindet, bis heute erhalten. Doch vielerorts, wo die Bauern in Niederungen und Auen die Wiesen umgebrochen haben und nicht einmal mehr das Erlenholz für Zaunpfähle benötigen, sind auch die unzähligen Kopfbäume weggeräumt worden. Und dort, wo die Rutenbäume überlebten, wuchsen die Äste in den Himmel. Im Laufe der Jahre wurden die Bäume so kopflastig, daß bei einem der Herbst- und Frühjahrsstürme so mancher von ihnen den Halt verlor.

Damit drohten Niederungen und Auen zusehends gesichtslos zu werden. Doch der herbstliche Schnitt durch die Naturschützer erweckte die Weiden zu neuem Leben. Als eine der schnellwüchsigsten Baumarten Mitteleuropas hat die Weide die Energie zum kräftigen Neuaustrieb. Im nächsten Frühjahr sprießt wieder ein kugelförmiges Astwerk, als ob der Weide die Haare zu Berge stehen würden. Dann sehen die Kopfbäume aus wie der Struwwelpeter.

Mit der Erhaltung der Kopfbäume wird das Überleben zahlreicher Tiere gesichert. So ist in manchen Gegenden der Steinkauz auf die Kopfweiden des Grünlandes angewiesen. Weiden und deren nahe Verwandte, die Pappel, entwickeln im Gegensatz zu anderen Holzgewächsen kein Kernholz, also den harten, dunkel gefärbten Holzkern, der vom weicheren Splintholz umgeben ist. Das dunkle Holz entsteht durch Oxidation von Gerbstoffen, die pilztötend wirken. Der Pappel und der Weide fehlen diese Stoffe. Sie werden deshalb leichter von Pilzen befallen. Bei Kopfweiden, vorwiegend Silber- und Bruchweiden sowie Mischformen zwischen diesen beiden, bilden sich durch die Verletzungen des weichen Holzes beim Schneiden rasch Höhlungen. In diesen können Steinkauz ebenso wie Gartenrotschwanz, Zaunkönig, Bachstelze oder Feldsperling ihre Jungen aufziehen. Am meisten jedoch profitieren die Insekten von der Pflege der Weiden, denn auf diesen Baum sind mehr als 100 Insektenarten angewiesen. An der mulmreichen Kopfweide leben vor allem der Moschus- und der Weberbock oder die blaugrüne Weidenblattwespe. Auch Hornissen bauen ihre pappmachéähnlichen Nester mitunter in den hohlen Weidenstämmen. Auf der Kopfweide finden sich sogar „Aufsitzer". Das sind Pflanzen wie die wilde Stachelbeere, die von dem Mulm, der verrotteten und zu Humus gewordenen Baumrinde, leben. Diese „Baumerde" besteht aus sägemehlartigen, mit Kot durchmischten Resten aus der holzzerstörenden Arbeit von Insekten und Fäulnis. In Westfalen zählte man 74 Pflanzenarten als Gäste im struppigen Weidendach, darunter

Flechten und Moose ebenso wie den Bittersüßen Nachtschatten, den Holunder oder die Hundsrose. Die Samenfrüchte wurden von Vögeln hierhergebracht, beispielsweise von einem Grünfink, der im Herbst auf der Weide eine Hagebutte zerquetscht hat, um an das Samenkorn zu gelangen.

Was die Kopfweiden als Oasen für die Tierwelt bieten, vermögen andere Rutenbäume wie Eiche, Ulme, Esche, Linde, Hain- und Rotbuche oder der Ahorn nicht zu leisten. Sie sind auch nicht so verbreitet, wenngleich die Kopfeschen in der niederdeutschen Kulturlandschaft örtlich zwischen 30 und 70 Prozent des Gehölzbestandes ausmachen. Die Verbreitung der Kopfweiden wäre auch da besonders angebracht, wo Holzbacköfen wieder in Betrieb genommen werden. Das Weidenholz verleiht den Brotlaiben nämlich einen besonderen Geschmack. Da mundet den Eulenschützern das Vesper unter der Weide noch mehr.

## Seltener Schmarotzer

Im Winter, wenn die Bäume ihr Laub verloren haben, wird ein bisher von den Blättern verborgenes, grünes Gewächs sichtbar. Bei dem bis zu 1 Meter großen Strauch handelt es sich um die Laubmistel. Sie lebt nun so richtig auf, denn in der kalten Jahreszeit läßt sie zwischen Januar und März die beerenartigen, weißen Scheinfrüchte heranreifen. Bei der Misteldrossel, dem mitunter aus den skandinavischen Wäldern im Winter einfliegenden Seidenschwanz und auch anderen Vogelarten sind die Früchte sehr begehrt. Die Mistelsamen passieren unverdaut den Vogelmagen und haften infolge ihrer Klebrigkeit an Bäumen. Entgegen früherer Meinung ist der Gang durch den Vogelmagen allerdings nicht Voraussetzung zur Keimung des Samens. Die werdende Mistel zapft das Wasserleitungssystem des Wirtsbaumes an, und aus den anorganischen Stoffen baut sie mit Hilfe des Sonnenlichts die für sie lebenswichtigen Nährstoffe auf. Der Halbparasit wird jedoch nicht von jedem Baum geduldet, denn Birnen-, Kirschen-, Pflaumen- sowie Eschenbäume lassen den Kampf mit dem Eindringling meist dadurch enden, daß sie den Ast, auf dem die Mistel sitzt, „opfern", d.h. nicht mehr mit Nährstoffen versorgen. Auf Apfelbäumen, Pappeln, Linden oder dem Weißdorn kann sich die Mistel jedoch niederlassen. Der Halbschmarotzer scheint sogar in der Lage zu sein, den Wirt zu beeinflussen. So verlieren die von ihr befallenen Bäume ihre Blätter später als gesunde Arten. Bei manchen Wirtsbäumen sind sogar alle Äste, außer den von Misteln befallenen abgestorben. Die Mistel scheint Pflanzenhormone an den Wirt abzugeben, welche dann die Wachstumsabläufe beeinflussen. Hier sind noch so manche Fragen ungeklärt. Sicher ist jedenfalls, daß eine einzelne Mistel ihren Wirt noch nicht schädigt. In der Vergangenheit ist sie jedoch aus Furcht vor Schäden an den Wirtsbäumen stark bekämpft worden. Doch gibt es neue Hoffnung – genauso wie für die stark geschrumpften Obstwiesen und Alleen. Die immer mehr werdenden Liebhaber und Freunde von Most und Apfelsaft trinken nämlich zum Wohle des Lebensraumes von Wendehals und Co.

# Grünland in roten Zahlen

Es ist kurz vor Mittag. Carolyn und Christian kehren von einer kleinen Radtour nach Hause zurück. Weil Muttertag ist, sind sie schon früh an diesem Sonntag aufgestanden und ins Wiesental hinausgefahren. Die vielen Wiesen, die der Name vermuten läßt, gibt es allerdings dort nicht mehr. Nach und nach wurden sie in den letzten Jahren umgepflügt; jetzt wird Mais dort angebaut. Da wo noch Grasland übrig geblieben ist, haben die beiden – wie schon in den Vorjahren – einen bunten Wiesenstrauß gepflückt. Damit wollen sie der Mutter jetzt eine kleine Freude bereiten. Glänzende Butterblumen, filigrane Gräser und grellgelber Wiesenpippau fügen sich mit Salbei, Lichtnelken und den lila leuchtenden Flockenblumen zu einem bunten Bild. Einige der Blumen – insbesondere die Margeriten, die ebenfalls den bunten Strauß zieren – waren jedoch nur schwer zu finden.

In den letzten Jahrzehnten sind die blumenbunten Wiesen, wie sie den Älteren noch gut in Erinnerung sind, immer weniger geworden. Starke Düngung und Entwässerung haben aus vielen Wiesen eintöniges Grünland werden lassen. Nur noch Löwenzahn und Hahnenfuß sind dort zu sehen. Für den Naturkundigen ist dies ein Hinweis auf Überdüngung. Denn wo zuviel Dünger – gleichgültig ob Kunstdünger oder Gülle – ausgebracht wird, verschwindet bald die bunte Blumenpracht. So reagieren an magere Böden angepaßte Blumen wie Margerite, Salbei und Wiesenbocksbart sehr empfindlich, wenn früher extensiv genutztes Grünland übermäßig gedüngt wird. Aus Wiesen werden Grasäcker. Und wo über lange Jahrzehnte hinweg Wiesen das Landschaftsbild geprägt haben, finden sich heute vielfach nur noch Mais- und Getreideäcker. Dünger und Tiefpflüge machen auch magere Böden ackerfähig.

## Ein Spaziergang im Mai

Wiesen und damit auch der Lebensraum von Margerite, Bocksbart und Glockenblume sind das Ergebnis des Weideviehs, der Sense oder des Mähbalkens der Traktoren.

## Ohne Kühe keine Wiesen

Einen schweren Schlag für das Grünland bedeuten die Brüssler Beschlüsse der EG vom Sommer 1984. Sie wirken sich noch heute verheerend auf die Natur nicht nur in den EG-Ländern, sondern in ganz Europa aus. Die Brüssler Agrarpolitik wollte die Überproduktion an Milch eindämmen und legte deshalb Quoten für jeden einzelnen Milchviehbetrieb fest. Das bekamen jedoch nicht diejenigen zu spüren, die für die Überproduktion verantwortlich waren. Vielmehr traf es die kleinen Höfe. In den Ländern der alten Bundesrepublik besaß etwa die Hälfte der Milchviehbetriebe jeweils unter 20 Kühe. Die Kürzung der Milchquote bedeutete für solch kleine Betriebe eine Bedrohung ihrer Existenz. So waren viele von ihnen gezwungen, mehr aus ihren Flächen herauszuholen und sie in Ackerland umzubrechen, weil dies die gewinnbringendere Lösung zu sein schien. Aus demselben Grund stellten Landwirte auch oft auf Schweinehaltung um. Was mit den verbliebenen Wiesen geschah, war verheerend. Sie wurden 3 bis 5 Mal abgemäht, die Bodennarbe wurde abgescheuert und von roher Gülle verätzt. Nur noch 5 Blütenpflanzen wie Wiesenkerbel, Weidelgras oder der Löwenzahn sind oft auf der Fläche der einstigen Glatthaferwiese mit ihren 50 Blütenpflanzen zu finden. Aber die wenigen Allerweltsarten des artenarmen Stickstoffrasens wachsen schon so dicht, daß etwa die Bekassine nicht mehr im Boden nach Würmern suchen kann. In Österreich und der Schweiz verlief die Entwicklung ganz ähnlich. Auch die Alpen-Milchbauern bekamen die ökonomische Abwertung des Grünlandes zu spüren, und viele gerieten in Existenznöte. Eine Unmenge umgebrochener Wiesen in den Talauen und aufgelassener Almweiden zeugen davon. Die Agrarpolitik hat völlig außer acht gelassen, daß die Milchwirtschaft das ökologisch so wertvolle Grünland schützt.

## Wo es kribbelt und krabbelt

Leuchtend blauer Salbei und hellweiße Margeriten blühen fast schon um die Wette, dazwischen Klappertopf, Kronwicken, Bocksbart und Wiesenpippau. Überall ein Summen, Brummen, Flattern, Kribbeln und Krabbeln. So ein Stück Blumenwiese – da würde man sich am liebsten mitten hineinlegen, die Augen schließen, einfach träumen. Aber solche Fleckchen sind selten geworden, und wir wollen die bunte Welt der Wiesen ja auch nicht zerdrücken. Denn Wiesen, die maßvoll oder gar nicht gedüngt werden, weisen eine ungeahnte Vielfalt an Lebewesen auf. Allein 1.500 Insektenarten sind hier zu Hause. Werden Wiesen eintöniger, so verschwinden auch viele Tierarten. Wissenschaftler haben herausgefunden, daß mit dem Verschwinden einer Pflanzenart gleichzeitig – aber meist unbemerkt – rund zehn von dieser Pflanze abhängigen Tieren die Existenzgrundlage entzogen wird. Vielen Naturliebhabern ist allerdings nicht bewußt, daß unsere Wiesen ein Landschaftselement darstellen, das allein durch menschliche Nutzung entstanden ist und erhalten werden kann. Ohne Sense, die seit einigen Jahrzehnten durch Mähbalken und Kreiselmäher ersetzt ist, und ohne Weidevieh gäbe es in Mitteleuropa keine Wiesen. Überläßt man nämlich ein Wiesenstück oder einen Acker sich selbst, so entsteht dort nach verschiedenen Zwischenstufen (Sukzession) ein Waldstück. Lediglich wiederholte Nutzung durch den Menschen bewirkt, daß Holzgewächse wie Sträucher und Bäume nicht wachsen können. Die Lebensgemeinschaft Wiese besteht insbesondere aus regenerationsfreudigen und lichtliebenden Pflanzen, die an den Bewirtschaftungsrhythmus angepaßt sind. Betrachten wir eine typische, nicht zu feuchte Mähwiese einmal näher: Die Wiesenpflanzen haben den Winter in einem Ruhezustand verbracht. Bei einigen Pflanzen sind die oberirdischen Teile verkleinert, bei anderen sind sie abgestorben, bei wieder anderen überdauern nur Zwiebeln und Knollen oder Früchte und Samen den Winter. Wenn der Boden nach der ersten Wärme von Eis und Schnee befreit ist, zeigt sich die Wiese als stumpfe, graugrüne, oft gelbliche Fläche. Der Schnee hat die verbliebenen Blattrosetten und Gräser dicht an den Boden gepreßt. Gänseblümchen und später Veilchen sind zusammen mit Schlüsselblumen die ersten Frühlingsboten. Botaniker nennen diesen Zustand der Wiesen den „ersten Tiefstand"; er dauert meist bis Mitte April.

## Die Hoch- und Tiefstände im Halmmeer

Klettert das Thermometer auf 9 bis 10 Grad, treiben Ende April auch die Hauptpflanzen der Wiese aus. Es sind jetzt vor allem Gräser. Schon bald zeigt sich die Wiese in gleichmäßigem, kräftig frischem Grün, doch ihr Bild verändert sich fast von Tag zu Tag. Sobald eine Art verblüht, treten andere an ihre Stelle. Während auf Fettwiesen zuerst das tiefe Gelb des Löwenzahns die Flächen kennzeichnet, bildet anschließend das Wiesenschaumkraut dickflorige Blumenteppiche. Es folgt der oft auch als Butterblume bezeichnete Hahnenfuß, dann leuchten je nach Standort die großen gelben Blüten des Wiesenbocksbarts, und schließlich kommen mit den blauen Glockenblumen, dem Salbei und dem Storchschnabel weitere Farbtupfer hinzu. Rot blühen Licht- und Kuckuckslichtnelken, Klee und Esparsetten. Weiß leuchten die Margeriten sowie Lab- und Hornkraut. Zuletzt entfalten die verschiedenen Gräser noch ihre Rispen. Jetzt hat die Wiese den „ersten Hochstand" erreicht. Aber diese blumenbunte Pracht währt nicht lange; denn während der Hauptblütezeit beginnt bereits die Heuernte, und die Mähmaschinen bringen die Sommerpflanzenpracht zu Fall. Jetzt, gegen Ende Juni, ist der sogenannte „zweite Tiefstand" erreicht. Unter den günstigen klimatischen Bedingungen in weiten Teilen Mitteleuropas ist die Unterbrechung aber nur von kurzer Dauer. Rasch wachsen die verschiedenen Wiesenpflanzen wieder heran, und es kommt zu einem zweiten Hochstand, der die Höhe des ersten allerdings nicht mehr erreicht. Manche Wiesenblumen entfalten ihre Blütenpracht ein zweites Mal. Daneben tauchen jetzt aber auch andere Arten auf: Bärenklau ebenso wie mancherorts der Wiesenknopf. Sie verleihen der Wiese im Vergleich zum ersten Hochstand ein ganz anderes Erscheinungsbild. Mit dem Öhmd – der zweiten Mahd – folgt gegen Ende August ein dritter Tiefstand. Ein wenig ausgeprägter dritter Hochstand wächst heran, wenn unter Umständen eine dritte Mahd folgt. Der Jahresrhythmus der Wiese ist also durch ein stetes Auf und Ab gekennzeichnet. Es zeigt sich dabei, daß letztlich nur die Bewirtschaftung die Existenz einer Wiese sichert, da sonst ein Wald entstehen würde. Die Pflanzen

Wiesen und Weiden haben viele unterschiedliche Aspekte.

Klappertopf (links),
Skabiosenflockenblume (unten).

Braunkehlchen

Löwenzahn

Bezaubernde und geheimnisvolle Lebenswelt des Grünlands: Schwalbenschwanz (oben links), Blaukehl- chen (ober rechts), Storchschnabel (Mitte links), Wachtelkönig (Mitte rechts).

Über lange Zeiten hinweg wurden in manchen Gegenden die Wiesen jeden Vorfrühling bewässert.

Solche Gebiete sind heute wertvolle Biotope in denen sich die Vielfalt der Natur bewahrt hat.

Durch den Strukturwandel in der Agrarpolitik wurden Wiesenbereiche mehr und mehr zurückgedrängt. Dadurch wurden sowohl Trockenbiotope als auch Feucht- und Naßwiesen immer seltener. Mit diesen Kulturlandschaften verschwindet aber eine einmalige, speziell an diese Landschaft angepaßte Tier- und Pflanzenwelt. Die Rettung aus dieser Sackgasse wäre eine naturverträgliche Landwirtschaft.

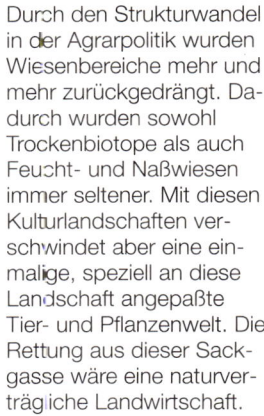

sind auf verschiedene Weise an den Rhythmus der Mahd angepaßt. Bei einigen Pflanzen, wie etwa der Schlüsselblume oder der Herbstzeitlosen, entspricht der Lebensrhythmus von Natur aus dem Takt der Mahd. Andere Pflanzen, wie die Wiesenglockenblume und verschiedene Gräser, bilden nach jedem Schnitt Ersatzsprosse und wachsen nach. Auch andere regenerationsfähige Arten erholen sich nach dem Schnitt schnell wieder. Die meisten Wiesenpflanzen entstammen den Wäldern. Dort kommen sie nur an den Rändern oder im Bereich der Lichtungen vor. Zusammen mit anderen Arten aus den Auwäldern und solchen etwa aus den Wiesensteppen Osteuropas bilden die Pflanzen der Wiese eine vom Menschen am Leben erhaltene Pflanzengemeinschaft.

## Keine Wiese gleicht der anderen

Früher war man stolz darauf, gute Wiesen zu haben. War eine Wiese zweimähdig oder gar dreimähdig, galt sie als ein besonders gutes Areal, und zeitweise wurden Wiesen sogar künstlich bewässert. Wo die Natur selbst für einen Überschuß an Wasser sorgt, vor allem in den Talauen und Niederungsgebieten, liegen die Feucht- oder Riedwiesen. Besonders bunt geht es auf den Trockenrasen zu. Sie liegen zumeist an Sonnenhängen, wo Wasser und Nährstoffe knapp sind. Natürlich gibt es mehrere Arten von Feuchtwiesen und Trockenrasen sowie die verschiedensten Übergangsformen. Überhaupt ist jede Wiese anders aufgebaut, keine gleicht der anderen. Da muß je nach geologischem

Jeder einzelne kann etwas zur Erhaltung der Wiesen tun, etwa durch den Kauf von Milch und Milchprodukten. Für die Kuh- und Rinderhaltung wird nämlich Gras benötigt, und dafür braucht man Wiesen. Der steigende Verbrauch von Schweinefleisch dagegen zerstört Wiesen und führt zu einer monotonen Feldflur. Schweinemast hat nur langweilige Maisäcker zur Folge.

# Tiere und Pflanzen der Wiesen und Weiden

(Kurzbeschreibungen zu den Erkennungstafeln auf den nächsten beiden Seiten)

Die Wiesen zählen wohl zu den schönsten Pflanzengesellschaften Europas. Dabei sind sie erst durch die Nutzung der Sense, des Mähbalkens oder durch das Grasen des Weideviehs entstanden. Die ertragreichen Fettwiesen, die in zwei- oder mehrjährlichen Schnitten Heu für die Viehfütterung liefern, haben erst eine Geschichte von etwa 1.000 Jahren. In dieser Zeit hat sich eine Vielzahl von Tieren und Pflanzen auf das bewirtschaftete Grasland eingestellt. Es sind 680 Arten von Blüten- und Farnpflanzen. Bei extensiver Nutzung können auf wenigen Quadratmetern allein 40 bis 50 Pflanzenarten Platz finden. Nach einer Untersuchung konnter in einer Wiese 1940 Arten höherer Tiere festgestellt werden. Mit 500 Arten stellen die Fliegen die meisten Vertreter. Was geht durch die vielgemähten Einheitsrasen alles an Lebenschancen verloren!

Vor allem in den Bach- und Stromtälern kommt der **Wiesenstorchschnabel** (Geranium pratense) vor, dessen Früchte durch einen Schleudermechanismus bis zu 2 Meter weit fliegen können. Die ebenfalls häufige **Margerite** (Leucanthemum vulgare) wächst auf trockenen Standorten. Sie besitzt bis zu 500 gelbe Röhrenblüten. Wenn im April und Mai das **Wiesenschaumkraut** (Cardamine pratensis) blüht, klebt an den Stengeln oft ein Schaumnest. Es stammt von den Larven der Wiesenschaumzikade, die sich damit gegen Feinde und Trockenheit schützen. Die speichelartige Masse klebt auch an der **Kuckucks-Lichtnelke** (Lychnis flos-cuculi). Die Pflanze zeigt einen hohen Grundwasserstand an. Die **Zaunwicke** (Vicia sepium) scheidet an ihren Nebenblättern Nektar ab, den Ameisen mitnehmen. Sie gilt wegen ihres hohen Eiweißgehaltes als wichtige Futterpflanze. Schon im März erscheinen die goldgelben Blüten der **Wiesenschlüsselblume** (Primula veris). Die Blüten der Waldschlüsselblume sind dagegen blaßgelb. Die Blätter des **Gemeinen Pastinak** (Pastinaca sativa) riechen beim Zerreiben nach Möhren. Die Pflanze kommt auch auf Getreideäckern vor. Der sehr häufige **Wiesen-Pippau** (Crepis biennis) erreicht eine Höhe von bis zu 120 Zentimetern. Der Stengel ist unten oft rötlich. Der Stengel des **Wiesenlabkrautes** (Galium mollugo) ist vierkantig. Von April bis Juni blüht der **Gamander Ehrenpreis** (Veronica chamaedrys). Der unverwechselbare **Spitzwegerich** (Plantago lanceolata) blüht zwischen Mai und Oktober. Er kommt auf sandigen, nährstoffreichen oder lehmigen Böden vor. Ein wertvolles Mähgras ist der **Glatthafer** (Arrhenatherum elatius). Auf mehr oder weniger feuchten Standorten gedeiht der **Wiesenfuchsschwanz** (Alopecurus pratensis). Er ist eines der besten Futtergräser.

Die **Steinhummel** (Bombus lapidarius) lebt wie alle Hummeln in einer einjährigen Kolonie, und zwar vor allem unter Steinen. Nur die jungen Königinnen überleben und überwintern. Hingegen nistet die **Wiesenhummel** (Bombus pratorum) mitunter oberirdisch etwa in alten Vogelnestern. Die ziemlich kleine Hummel erscheint früh im Jahr und ist oft nur bis Juli zu beobachten. Das Männchen ist kleiner. Weil die **Erdhummel** (Bombus terrestris) keinen langen Rüssel wie die anderen Hummeln besitzt, muß sie Blüten oft seitlich durchbohren, um an den Nektar zu gelangen. Auf einem Stengel oder einem Stein errichten mehrere Weibchen der **Gallischen Feldwespe** (Polistes gallicus) ihr Nest. Sie lebt räuberisch von kleinen Insekten und Spinnen. Das **Gemeine Blutströpfchen** (Zygaena filipendula) kommt sowohl auf feuchten Wiesenbiotopen als auch in Steppen oder Waldrändern vor. Sehr häufig ist der **Gemeine Weichkäfer** (Cantharis fusca) vor allem auf Doldenblütern zu sehen. Seine Larve lebt räuberisch von Schnecken am Boden. Der **Goldlaufkäfer** kommt regelmäßig vor, vor allem an warmen Standorten. Auf trockeneren Grasflächen kommt der **Ockergelbe Braundickkopffalter** (Thymelicus sylvestris) vor, wo reichlich Blüten anzutreffen sind. Weil der **Hauhechelbläuling** (Polyommatus icarus) im Raupenstadium auch von der Hopfenluzerne, einer zu Futterzwecken angebauten Pflanze, lebt, zählt er zu den häufigsten Bläulingen. Nur die Männchen besitzen die Blaufärbung, Weibchen sind dagegen bräunlich gefärbt. Ebenfalls auf Luzernen leben die Raupen der **Goldenen Acht,** auch **Gemeiner Heufalter** (Colia hyale) genannt. Der Falter ist auf Wiesen, Steppen und auf Feldern verbreitet. Das Weibchen besitzt blaßgelbe Flügel. Auf Wegerich leben die Raupen des **Gemeinen Scheckenfalters** (Melicta athalia). Dieser Falter bevorzugt feuchtere Stellen auf Wiesen und Steppen. Auf trockenen, blütenreichen Wiesenstandorten lebt der **Kleine Feuerfalter** (Lycaena phlaeas). Er ist ein scheuer und gewandter Flieger. Sowohl an Feldrainen und Auen als auch in grasreichen und lichten Wäldern kommt das **Große Ochsenauge** (Maniola jurtina) vor. Das Männchen besitzt die weniger kontrastreich gefärbten Flügel. Das im Gegensatz zum Männchen ohne Orange gefärbte Weibchen des **Aurorafalters** (nicht abgebildet) (Anthocharis cardamines) legt die Eier auf Kreuzblütern wie dem Wiesenschaumkraut ab. Die Art ist vermutlich durch die Trockenlegung von Feuchtwiesen und die Anwendung von Pestiziden stark zurückgegangen. Der häufigste in der Zivilisationslandschaft und während der Winterzeit bis in die Dachböden vorkommende Schmetterling, der **Kleine Fuchs** (Aglais urticae), lebt als Raupe von der Brennessel. Er ist der häufigste Heckenfalter.

Wiesen- storchschnabel

Margerite

Wiesen-
schaum-
kraut

Kuckucks-
Lichtnelke

Zaunwicke

Wiesenschlüsselblume

Glatthafer

Gemeiner
Pastinak

Wiesen-
Pippau

Gamander
Ehrenpreis

Wiesenfuchsschwanz

Spitzwegerich

Wiesenlabkraut

Steinhummel ♀

Wiesenhummel ♀

Wiesenhummel ♂

Erdhummel ♀

Weichkäfer

Gallische Feldwespe

Blutströpfchen

Goldlaufkäfer

Ockergelber Braundickkopffalter

Gemeiner Scheckenfalter

Hauhechelbläuling ♂

Hauhechelbläuling ♀

Kleiner Feuerfalter

Aurorafalter ♂

Aurorafalter ♀

Großes Ochsenauge ♂

Großes Ochsenauge ♀

Kleiner Fuchs

Untergrund, Bodenbeschaffenheit, Wasserhaushalt, Kleinklima usw. unterschieden werden. Die Feuchtwiesen sind charakterisiert durch sogenannte Sauergräser, wie die Seggen-, Simsen-, Binsen- und Kohldistelgemeinschaften im Volksmund genannt werden. Vor allem in Niederungsbereichen finden sich solche feuchten bis nassen Flächen, durch die man selbst im Hochsommer nicht trockenen Fußes gehen kann. Viele selten gewordene Insekten, ganz spezielle Vogelarten, wie Rohrammer und Sumpfrohrsänger, leben in solchen Bereichen. Heute gehören sie mit zu den wertvollsten ökologischen Refugien in der Landschaft, denn Entwässerung, Tiefpflüge und Kunstdünger haben aus vielen Feuchtwiesen Äcker gemacht. Ackerland ohne Wunderland! Ein ganz anderes Kleid trägt die Wiese an trockenen Standorten. Wo der Bodenuntergrund keine andere Bewirtschaftung zuließ, das Gelände aber trotzdem vom Wald befreit wurde, sind im Laufe der Jahrhunderte meist durch Beweidung von Schafen sogenannte Halbtrockenrasen entstanden. An heißen Sommertagen ist die Welt des Trockenrasens besonders beobachtenswert. Dann wiegen sich die Ähren der Aufrechten Trespe, einem charakteristischen Gras der Halbtrockenrasen, im leichten Sommerwind. Der gelb blühende Wundklee, der Hufeisenklee sowie der ebenfalls gelbe Hornklee verleihen zusammen mit den Skabiosenflockenblumen, den Knautien und der bunten Esparsette dem Trockenrasen am Hang den Charakter einer „mitteleuropäischen Provence". Oft wachsen an solchen Stellen seltene Pflanzen wie Orchideen, Golddisteln und die ebenfalls geschützte Karthäusernelke. Heute findet man nur noch wenige solcher Stellen, etwa in Süddeutschland auf der Schwäbischen Alb, im Tauberland, in der Fränkischen Schweiz oder im Elbsandsteingebirge. Doch in den Alpenländern stößt man immer wieder auf die bunten Sonnenhänge, sei es im Berner Oberland, im Schweizer Jura oder im Burgenland, um nur einige Gebiete herauszugreifen.

---

## Streichquartett auf der grünen Wiese

(Kurzbeschreibung zu den Erkennungstafeln auf den Seiten 98/99)

Heuschrecken geht es wie den Rundfunksprechern: Viele kennen ihre Stimme, doch das Aussehen ist weniger bekannt. Die meisten der in Mitteleuropa vorkommenden 80 Heuschreckenarten locken das Weibchen mit einem zirpenden, fiedelnden Gesang an. Im Gegensatz zu den Grillen, die mit den Vorderflügeln musizieren, nehmen die Heuschrecken ihre Hinterbeine als Musikinstrumente. An der Innenseite des Oberschenkels befinden sich eine Reihe von Zähnchen, die durch Auf- und Abbewegungen der Beine an einer vorstehenden, festen Ader der Flügeldecke gerieben werden. Das Weibchen nimmt diese Gesänge, die eigentlich eher Streichkonzerte sind, mit einem Hörorgan an den beiden Vorderbeinen wahr.

Und wenn die folgenden Arten noch so merkwürdige Namen erhalten haben – sie wissen nichts davon.

**Gemeine Sichelschrecke** (*Phaneroptera falcata*): Die einzige vollbeflügelte – nicht alle Heuschrecken sind flugfähig, manche haben kurze oder gar keine Flügel – Sichelschrecke lebt vegetarisch von Blättern und kommt, da sehr wärmeliebend, besonders auf gebüschreichen Trockenrasen, Wegrändern und im Sandgruben vor (zwischen 12 und 18 mm lang).

**Gemeine Eichenschrecke** (*Meconema thalassinum*): Die nachtaktive und nur auf Bäumen lebende Laubheuschrecke jagt im Dunkeln Insekten wie Raupen oder Blattläuse. Die Männchen trommeln zur Partnerfindung mit einem Hinterbein auf ein Blatt, so daß ein schnurrender Ton entsteht (12 bis 15 mm lang).

**Langflügelige Schwertschrecke** (*Conocephalus discolor*): Sie lebt in Süddeutschland bis zur Mainlinie und bewohnt Feuchtwiesen, Schilfbestände und Gewässerufer. Die Nahrung besteht aus Gräsern, aber auch aus kleinen Insekten (12 bis 17 mm lang). Auch in Schweiz und Österreich.

**Grünes od. Großes Heupferd** (*Tettigonia viridissima*): Eine der anpassungsfähigsten Heuschrecken.

Lebt auf Getreidefeldern, sonnigen Wegrändern oder Trockenrasen. Ernährt sich von Fliegen, Raupen oder auch Kartoffelkäferlarven (20 bis 42 mm lang).

**Zwitscherschrecke** *(Tettigonia cantans):* Bewohnt eher feuchte Gebiete und besiedelt vor allem Wiesen sowohl in den Niederungen Norddeutschlands als auch im höheren Bergland (20 bis 33 mm lang).

**Warzenbeißer** *(Decticus verrucivorus):* Das tagaktive Tier reagiert empfindlich auf Umweltveränderungen und ist durch den Rückgang der Feucht- und Bergwiesen sowie der Trockenrasen gefährdet (25 bis 45 mm lang).

**Roesels Beißschrecke** *(Metrioptera roeseli):* Die in Mitteleuropa häufigste Laubheuschrecke bewohnt feuchtes wie trockenes Grasland, auch auf gedüngten Flächen. Vorwiegend tagaktiv. Der Gesang ist auch in warmen Nächten zu vernehmen. Ernährt sich vorwiegend von Gräsern (14 bis 18 mm lang).

**Alpen-Strauchschrecke** *(Pholidoptera aptera):* Kommt in den Alpen in Höhen bis etwa 1.700 m vor. Bewohnt Waldränder und Waldlichtungen. Der Gesang ist 50 Meter weit hörbar (24 bis 44 mm lang).

**Gewöhnliche Strauchschrecke** *(Pholidoptera griseoaptera):* Waldlichtungen, Trockenrasen und Ödland (13 bis 18 mm lang).

**Feldgrille** *(Gryllus campestris):* Bei warmem Wetter kann sie oft bis tief in die Nacht mit ihrem unermüdlichen Ruf vernommen werden. Besiedelt Wiesen, Mager- bzw. Trockenrasen, Heiden sowie Feldränder, wo sie in selbstgegrabenen, 30 bis 40 Zentimeter tiefen Röhren Unterschlupf findet (20 bis 25 mm lang).

**Maulwurfsgrille** *(Gryllotalpa gryllotalpa):* Bewohnt sandige Böden oder Ruderalflächen. Eier werden in einem selbstgegrabenen Gang gelegt (50 mm groß).

**Gemeine Dornschrecke** *(Tetrix undulata):* Die sehr seltene Art kennt man nur aus dem Rhein-Main-Gebiet, wo sie in Sandgruben lebt (8 bis 11 mm lang).

**Gewöhnliche Gebirgsschrecke** *(Podisma pedestris):* Lebt in trockenen, mit Heidekraut bewachsenen Lichtungen von Wäldern, mageren Bergwiesen und Alpenmatten bis 2.600 Meter Höhe. In Norddeutschland ist sie ausgestorben (17 bis 33 mm).

**Alpine Gebirgsschrecke** *(Miramella alpina):* Die Kurzfühlerschrecke lebt bevorzugt auf den Gipfeln der Berge, wo beständig Wind weht. Hier wäre Fliegen zu gefährlich, so daß die Insekten an solchen Stellen nur Flügelstummel besitzen (16 bis 31 mm lang).

**Sumpfschrecke** *(Mecostethus grossus):* Lebt ausschließlich in sehr feuchten Lebensräumen wie Bachufern, feuchten Wiesentälern. Durch die Entwässerung dieser Lebensräume sind die Bestände sehr zurückgegangen (12 bis 39 mm lang).

**Große Goldschrecke** *(Chrysochraon dispar):* Bewohnt feuchte Wiesen und Flächen. Die Eier werden in abgestorbene, verholzte Triebe wie die der Himbeere eingebracht (16 bis 33 mm lang).

**Heidegrashüpfer** *(Stenobothrus lineatus):* Als „Stimmkünstler" produziert er einen der auffälligsten Heuschreckengesänge. Das Schwirren gleicht einer Sirene mit einer Dauer von 10 bis 20 Sekunden. Dieser Grashüpfer hält sich auf Heiden, Trockenrasen, Ödland, Wegrändern auf (15 bis 26 mm lang).

**Sibirische Keulenschrecke** *(Aeropus sibiricus):* Der lautstarke Grashüpfer trägt zumeist zwei Gesänge vor, je nachdem, ob ein Rivale anwesend ist. Wechselgesang ist dabei möglich. Lebt auf trockenen Alpenmatten über 1.000 Meter (18 bis 25 mm lang).

**Rote Keulenschrecke** *(Gomphocerus rufus):* Der sanft zirpende Grashüpfer kommt an mäßig trockenen und mäßig feuchten Orten bei Waldrändern und Trockenrasen vor, wo er sich vor allem im Brombeergestrüpp sonnt (14 bis 24 mm lang).

**Gefleckte Keulenschrecke** *(Myrmeleotettix maculatus):* Die Zirplaute dieses Grashüpfers erinnern an das Aufziehen eines Weckers. Lebt in vegetationsarmen, trockenen Lebensräumen wie Sanddünen, den norddeutschen Heidegebieten und den kalkarmen Gegenden Süddeutschlands, Österreichs und der Schweiz, auch bei trockenen Stellen von Mooren (11 bis 17 mm lang).

**Feld-Grashüpfer** *(Chorthippus apricarius):* Die gut getarnte Art fällt zumeist durch den ziehend-schnaufenden Gesang auf (in Niederlanden auch „Locomotiefje" genannt). Bewohnt trockene Sandböden und Wegränder zwischen Getreidefeldern oder Wiesen sowie Kalktrockenrasen (13 bis 22 mm lang).

**Nachtigall-Grashüpfer** *(Chorthippus biguttulus):* Die häufigste Heuschreckenart trifft man an eher trockenen Stellen von Wiesen und Wegrändern. Die laut schmetternden Gesänge gehören zu den typischen Sommererlebnissen der Spaziergänge entlang von Wiesenwegen (13 bis 22 mm lang).

**Brauner Grashüpfer** *(Chorthippus brunneus):* Die Männchen geben sehr kurze und harte Laute von sich, wobei sie die Gesangsphasen des anderen Männchens füllen. Dieser Grashüpfer kommt in trockenen Lebensräumen vor (14 bis 25 mm lang).

**Gemeiner Grashüpfer** *(Chorthippus parallelus):* Die Heuschrecke hat sehr kräftige Sprungbeine und zirpt an warmen Tagen. Lebensräume sind extensiv genutzte Wiesen und Feldraine (13 bis 23 mm lang).

**Sumpfgrashüpfer** *(Chorthippus montanus):* Oft in Gesellschaft mit der Sumpfschrecke in Feuchtwiesen und Schwingrasen. An trockenen Stellen mit dem Gemeinen Grashüpfer zu finden (13 bis 23 mm lang).

**Bunter Grashüpfer** *(Omocestus viridulus):* Sein Vers gleicht einem schnell tickenden Wecker, weshalb er in den Niederlanden auch „Wekkertja" genannt wird. Bewohnt feuchte bis trockene Bergwiesen. Kommt auch in Norddeutschland und sogar auf Helgoland vor (13 bis 24 mm lang).

**Verkannter Grashüpfer** *(Chorthippus mollis):* Beide Hinterschenkel können verschiedene Töne hervorrufen, die zu einem Laut und einer 20 Sekunden dauernden Strophe mit 50 bis 60 Einzellauten verbunden werden. Lebt an trockenen Flächen (12 bis 19 mm lang).

**Ägyptische Heuschrecke** *(Anacridium aegypticum):* Vermutlich mit Gemüse nach Europa verschleppt (bis zu 65 mm lang).

Gemeine Sichelschrecke

Gemeine Eichenschrecke

Langflügelige Schwertschrecke

Grünes Heupferd

Zwitscherschrecke

Warzenbeißer

Beißschrecke ♂

Beißschrecke ♀

Alpenstrauchschrecke

Gewöhnliche Strauchschrecke

Feldgrille

Maulwurfsgrille

Gemeine Dornschrecke

Gewöhnliche Gebirgsschrecke

Alpine Gebirgsschrecke

98

Sumpfschrecke

Große Goldschrecke

Heidegrashüpfer

Sibirische Keulenschrecke

Rote Keulenschrecke

Gefleckte Keulenschrecke

Feld-Grashüpfer

Nachtigall-Grashüpfer

Brauner Grashüpfer ♂

Brauner Grashüpfer ♀

Gemeiner Grashüpfer

Sumpfgrashüpfer

Bunter Grashüpfer

Verkannter Grashüpfer

Ägyptische Heuschrecke

# Ein Loch im Ampfer

Sauerampferkäfer und seine löchrige Hinterlassenschaft.

Wie ein Schweizer Käse sehen die Blätter des Stumpfblättrigen Ampfers aus. Dabei ist es noch keine drei Wochen her, daß die Pflanze aus dem Boden gesprossen ist. Wer hat sie so perforiert? Es waren zwei Grüne Sauerampfer-Käfer, die Ende April ihr unterirdisches Winterquartier verlassen hatten. Sie haben ihre Lieblingsnahrung mit Hilfe der vom Ampfer ausgehenden Duftstoffe unter den vielen Pflanzen am Rande der Wiese geortet. Wer die Blattunterseite äußerst vorsichtig untersucht, kann die Tiere sehen, die sich bei Berührung des Blattes zu Boden fallen lassen. Die marienkäfergroßen Krabbler besitzen eine metallische, grün-bläuliche Färbung. Wie die Kartoffelkäfer zählen sie zur Familie der Blattkäfer, fast 2 Quadratzentimeter Blattfläche verspeist dieses sehr häufige Insekt täglich. Nach dem zweiwöchigen Reifefraß paaren sich Männchen und Weibchen. Daraufhin legt das Weibchen bis zu 1.200 gelbliche Eier auf der Blattunterseite großer Ampferblätter in Gruppen von 20 bis 45 Eiern ab. Jedes Ei überzieht es mit einer dünnen Sekretschicht, die an der Luft erstarrt. Bereits wenige Stunden nach der Eiablage schlüpfen die Jungen und setzen sofort mit dem Blattfraß an. Dabei fressen bis zu 60 Tiere an einem Blatt. Es wird jedoch nicht nur gemeinsam auf dem Ampferblatt getafelt; auch bei der Abwehr von Nahrungskonkurrenten, wozu sowohl die alten Käfer derselben Art als auch Ameisen zählen, gibt es eine gemeinsame Verteidigungsstrategie. Die kleinen Käfer wehren sich mit „Stinkbomben" und setzen aus Wehrdrüsen ein Gas frei, das aus Kohlendioxid und anderen bisher noch unbekannten Stoffen besteht. Nach dem Larvenstadium erfolgt die Verpuppung im Boden, und bis zum August hat sich das fertige Insekt entwickelt. Jährlich können 2 bis 3 Käfergenerationen entstehen, von denen die letzte überwintert.
Der Grüne Sauerampfer-Käfer ist im Gegensatz zum Ampferblattkäfer, der Vogel-, Pfefferknöterich und Sauerampfer frißt, ausschließlich auf den Stumpfblättrigen Ampfer spezialisiert. Den Sauerampfer oder den

# Fundgrube

### Mit einem Lammbraten die Schäferei unterstützen

1 Kilogramm Lammfleisch (Keule oder Blatt) – ausdrücklich beim Metzger nachfragen, ob es wirklich kein Hammelfleisch ist – waschen, abtrocknen und mit Salz einreiben. Den Bratentopf mit einer aufgeschnittenen Knoblauchzehe bestreichen. Das hellrosa und frisch geschlachtete Fleisch von allen Seiten anbräunen. 1 geschälte Zwiebel geviertelt und eine ebenfalls geteilte, abgezogene Tomate zum Fleisch zugeben und mitbräunen.

### Sauerampfer für die Suppe

Die länglichen, pfeilförmigen Blätter des Sauerampfers sammelt man auf wenig gedüngten und ungespritzten Wiesen im Frühjahr – und zwar vom Rand aus, so daß die Wiese nicht zertrampelt wird. 200 Gramm reichen für ein Suppengericht für 4 Personen. Den Sauerampfer bis auf einige Blätter, die zum Garnieren verwendet werden, grob hacken. Einen halben Liter kalte Gemüsebrühe mit 0,1 l Sahne im Mixer schlagen, so daß die Suppe cremig wird. Dann lang-sam zum Sieden bringen. Feingehackte Knoblauchzehen, etwas Weißwein und 0,1 l Sahne mit Gewürzen hinzugeben und die Suppe noch 10 Minuten garen, aber nicht kochen lassen. Guten Appetit!

auf Naßwiesen häufigen Schlangen-Knöterich vertilgt er nur, wenn seine Lieblingspflanze fehlt oder rar ist. Seine Wirtspflanze wiederum weiß sich gegen die Löcherei zu schützen. Wenn der Käfer den Ampfer stark schädigt, treibt die Pflanze im selben Jahr noch einmal aus. Die nachgewachsenen Blätter enthalten nun verschiedene Gerbstoffe, die weitere Käfer vom Fressen abhalten. Da auch andere Pflanzen auf diese oder ähnliche Weise reagieren, vermuten die Biologen, daß Blätter lern- und wehrfähig sein können. Auch Pflanzen wollen überleben.

Ungeduldig sucht Gerd Döppenschmitt seit mehr als zwei Stunden die Wiesenaue mit dem Fernglas ab. Hin und wieder fixiert er einzelne Stellen genauer, dann läßt er den Blick erneut schweifen. Was er wohl im Schilde führt von seiner versteckten Warte aus, auf der er schon mehrere Nachmittage verbracht hat? Gerd ist passionierter Vogelschützer, der hier nach dem selten gewordenen Braunkehlchen Ausschau hält. Jahrelang mußte er zusehen, wie mit der immer intensiveren Landnutzung der Bestand dieses so typischen Wiesenvogels rapide zusammenschrumpfte. Die Landwirte mähen das Gras viel zu früh und lassen es nicht mehr zu Heu werden, sondern transportieren es gleich ab. Es ist dann eiweißreicher und wird als Silofutter genutzt. Das Braunkehlchen kann diese Umstellung nicht mitmachen. Es hat sich im Laufe der Jahrhunderte auf den traditionellen ersten Mähtermin Ende Juni eingestellt. Das frühe Mähen zerstört die Brut und nimmt mit den Blüten auch die Insekten als Grundnahrung der Braunkehlchen weg. Außerdem haben die Umwandlung etlicher Wiesen in Äcker und die Entwässerung des Riedes den Lebensraum der Wiesenvögel eingeengt, so daß der Bestand innerhalb von 10 Jahren um mehr als die Hälfte zurückgegangen ist.

Dem Naturschützer war es gelungen, die Landwirte für den Schutz des Braunkehlchens zu gewinnen. Sie konnten es sich kaum vorstellen, daß der Vogel mit dem auffallend weißen Überaugenstreif in ihren Wiesen brüten sollte. Weil der Agrarmarkt aber immer noch viele Landwirte zur intensiven Nutzung des Grünlandes zwingt und sich daher die alte Bewirtschaftung nicht einfach ändern ließ, mußte ein neuer Weg gefunden werden. Man vereinbarte, daß der Naturschützer die Neststandorte mit einem unauffälligen Holzstück markiert. Die Landwirte lassen dann um die Brutstätten herum beim Mähen größere Grasinseln stehen, damit die Vogel-Kinderstube unversehrt bleibt. Für Gerd bedeutet dies nun jedes Jahr eine größere Suchaktion, denn das Weibchen legt das Nest auf dem Boden oder dicht über dem Boden an.

Wenn sich im Spätsommer die jungen Braunkehlchen das Fett für den Flug ins Winterquartier – ins tropische Afrika, zumeist nördlich des Äquators – anfressen, sind für Gerd die aufregendsten Wochen vorbei. Dann kann er von Wiesen träumen, wo das alte Wechselspiel zwischen dem Bauer mit der Sense und Wiese sowie Großem Brachvogel, Wachtelkönig oder Wiesenpieper noch ohne sein Zutun funktioniert.

# Dem Braunkehlchen geht's an den Kragen

# Wo das Feld ruht

Ein eiskalter Wind pfeift unerbittlich über die schneebedeckte Winterlandschaft. Die Nacht ist bereits hereingebrochen, und es wird wohl wieder bitter kalt. Für die Rebhühner könnte es kritisch werden, denn Rebhuhngruppen mit weniger als 6 Tieren haben kaum eine Chance, kalte Winternächte zu überstehen. Nur gemeinsam in einer größeren Gruppe und eng zusammensitzend können sie ihre Körpertemperatur ausreichend hoch halten. Doch unsere Rebhuhn-Kette – so nennt der Jäger die Gruppe aus einem kleinen Familienverband mit Altvögeln sowie erwachsenen Jungvögeln – ist groß genug. Die Tiere haben sich im Schnee eine Schlafmulde gemacht, hocken dicht aneinander gedrängt im Windschatten einer Hecke und wärmen sich gegenseitig. Solch ein Windschutz, den bereits ein Weidepfahl bieten kann, ist für die Rebhühner überlebensnotwendig. Der Winter ist für die kleinen und gedrungenen Hühnervögel eine harte Bewährungsprobe. Ende Februar, wenn der Schneewinter zu Ende geht, löst sich der Rebhuhn-verband wieder auf. Während des größten Teils des Jahres sind die Vögel Einzelgänger oder leben in Paaren zusammen. Im März läßt sich in der Morgen- und Abenddämmerung gut beobachten, wie sie mit fast aufrechtem Hals zur Nahrungssuche rasch den Feldrain entlanglaufen. Die Tiere sind durch das braun-gelb gescheckte Gefieder gut in der Feldflur getarnt und können deshalb bis kurz vor der Entdeckung im sicheren Versteck verbleiben. Sie ducken sich flach und fliegen dann urplötzlich mit lautem Flügelbrummen davon. Der Überraschungseffekt und die Schrecksekunde des Verfolgers verschaffen ihnen Startvorteile bei der Flucht. Das fliehende Rebhuhn gewinnt durch rasche Flügelschläge schnell an Strecke. Dabei legt es immer wieder kurze Gleitpausen ein, bei denen es die Flügel leicht senkt und zumeist niedrig über dem Boden schwebt.

Im Frühjahr steht wie bei vielen Wildtieren die Zeit der Balz an. Doch die Paarbildung geht ohne große Kämpfe unter den Männchen über die Bühne, denn Rebhühner leben zumeist in Dauerehe, so daß nur junge Tiere – die schon im ersten Lebensjahr geschlechtsreif sind – balzen. Das Weibchen legt Ende April bis Anfang Mai das Nest in einer Bodenmulde am Rande von Hecken, Weg- oder Grabenrändern, Altgräsern und vor allem Feldrainen an. Bevorzugt werden Brachflächen oder Bereiche, die unregelmäßig alle paar Jahre gemäht werden und deshalb durch den höheren Pflanzenwuchs eine gute Deckung bieten. 10 bis 20 Eier, manchmal auch mehr, legt das Weibchen. Die Bodenbrüter sind im Gegensatz zu Hecken- und Baumbrütern von einer Vielzahl von Nesträubern wie Fuchs oder Wiesel bedroht. Durch eine hohe Nachkommenschaft werden die Verluste ausgeglichen. Außerdem sind die jungen Rebhühner extreme Nestflüchter und werden

## Wenn Rebhühner in Ketten leben

Rebhühner (links) brauchen intakte Kräuterstreifen in der Flur. Dort existieren auch Klatschmohn und Wanzen.

eigentlich nur außerhalb des Nestes gefüttert. Insekten, darunter auch Kartoffelkäfer, sind ihre erste Nahrung. Nach 7 bis 8 Wochen beginnen die Rebhühner dann, sich überwiegend vegetarisch zu ernähren. Die Küken können nur überleben, wenn das Nestumfeld genügend Nahrung und Deckung bietet und störungsarm ist. Das Rebhuhn braucht also eine abwechslungsreiche Landschaft aus kleinparzellierten Äckern, die mit Hecken und Brachflächen sowie Feldrainen durchsetzt ist. Nur hier findet sich der reichhaltige Speisezettel aus Kräutersämereien, besonders von Knöterich-Arten, Wegerich, dem Feldrittersporn, Getreidekörnern sowie Grünfutter, vor allem Klee, Luzerne, Grasspitzen und Wintergetreide.

Doch der für Rebhühner einst reich gedeckte Tisch ist leergefegt, und seit Mitte der sechziger Jahre ist der Bestand laufend zurückgegangen, so daß von einst 100 bis 120 Paaren auf einer Fläche von 100 Hektar oft nur noch ein Paar übriggeblieben ist. Schuld daran sind die Vernichtung der alten Kulturlandschaft sowie die moderne Agrartechnik. So fällt durch das frühe Umbrechen der abgeernteten Kornfelder die Stoppeläsung fort. Insektizide vernichten die Nahrung für die Jungen, und die schnell arbeitenden Mähmaschinen töten jährlich im Bereich der alten Bundesländer nach Schätzung des Deutschen Jagdschutz-Verbandes rund 40.000 Rebhühner.

## Brachland, Paradies auf Zeit

Nach jedem der vielen Kriege im Mittelalter gab es für weite Landstriche eine lange Friedenszeit. Weil etliche Bauern vom Schlachtfeld nicht mehr zurückkehrten, blieb so mancher Weinberg, Acker oder auch manche Wiese unbewirtschaftet. Bei der Dreifelderwirtschaft ergaben sich solche Brachflächen nicht zufällig, sondern turnusmäßig. Immer im Wechsel blieb jeweils ein Drittel der Wirtschaftsfläche zur Wiederherstellung der Bodenfruchtbarkeit ungenutzt. Heutzutage haben die

## Fundgrube

### Flächenstillegung im Garten – der Sukzession auf der Spur

Um das Vorgehen der Natur bei der Eroberung neuer Gebiete kennenzulernen, legt man im Garten ein 2 Quadratmeter großes Pionierbeet an. Es wird zu einer x-beliebigen Jahreszeit umgebrochen, vom alten Pflanzenbewuchs befreit und dann sich selbst überlassen. Wind und Wildtiere sorgen für die Anlieferung von Pflanzensamen, auch im Boden sind etliche Samen verborgen, die durch die Umwälzung keimen können. Natürlich läßt sich das Ganze auf größerer Fläche noch besser beobachten. Für den Gartenfreund beginnt jedenfalls nun eine Zeit der Überraschungen. Wer lange genug Geduld hat, kann nach 2 bis 3 Jahren feststellen, daß sich nach allerlei Kräutern und Stauden auch ausdauernde Pflanzen ansiedeln, wie Hasel, Brombeeren oder Wildrosen. Allmählich entsteht ein kleines Gebüsch und nach und nach ein Mini-Wäldchen. Dies zeigt, daß Mitteleuropa eigentlich ein Waldland ist und die Wunderwelt auf Acker und Feld nur durch das Wirtschaften des Menschen entstanden ist. Überläßt man eine Fläche sich selbst, entwickelt sie sich in kurzer Zeit zu einem Dickicht und dann zu einem kleinen Wald. In wenigen Jahren kann man so 10.000 Jahre Pflanzengeschichte nachvollziehen.

Brachflächen eine längere Lebensdauer, vor allem wenn Landwirte an der Flächenstillegung mit einer Mindestlaufzeit von 5 Jahren teilnehmen.

Gefördert wird eine solche Stillegung heute, um die landwirtschaftliche Überproduktion zu drosseln. Die Belange der Natur spielen dabei kaum eine Rolle. Aber dennoch bieten sich für Tiere und Pflanzen auf diesen Flächen neue Chancen.

Wo die Natur walten darf, erobert sie die Brachflächen und läßt auf niederwüchsige Pflanzen, Stauden, Hecken nach Jahrzehnten den Wald folgen. Aus Brach- ist Busch- und Baumland geworden. Diese natürlichen Entwicklungsstufen, auch Sukzession genannt, bieten vor allem einen ungestörten Lebensraum für Wildtiere. Im Winter kann man auf den brachgefallenen Flächen – sie sind auch bei niederer Schneedecke noch an den Altgrashorsten zu erkennen – viele verschiedene Tierspuren sehen. Hier suchen beispielsweise Hase oder Fasan Deckung, auch im Sommer, wenn die zu groß gewordenen Ackerparzellen auf einen Schlag abgeerntet werden und solche Brachflächen eine letzte Zuflucht bedeuten. Kiebitz, Uferschnepfe oder Rebhuhn bringen ihre Jungen hier oft während der Heumahd in Sicherheit. Feuchte Grünlandbrache dient Röhrichtvögeln wie Rohrammer, Sumpfrohrsänger oder Brachpieper, Feldschwirl oder bodenbrütenden Vögeln wie Korn- und Wiesenweihe oder Sumpfohreule als Brutraum. Hier finden die Singvögel viele Insekten wie Tagfalter, Schwebfliegen, Wanzen oder Bockkäfer. Samenfresser wie Hänfling, Stieglitz, Wachtel oder Fasan haben hier einen üppig gedeckten Tisch. Spitzmäuse kommen fast nur auf Brachflächen oder Brachlandsäumen vor.

So stellen solche Standorte wichtige Lebensstätten für Tiere dar, auch wenn sie statistisch gesehen zu 70 % nur eine Größe von weniger als 1 Hektar haben. Freilich handelt es sich immer nur um kleine Inseln im Meer der ökologisch zumeist verarmten Feldflur. Es ist ein Leben im Abseits.

---

### Pflanzen der Sandböden und Brachflächen

(Kurzbeschreibung der Erkennungstafel auf der nächster Seite)

Brachflächen gehörten im Mittelalter zum landwirtschaftlichen System. So manche Brachfläche entsteht heute durch das Ende eines kleinbäuerlichen Betriebes. In den ersten Jahren hat vor dem Vordringen der Gehölze eine farbenprächtige Pflanzenwelt das Sagen. Die Buntheit darf nicht täuschen: Hier geht eine Fläche – sei es eine Acker- oder eine Wiesenbrache – der offenen Kulturlandschaft verloren, und die Entwicklung steuert auf einen Wald, einen völlig anderen Lebensraum, zu. In der biologischen Landwirtschaft spielen Brachflächen wieder eine Rolle. In den ersten drei Jahren einer brachgefallenen Fläche – besonders eines Hackfruchtackers – kann sich die **Vogelmiere** (*Stellaria media*) halten. Auf offenen Sandböden erscheint der wärmeliebende **Hasenklee** (*Trifolium arvense*). Er schmeckt bitter. Auf nährstoffreichen Flächen kommt der erbkonstante Bastard aus dem Weichhaarigen und dem Bunten Hohlzahn, der **Gelbe Hohlzahn** (*Galeopsis segetum*) vor. Die häufigste Hohlzahnart erreicht eine Höhe von bis zu 80 cm. Die mittleren und oberen Blätter des **Dreiteiligen Ehrenpreises** (*Veronica triphyllos*) sind drei- bis fünfteilig. Über die Verbreitung der Art wissen wir recht wenig. Das **Schöllkraut** (*Chelidonium majus*) enthält einen orangegelben, milchigen Saft, der giftig ist. Auf nährstoffreichen Standorten kommt häufig die **Knoblauchrauke** (*Alliaria petiolata*) vor. Sie enthält Senföle. In der Mitte der Blattunterseite spürt man die groben Haare des **Klettenlabkrautes** (*Galium aparine*), das sehr häufig vorkommt. Die Schirmchenflieger der **Ackerkratzdistel** (*Cirsium arvense*) erreichen bei Aufwind über 10 km Flugweite. Die **Fadenhirse** (*Digitaria ischaemum*) wächst vor allem auf gröberen Unterlagen wie Schotter. Sie soll blutstillend wirken.

Vogelmiere

Hasenklee

Gelber Hohlzahn

Dreiteiliger Ehrenpreis

Schöllkraut

Klettenlabkraut

Knoblauchrauke

Ackerkratzdistel

Fadenhirse

Weit eine Stunde nach Sonnenaufgang wartet der Jäger auf seinem Hochstand auf Kaninchen. Drüben am Feldrain liegt der Bau der Kaninchen-Kolonie. Einige Tiere sind auch schon aus der Röhre gekrochen. Das erste hat sich gleich zur Hangkuppe aufgemacht, um dort vom grünen, frischen Gras zu naschen. Aufmerksam beobachtet der Jäger die Gruppe, bis die Tiere plötzlich unruhig werden. Das Kaninchen auf der Hangkuppe kehrt eilends in den Bau zurück. Die Flucht ist Signal für alle anderen. Die wenig wehrhaften Tiere sind ständig bereit zum Rückzug. Sie entfernen sich nicht allzu weit vom Bau ihres Revieres, das selten größer als 20 Hektar ist. Das vorderste Kaninchen hat den Jogger als erstes bemerkt. Geselligkeit schützt – die anderen profitieren von der Entdeckung ihres Nachbarn und machen sich ebenfalls aus dem Staub. Kaninchen sind flink, hören und wittern gut, und auch ihre Augen scheinen besser zu sein als die ihres großen Vetters, des Feldhasen. Im Gegensatz zu dem Langohr leben die Kaninchen nicht als Einzelgänger, sondern recht gesellig. In dem kompliziert verzweigten Bau ziehen mehrere Weibchen ihre Jungen auf. Die Weibchen sind auch die Baumeister, sie haben mit ihren Vorderläufen die Höhle in den locker mit Gebüschen und Bäumen bewachsenen Hang gegraben. Die jungen Kaninchen sind, anders als die Feldhasen, bei der Geburt noch blind und völlig hilflos. Sie brauchen viel Wärme. Die Mutter hat das unterirdische Nest mit Grashalmen sowie Fellhaaren aus ihrer Bauchunterseite ausgekleidet, und auch der Baueingang ist mit Blättern und Gräsern zugestopft. Erst nach 3 Wochen folgen die Kleinen ihrer Mutter bei der Futtersuche. Gleich nach der Geburt der Jungen war eine weitere Paarung erfolgt, so daß das Kaninchen-Weibchen bereits den nächsten Wurf erwartet. Schon bald müssen die Jungen – sie sind dann schon geschlechtsreif – den Bau verlassen und sich neue Reviere erschließen. Zwischen 5 und 7 Mal im Jahr wirft die Mutter jeweils 3 bis 6 Junge. Mit dieser hohen Vermehrungsrate gelingt es den Kaninchen, die Verluste durch Bejagung und Straßentod sowie durch Feinde wie Fuchs, Iltis, Eulen, Greifvögel, Dachs oder Wiesel auszugleichen. Das Wiesel kann als einziger Feind den Kaninchen im unterirdischen Bau nachstellen. Der Karnickel-Bestand ist starken Schwankungen unterworfen, was vor allem mit der wechselnden Witterung zusammenhängt. Kaninchen sind nämlich gegen Wind und Feuchtigkeit empfindlich. Als ursprüngliche Steppenbewohner bevorzugen sie trockenes Klima und trockenen Boden: sandige Böden in leicht hügeligem Gelände im Tiefland unter 700 Metern Meereshöhe. Das Kaninchen hat sich von seinem spanischen Rückzugsgebiet aus nach der letzten Eiszeit wieder in Mitteleuropa ausgebreitet, wobei Süddeutschland (abgesehen von der sandigen Rheinebene) und Österreich – in der Alpenrepublik wird das Tier Kunigl genannt – nur teilweise erschlossen sind. In der Schweiz besteht lediglich ein Inselvorkommen.

Die Stallhasen dagegen sind überall verbreitet. Bei ihnen handelt es sich um zahme Zuchtkaninchen, die urkundlichen Nachweisen zufolge domestiziert erstmals im Jahr 1149 nach Deutschland gelangten. Das Kaninchen zählt zu den wenigen Arten, die noch nicht durch die nachhaltigen Veränderungen der Kulturlandschaft gelitten haben.

# Kaninchen brauchen Geselligkeit

107

# Zwischen Wasser und Sand – die Knoblauchkröte

Knoblauchkröte, Wechselkröte und Kreuzkröte (von oben) sind wahre Lebensraumspezialisten. Sie sind an sandige und oft weitgehend vegetationsfreie Geländeverhältnisse angepaßt. Zum Laichen werden von allen drei Arten flachgründige, vegetationsfreie oder vegetationsarme Kleinstgewässer aufgesucht.

Annette und Barbara trauen ihren Ohren nicht. Kam da nicht ein kräftiger Ruf vom Wasser? Eigentlich wollten die beiden naturbegeisterten Schülerinnen schon vor der Dämmerung zu Hause sein, doch als noch mehr Rufe zu hören sind, laufen sie zum Ufer des Grabens. Und tatsächlich tönt es an diesem Maiabend immer wieder in gleichmäßiger Folge direkt aus dem Wasser! Trotz des spärlichen Lichtes erkennen sie nun mehrere Froschlurche unter Wasser. Es sind alles Männchen der Knoblauchkröte, die von April bis Mai mit ihren Rufen die Weibchen anlocken. Der Wassergraben bietet diesen Amphibien mit den olivbraunen Flecken gute Laichbedingungen. Er ist an seiner tiefsten Stelle gerade 30 Zentimeter tief, und an dieser Stelle befinden sich keine Gehölze, so daß die Sonne hier das Gewässer leicht erwärmen kann. Es ist auch nicht mit Düngemitteln befrachtet und konnte deshalb seine nährstoffarme Wasserqualität bewahren. Das erkennt man auch daran, daß hier trotz der günstigen Besonnung keine Wasserpflanzen wachsen.

Sobald nun die Weibchen ankommen, werden sie von den Männchen zur Paarung umklammert. Die zu kurzen und dicken Laichschnüre mit zusammen etwa 1000 Eiern entwickeln sich innerhalb weniger Wochen zu den zwischen 6 und 9 Zentimeter langen Kaulquappen. Als Kaulquappen können die Tiere sogar überwintern und werden dann bis zu 12 Zentimeter lang, länger als die fertig entwickelten Tiere, die nur 7 (Männchen) und 8 Zentimeter (Weibchen) groß werden. Im Verhalten jedoch gleichen sie den Eltern. Sie treten nicht in Schwärmen auf wie andere Amphibienarten, sondern einzeln und zwar erst nach Einbruch der Dunkelheit, vor allem bei feuchtwarmer Witterung. Aus der Kaulquappe entwickelt sich nach dem Larvenstadium die fertige Kröte. Diese verläßt umgehend ihr Geburtsgewässer und beginnt nun ein ziemlich trockenes Landleben. Das nach der letzten Eiszeit aus den Steppengebieten Osteuropas und Vorderasiens nach Mitteleuropa eingewanderte Tier lebt in Gegenden mit Sandböden oder sandigen Lehmböden; dort etwa, wo, wie in Spargelgebieten, in den Niederungen sandige Äcker vorkommen, vegetationsarme Sandböden oder sandige Lehmböden in Auelandschaften vorherrschen. Hügel- und Bergland sowie Wald meidet die plumpe Kröte mit dem gedrungenen Körper. Wichtig für dieses urtümlich anmutende Amphibium ist lockeres Bodensubstrat, in das sich die robuste Kröte tagsüber mit dem scharfkantigen Horn an den Hinterfüßen wie mit einer Grabschaufel einwühlen kann. Auch bei Gefahr gräbt sie sich in Sekundenschnelle in den Boden ein oder verströmt einen unangenehmen Geruch, der ihr auch zu ihrem Namen verhalf. Diese originellen Verteidigungstechniken haben jedoch nicht verhindern können, daß die Knoblauchkröte in Deutschland gefährdet und in der Schweiz sogar vom Aussterben bedroht ist. Die Bedrohung des Sandbewohners ist auf die Vernichtung der flachgründigen Laichgewässer sowie auf die massive Anwendung von Chemikalien und Düngemittel in der Landwirtschaft zurückzuführen.

Dabei könnte die Knoblauchkröte mit ihrer Jagd auf Schnecken und bodenlebende Käfer einen hilfreichen Beitrag für die Landwirtschaft leisten.

Einer der merkwürdigsten Gesänge in der Feldflur stammt von einem kaum sperlingsgroßen Rohrsänger, dem Feldschwirl. Bereits Ende April ist er mit seinem monotonen Gesang, der wie das helle Schwirren der Grünen Laubschrecke klingt und ihm auch zu seinem Namen verholfen hat, zu hören. Nachts dauern die Gesänge länger, da die Männchen tagsüber durch Beutefang oder die Anwesenheit von Weibchen abgelenkt werden. Die Schwankungen der Lautstärke rühren wahrscheinlich daher, daß der Vogel immer wieder den Kopf dreht. Über 45 Tonelemente innerhalb einer Sekunde bringt der eifrige Sänger zustande. Es scheint auch, als ob er das rasche Tempo sehr lange durchhalten könnte. Bei Messungen wurde eine Strophenlänge von bis zu 110 Minuten festgestellt, im Durchschnitt jedoch eine Länge von etwa 27 Sekunden. Doch wann und wie kommt der Vogel zum Atmen? Es hat den Anschein, als ob er ununterbrochen sänge, doch bei genauerem Hinhören läßt sich feststellen, daß er immer wieder kurze Atempausen von 5 bis 9 Sekunden einlegt.

So deutlich der Feldschwirl zu hören ist, so selten ist er zu sehen. Der nur wenigen bekannte Vogel mit dem halbrunden Schwanz lebt verborgen in dichter, krautiger Vegetation und Büschen. Er ist vor allem im Umfeld von Feuchtwiesen, Niedermooren, aber auch Heideflächen sowie Heckengebieten und Brennesseldickichten anzutreffen. Während er von etwas erhöhter Warte aus singt, wird das Nest nah über dem Boden in dichter Vegetation angelegt. Gewöhnlich bringt der Feldschwirl 2 Jahresbruten mit 4 bis 6 Eiern hervor, wobei Männchen und Weibchen brüten und füttern. In unseren Breiten fliegt der Feldschwirl wenig und hält sich zumeist im Rankwerk von Gehölzen auf, doch zur Überwinterung nimmt er eine lange Reise ins nördliche Afrika auf sich.

## Vom scheinbaren Singen ohne Pause

Trotz seines auffälligen Gesangs ist der Feldschwirl wegen seiner zurückgezogenen Lebensweise nur wenig bekannt.

Das haben die großen Wiesen wohl selten erlebt. Fast ein Dutzend dieser kleinsten Hühnervögel Europas sind hier gestern morgen gelandet. Die Vogelforscher rätseln noch über solche, auch als Wachteljahr bezeichneten Anhäufungen. Sie haben zwei Erklärungen für die außerordentlichen Bestandsschwankungen anzubieten. So könnten die Wetterbedingungen in Südeuropa das Verhalten der Wachteln bei der Rückkehr aus dem afrikanischen Winterquartier beeinflußen. Demnach würden die Wachteln nur bei ungünstiger Witterung weiter nach Norden ziehen. Des weiteren könnte das plötzliche Auftauchen von Wachteln darin begründet sein, daß die jungen Wachtelweibchen schon im ersten Lebensjahr geschlechtsreif werden. Von Natur aus besitzen die jungen Wachteln ohnehin günstige Überlebenschancen. Alle Jungen eines Geleges schlüpfen mit einer technischen Präzision wie bei keinem anderen Bodenbrüter innerhalb einer Stunde. Die Gleichzeitigkeit wird durch klickende Geräusche erreicht, welche die Jungen 12 bis 15 Stunden vor dem Schlüpfen verursachen. Sobald sich das Klicken beschleunigt, „sägen" alle langsamer die Eischale auf. Verlangsamt sich das Klickern, erhöhen alle wieder ihre Anstrengungen, das Licht der Welt zu erblicken. Durch das fast zeitgleiche Schlüpfen kann sich die Mutter auf die Fütterung konzentrieren und muß nicht gleichzeitig

## Von den Klopfzeichen der jungen Wachteln

Als einzige der mitteleuropäischen Hühnervogelarten zieht die Wachtel in den Süden. Durch die einschneidenden Veränderungen in der Feldflur infolge der intensiven Agrarwirtschaft sind Wachteln in den letzten Jahren sehr selten geworden.

Eier wärmen und Junge füttern. Bereits wenige Stunden nach dem Schlüpfen verlassen die Jungen das Nest. Dieses ist vom Weibchen in einer Bodenmulde angelegt worden, die es selbst gescharrt hat. Das Nest befindet sich in höherer Kraut- oder Grasvegetation, in Getreidefeldern – besonders Wintergetreide – sowie Luzerne- oder Kleefeldern. Wachteln benötigen als Lebensraum offene Gebiete mit hoher Deckung und bevorzugen feuchte Böden mit ungepflegten Weiden, Wiesen, Feldern und Brachflächen. Hier finden sie die in großer Zahl benötigten Sämereien von Ackerkräutern und Insekten, letztere bilden die erste Nahrung der Jungen. Grüne Pflanzenteile oder Getreidekörner, besonders Weizen, sind demgegenüber von untergeordneter Bedeutung. Mit Hilfe von kleinen Steinchen, die regelmäßig aufgenommen werden, kann der Vogel die Nahrung, und zwar vor allem die Sämereien im Magen, weiter zermahlen.

Auch in Jahren mit guten Beständen bekommen selbst aufmerksame Naturbeobachter kaum eine Wachtel zu Gesicht. Sie lebt einzeln und sehr versteckt. Bei Gefahr duckt sich der etwa starengroße sandfarbene Vogel auf den Boden. Wenn er fliegt, hält er sich noch kürzer in der Luft auf als das Rebhuhn. Wie beim Feldschwirl ändert sich dies im Herbst. Dann wird die Wachtel gesellig und zieht zum Überwintern ins nördliche Afrika. Die fast schwanzlosen Tiere erreichen beim Zug 50 bis 70 Stundenkilometer.

Als der Spargelbauer in der Frühe zum Spargelstechen geht, kommen ihm die Trassen der beiden Stromleitungen, welche durch die Ebene führen, noch ungeheuerlicher vor als sonst. Die riesigen Gittermasten wirken wie überdimensionale Galgenkreuze. Als er unter den Leitungen auf seinem Acker die Spargel erntet, muß er noch das Brummen der Stromleitungen ertragen. Vor einigen Wochen hat er sogar erlebt, wie ein Weißstorch einen Stromschlag an den ungeschützten Isolatoren erlitt und tot zu Boden fiel. Später hat er von den örtlichen Naturschützern erfahren, daß dies leider kein Einzelfall sei. In einem holländischen Naturschutzgebiet habe man auf einem fast 3 Kilometer langen Abschnitt einer oberirdischen Stromleitung innerhalb von 6 Jahren insgesamt 2.967 Opfer von 73 verschiedenen Vogelarten verzeichnet. Heute wissen wir, daß die meisten Unfälle während des Vogelzugs geschehen.

Das Erlebnis mit dem Weißstorch hat den Spargelbauer nachdenklich gemacht. Doch nicht nur die Stromleitungen, sondern auch Straßen schaden den Vögeln. Die Naturschutzgruppe wußte von englischen Erhebungen, wonach allein auf der britischen Insel mit jährlich 2,5 bis 3 Millionen Vogelverlusten zu rechnen war. Hinzu kamen die unzähligen Straßenopfer an Rehen, Hasen oder Igeln. Die Naturfreunde beklagten auch, daß der Straßenbau zu einer Verinselung der Landschaft führe. Sie sahen in den Asphaltbändern Ausbreitungsschranken vor allem für Insekten und Spinnen.

Wenn die Wildtiere auf ein Gebiet eingeengt werden, findet kein Genaustausch mehr statt. Ganz hellhörig wurde der Spargelbauer, als über die Veränderungen des Mikroklimas, über Temperaturen, Winde, Niederschläge und das Abflußverhalten des Wassers gesprochen wurde. Als er bei der Flurbereinigungsversammlung diese Fakten und seine Kritik an der geplanten Asphaltierung der Feldwege vortrug, fand sich eine hauchdünne Mehrheit, die zusammen mit dem Spargelbauer der weiteren Versiegelung der Flur eine Abfuhr erteilte.

## Verdrahtet, zerschnitten und verlärmt

Die zunehmende Verdrahtung der Landschaft fordert den Tod unzähliger Großvögel, wie der Störche, und damit einen traurigen Tribut der Industriegesellschaft.

## Grauer Flitzer
## mit Rüssel

Plötzlich bleibt die Familie am Feldweg stehen. Der 12 Jahre alten Jenny ist das tote Mäuschen als erster aufgefallen. Das kleine Tier mit der rüsselförmigen Schnauze hat etwas Blut am Körper. „Was ist passiert?" will Jenny wissen. Doch keiner kann die Frage beantworten. Am nächsten Tag hilft der Biologielehrer beim naturkundlichen Rätsel vom Sonntagsspaziergang weiter. Er hat sich das Tier selbst angeschaut und festgestellt, daß es eine Feldspitzmaus ist. Er erzählt, daß Spitzmäuse ein scharf riechendes und vermutlich übel schmeckendes Sekret von sich geben. Eulen, Greifvögeln oder dem Hermelin schmecken die Tiere deshalb nicht, und sie lassen ihre Opfer einfach liegen. Er weiß, daß sich in den Gewöllen der Greifvögel selten Skelettreste der Spitzmäuse finden. „Es war auch kein Zufall, daß ihr die Feldspitzmaus ausgerechnet am Weg bei den Brachflächen entdeckt habt." Er berichtet, daß die Feldspitzmaus bevorzugt solche Flächen bewohnt. Dort, wo beispielsweise die im Juni gelb blühende Gemeine Nachtkerze auf sonnigen und trockenen Standorten mit schütterer Vegetation wächst, findet sich der Lebensraum der Feldspitzmaus. Wärmeliebende Insekten

Nicht allein wegen der zunehmenden Verdrahtung der Landschaft, sondern auch wegen der Grundwasserabsenkungen, Entwässerungen, einer intensiven Landwirtschaft und des damit verbundenen Einsatzes von Chemikalien sowie wegen der Verbauung der Landschaft sind Störche in Mitteleuropa äußerst selten geworden. Die traurige Geschichte um die Störche ist ein trauriges Symbol für den Ausverkauf der einstigen Kulturlandschaft.

112

suchen solche Gebiete in großer Zahl auf, so daß für die unersättliche Feldspitzmaus ein reichhaltiges Nahrungsangebot vorhanden ist. Selbst in der kalten Jahreszeit finden die flotten Flitzer, die keinen Winterschlaf halten, noch die letzten Insekten unter den Blättern. Weltweit gibt es etwa 400 verschiedene Langschwanz-Mäuse und unsere 8 Zentimeter große Feldspitzmaus mit ihrem 4 Zentimeter langen Schwanz zählt dazu. Noch ist viel zu wenig über das dunkelbraune Tier der Brachflächen bekannt. Man weiß zwar, daß die Feldspitzmaus vor allem auf dem Balkan und in der Sowjetunion vorkommt und im Norden höchstens bis in den Bremer Raum vordringt. Es fehlen aber Erkenntnisse über die Dichte der Bestände. Auch das Verhalten der dämmerungsaktiven Feldspitzmaus ist noch weitgehend unerforscht.

## Reinfall am Feldrain

Selten ist der junge Brachpieper dabei zu beobachten, wie er am Feldrain sitzt und gerade etwas leuchtend Rotes von einem Zentimeter Größe aus dem Schnabel schleudert. Man meint dem Vogel ansehen zu können, daß ihn die Beute anwidert. Er muß noch lernen, daß solch auffallende Farbkombinationen wie die sehr schöne schwarz-rote Färbung der Bodenwanze ein Warnsignal für Freßfeinde bedeuten: Vorsicht ungenießbar! Der Brachpieper wird künftig um die Bodenwanze ebenso einen Bogen machen wie um die ebenfalls auffallend schwarzrot gefärbte Gemeine Feuerwanze. Für den Naturbeobachter erleichtert die Warnfärbung freilich das Aufspüren der Bodenwanzen, vor allem, da sie nicht einzeln, sondern in größeren Ansammlungen leben. Magerwiesen und Brachflächen sind ihre Lebensräume, intensiv landwirtschaftlich genutzte Flächen werden gemieden. Die Nutzungsintensivierung auf dem Felde ist wohl als Hauptgrund für den Rückgang der einst häufigen Wanze anzusehen.

Die käferähnlichen Halbflügler, die ein festes und ein hautiges Flügelpaar sowie Stinkdrüsen besitzen, vertilgen auch Insekten, darunter zahlreiche Schädlinge. Die verschiedenen Raubwanzen, wie die Blumenwanze und die auffällige Blindwanze, ernähren sich von Spinnmilben sowie kleinen Raupen. Die räuberische Baumwanze und die Pappel-Weichwanze vertilgen sogar Blattläuse. Es ist also nicht gerechtfertigt, wegen dem in südlichen Ländern noch dann und wann anzutreffenden Plagegeist Bettwanze gleich die ganze Verwandtschaft zu verurteilen. Auch die Wanzen haben ihren Platz im komplizierten Räderwerk der Natur, beispielsweise als Nahrung für die Grabwespen.

Noch warten die Wanzen auf eine breite Entdeckung durch Naturfreunde. Die bunt gefärbten Tiere lassen sich gut entdecken. Der markante Stechrüssel zum Saugen und die verdickten Halbflügeldecken erleichtern das Erkennen der Wanzen – Irrtum ausgeschlossen.

Der Saugrüssel dient als Bohrer, um mit Hilfe von Sekreten die Pflanzensäfte erschließen zu können, gleichzeitig aber auch zum Aufnehmen der Nahrung. Am bekanntesten unter den eiförmig aussehenden Wanzen dürfte die Feuerwanze sein. Diese schwarzroten Wanzen treten oft in großer Anzahl auf und lassen sich bevorzugt unter alten Linden beobachten. Diese Tiere saugen sogar die Blutflüssigkeit toter Tiere. Am Wege läßt sich so manches Wunder der Natur entdecken.

Wo Ackerrandstreifen und anderes Gelände von
Feld und Flur von der Chemiespritze verschont
bleiben, finden sich interessante Tiere und
Pflanzen:

Perlmutterfalter (oben links),
Feldgrille (oben rechts),
Hasenklee (mitte rechts)

Ein typischer Vogel der
Feldfluren ist die Gold-
ammer.

Vielfältig ist die Welt
der Kulturlandschaft,
wenn zwischen den
bewirtschafteten
Flächen ausreichend
naturnahe Biotope vor-
handen sind. Und
noch eines ist wichtig:
Wir müssen wegkom-
men von chemischen
Keulen jeder Art.

114

Feldmäuse werden nur dann zu Schädlingen, wenn das ökologische Gefüge in der Flur durcheinander geraten ist.

Junge Kaninchen am Bau.

Mit ihren kräftigen Grabschaufeln gräbt die Maulwurfsgrille bis zu 40 cm tiefe Röhren. Diese Grillenbauten werden von den Insekten regelrecht bewacht.

Wo noch Brennesseln gedeihen dürfen, ist die Lebensgrundlage für die Raupen von gut einem Dutzend Schmetterlingsarten gesichert. Dazu gehören: Tagpfauenauge, Kleiner Fuchs, Distelfalter, Admiral und Landkärtchen.

# Ein Sommernachtstraum

Als es an diesem Sommertag zu dämmern beginnt und Ruhe in der Vorstadt einkehrt, ist auf den Gartenterrassen das Open-Air-Konzert vom benachbarten Feld klar und deutlich zu hören. Ein munteres Zirpen und Trillern erfüllt die angenehm warme Abendluft. Das Konzert der Grillen und Heuschrecken untermalt die Sommernachtsstimmung unter dem klaren Sternenhimmel. Die Kinder locken am anderen Tag dann die tierischen Geiger mit einem Grashalm aus ihrem Bodenversteck. Von hier aus lassen die nur 2 Zentimeter großen und schwarz glänzenden Feldgrillen und die doppelt so großen, bräunlich gefärbten Maulwurfsgrillen ihren Balzgesang ertönen. Im Gegensatz zu den Heuschrecken erzeugen die Grillenmännchen ihren Gesang nicht mit den Hinterbeinen, sondern mit den gut ausgebildeten Flügeln. Das Musikinstrument befindet sich auf den beiden Flügeldecken. Durch Aneinanderreiben von harten Teilen der Flügeldecken entstehen die Töne. Das funktioniert wie bei einem Kamm, der ebenfalls tönt, wenn man mit einer harten Kante über seine Zähne streicht. Eine der Adern der Grillenflügel ist zur Schrilladen ausgebildet. Sie besteht aus einer Reihe von parallel ausgerichteten, gerippten Teilen. Auf der anderen, in der Regel der rechten Flügeldecke befindet sich in derselben Höhe eine Schrillkante. Mit dieser streicht das Männchen – ähnlich wie ein Geiger mit seinem Bogen über die Violinsaiten – über die Schrilladen des linken Flügels. 96 Prozent der Grillenmännchen sind übrigens „Rechtsgeiger". Zur Klangverstärkung heben die Musikanten noch die Flügeldecke und erhalten damit einen Resonanzraum. Beim Musizieren legen die Grillen meist zwischen 2 Uhr nachts und 9 Uhr morgens eine Pause ein.

Die Weibchen können das Zirpen über eine Entfernung von mehr als 10 Metern durch ein Gehörorgan in den Knien wahrnehmen. Sie fühlen sich zum Sender der Signale hingezogen. In der dichten Vegetation suchen sie ihn zunächst noch im Zickzackkurs, begeben sich dann aber immer geradliniger zur Tonquelle. Sobald das Weibchen das zirpende Männchen erreicht hat, berühren sich die beiden mit den Fühlern, die länger als der Körper sind. Ob das Berühren auf Tast- oder Geruchsreizen gründet, ist noch unbekannt, jedenfalls dient es der Art- und Geschlechtserkennung. Dann stimmt das Männchen einen besonders werbenden Gesang an, der das Weibchen veranlaßt, den Geiger zu besteigen. Jetzt paaren sich die beiden. Das Männchen muß dafür sorgen, daß das Weibchen den an den Geschlechtswegen befestigten Samen nicht verzehrt. Hierzu legt es dem Weibchen die Fühler auf den Rücken und läßt diese zittern. Solange hält das Weibchen still, und nach etwa 40 Minuten erlaubt das Männchen dem Weibchen, die nunmehr leere Hülle des Samenpaketes zu vertilgen. Dann legt das Weibchen die Eier in einzeln gegrabene und zwischen 30 und 40 Zentimeter tiefe Röhren. Die geschlüpften Larven bleiben zunächst zusammen, graben sich zum Überwintern aber einzeln ein. Im folgenden Jahr kommt das fertige Insekt zu Tage. Sowohl die Feld- als auch die Maulwurfsgrille, welche an den Vorderbeinen kräftige Grabschaufeln hat, sind nur auf trockenen Wiesen- und Brachflächen zu finden, wo sie in den lockeren Böden ihre Gänge graben und auch als erwachsene Tiere überwintern können.

Die von der EG zur Eindämmung der Produktion eingeführte Stilllegung und Rotationsbrache oder die von manchen Bundesländern finanziell geförderte Extensivierung der Äcker hat den Lebensraum für viele Tiere und Pflanzen spürbar erweitert. Nach einer Untersuchung des Karlsruher Tierökologen Tscharntke fliegen Feldlerche, Goldammer, Baumpieper und Schafstelze gerade auf Flächen, die erst nach einem Jahr wieder bewirtschaftet werden. Auf Dauerbrache sind diese Bodenbrüter kaum zu finden, dafür aber bedrohte Pflanzen wie der Einjährige Ziest und der blau blühende Frauenspiegel oder Insekten wie der Blütenbockkäfer. Die Stillegung hat freilich auch ihre Schattenseiten, denn die übrigen Flächen werden oft noch intensiver genutzt und mit Pestiziden behandelt. Mehr denn je braucht die Feldflur als unser Natur- und Kulturerbe eine biologisch orientierte Bewirtschaftung auf der ganzen Fläche. Flächenstillegung für sich allein betrachtet ist eigentlich nur Flickschusterei oder allenfalls ein ganz kleines Ruhekissen.

**Stillgelegte Äcker, erwachende Natur?**

# Zwischen den Rebzeilen

Eine frische Brise umweht die schwimmende Gesellschaft. Langsam fährt das Schiff den trägen Fluß aufwärts. Immer wieder tauchen kleinere und mittelgroße, zumeist malerische Dörfer an den Ufern der Mosel auf. In ausgedehnten Schlingen geht es zwischen Hunsrück und Eifel hindurch. Und wohin man auch aus dem Tal auf die Höhen blickt: die Hänge sind fast ausnahmslos mit Weinbergen bedeckt. Hier liegt eines der nördlichsten Weinbaugebiete Deutschlands. Zumeist reichen die endlosen Rebenbänder bis an den Fluß und werden nur von nacktem Fels und Waldstücken unterbrochen. Ein ähnliches Bild bietet sich in vielen anderen Fluß- und Seenlandschaften Deutschlands, Österreichs oder der Schweiz. Sei es am Rhein mit den Rheingauweinen, den rheinhessischen, pfälzischen sowie badischen Weinen, an der Mosel, Ruwer oder Saar mit dem Moselwein, am Main die Frankenweine, am Neckar die Württemberger und an vielen anderen Flüssen auch mit kleinen Anbaugebieten wie Elbe, Saale, Unstrut. In der Schweiz liegen die Hauptweinbaugebiete am Genfer See und in den Kantonen Neuenburg, Tessin, Waadt und Wallis, während in Österreich, wo man von Weingärten spricht, die Trauben am Ostabfall des Wiener Waldes, des Leithagebirges im Burgenland, des Manhartsberges, in der Wachau und im mittleren Murrtal reifen.

An Rhein und Mosel stehen die Rebstöcke schon seit 18 Jahrhunderten. Römische Händler, Kolonisten und Soldaten haben vermutlich im 2. Jahrhundert nach Christus den Weinbau hier eingeführt. Die griechische Variante der Rebstockpflanzung hatten schon vorher die Phönizier von Marseille aus zumindest bis in das obere Elsaß gebracht. Das belegen Rebmesser, die nicht die italienische, sondern die griechische Form besaßen. Die einzelnen Landesherren förderten den Weinbau weiter. Karl der Große beispielsweise erließ in seiner Landgüterordnung – Capitulare de villis et curtis imperialibus – um 813 genaue Anweisungen für den Weinbau. Und schließlich spielten auch die Klöster bis ins 19. Jahrhundert eine bedeutende Rolle bei der Anpflanzung der Reben und waren die eigentlichen Zentren der Weinkultur. Sie hatten sich vor allem bei der Erschließung und Terrassierung neuer Gebiete große Verdienste erworben. Für den Gottesdienst brauchten sie wegen des Gebots der Reinheit unverfälschte, also naturreine Weine. Im vergangenen Jahrhundert erlitt der Anbau einen großen Rückschlag, als sich die aus Amerika eingeschleppten Schädlinge Reblaus, Mehltau und Peronospora ausbreiteten. Die Weinwirtschaft Europas hat sich zwar davon erholt, Flurbereinigungen und Spritzmittel haben aber auch dazu geführt, daß die EG heute mit einem Weinsee zu kämpfen hat. Es sind jährlich mittlerweile 45 Millionen Hektoliter, deren Beseitigung 1,5 Millionen Mark kostet.

## Von der Urrebe zum Weingeist

Die Weinstöcke an der Sonnenseite eines Hauses in Oberbergen am Kaiserstuhl verbreiten eine heitere Stimmung, wie man sie aus dem Süden gewohnt ist. Vor dem Gebäude debattieren einige Winzer. Wortführer ist der Adlerwirt Franz Keller, einer der engagiertesten Kritiker des rebflurbereinigten, verschandelten Kaiserstuhls. Er macht sich stark für den Elbling, eine nahezu vergessene, alte Weißweinrebe, deren Vorgänger die Römer einst aus Italien mitbrachten. Die Winzer bauen alle neben dem für Baden typischen Spätburgunder Emporkömmlinge wie Ortega, Müller-Thurgau oder Morio-Muskat an. Auch Wein unterliegt der Mode. Die Sortendiskussion ist nicht nur am sonnenverwöhnten Kaiserstuhl ein nicht enden wollendes Thema. Schon der römische Naturforscher Plinius zählte im 1. Jahrhundert nach der Zeitenwende 91 Sorten auf, heute kennt man weltweit 8.000 Rebsorten, eingeordnet und systematisiert in Kleinarten, Rassen und Abänderungen.

Alle europäischen Kulturorten gehen auf die formenreiche europäisch-vorderasiatische Wildrebe zurück, eine Liane des feuchten Auwaldes. Diese Wildrebe ist einhäusig, das heißt, männliche und weibliche Blüten wachsen bis auf wenige Ausnahmen auf einer Pflanze; die Kulturreben dagegen sind zweihäusig. Wildreben aus dem Donauraum sind die Vorfahren des Silvaners, einer ebenfalls alten und stark zurückgegangenen Sorte, sowie des Lembergers und vermutlich auch des Blauen Portugiesers. Riesling und Traminer hingegen stammen mit großer Wahrscheinlichkeit von Wildreben des Rheintales ab. Der großbeerige meist in Württemberg angebaute Trollinger ist italienischer Herkunft; wie sein alter Name „Tirolinger" schon sagt, kam er über Tirol nach Deutschland. Der Gutedel stammt sogar aus Ägypten. In der Oase Fayum soll es heute noch ein wildes Vorkommen dieser Reben geben. Aber wer weiß, vielleicht wurde sie einst von den Römern dorthin verbracht.

Anders als die in Auwäldern gedeihende wilde Weinrebe vertragen die Abkömmlinge viel Trockenheit. Der Weinstock braucht ein ausgeglichenes, sonniges Klima, lange Sommer müssen ihm viel Wärme geben. Gegen Spät- und Frühfröste sowie kalte Winter und übermäßigen Regen ist er empfindlich. So setzt das Klima dem Weinbau Grenzen – nicht jedoch der Verbreitung der abgefüllten, edlen Tropfen. Eine merkwürdige Erscheinung sind die zumeist zweizinkigen Greifranken. Sie stehen wie die Blütenstände den Blättern gegenüber und vollführen suchende Kreise. Sobald sie einen festen Gegenstand erreicht haben, schlingen sie sich innerhalb einer Stunde um diesen und verankern sich mit einer Spirale.

Von eigentlich kulinarischem Interesse sind die meist mehrsamigen Beeren der Trauben. Sie sind zuckerreich und enthalten Wein- und Apfelsäure. Die Umwandlung des ausgepreßten, süßen Saftes in berauschenden Alkohol ist der Arbeit der Weinhefe zu verdanken. Verschiedene Heferassen kommen auf der Oberfläche der Beeren vor und gelangen – wenn sie nicht mit Fungiziden vertrieben werden – direkt vom Weinberg in die Gärfässer. Nach Gärprozeß und Nachreife wird der junge Wein in Flaschen abgefüllt. Vielleicht hat der Kork den Weingeist mit eingefangen.

### Der Rebmann.

Reben gehören vermutlich zu den ältesten Laubgehölzen und mit Sicherheit zu denjenigen Nutzpflanzen, die bereits sehr früh in der Geschichte kultiviert wurden. In nahezu allen Stilepochen wurden Weinberge, Wein und die Weinbergsarbeit in künstlerische Darstellungen einbezogen.

Die Sonne brennt den ganzen Tag auf den Hang, und die Hitze staut sich zwischen den Rebenzeilen. Boden und Gestein scheinen zu kochen, die Steine der alten Weinbergmauern haben sich auf beinahe 70 Grad Celsius aufgeheizt. Die kunstvoll aufgerichteten Mauern wirken vor allem wie ein Wärmespeicher, der nachts die Wärme abgibt und so ein ausgeglichenes Kleinklima schafft. Als Bischof Günther von Speyer seinen Abt Dieter vor mehr als 700 Jahren anwies, den Maulbronner Südhang des zumeist bewaldeten Elfinger Berges als Weinberg herzurichten und mit Mauern zu terrassieren, sollten hauptsächlich ebene Flächen für den Rebenanbau gewonnen werden. Das Ergebnis, „ein Mauerwerk artig zu Terrassen verbunden" (so Goethe über die aufgesetzten Steinreihen im Neckartal anläßlich seiner Reise 1797 in die Schweiz), ist an solchen Hängen noch heute zu bewundern. Generationen von Weinbauern haben aus zumeist bewaldeten Naturlandschaften die großartigen Kulturlandschaften historischer Weinberge geschaffen.

Dort wo die Hänge noch nicht von der Flurbereinigung glattplaniert sind, sind die Trockenmauern Oasen für wärme- und trockenheitsliebende Pflanzen und Tiere. Unter den Rebstöcken haben sich in den Ritzen Mauerpfeffer, Hauswurz, Mauerraute, Zymbelkraut oder der Braune Streifenfarn angesiedelt. Sie alle können aufgrund verschiedener Besonderheiten Hitze gut überstehen. Der Natternkopf schützt sich wie viele andere Pflanzen durch seine Behaarung. Der Wilde Majoran oder der Hauhechel haben verholzte Stengel und können daher an den warmen Mauern sehr gut die Feuchtigkeit halten. Tiere haben es noch einfacher, weil sie in den „Mausgängen", der Ritzenwelt des Mauerwerks, geschützte Winkel finden. So etwa die Schwarze Ameise, die sich von den fettreichen Samen einiger hier vorkommender Pflanzen wie dem Schöllkraut ernährt. Sie transportiert diese Samen zu ihrem Nest in den Mauerfugen und trägt, wenn sie sie verliert, unfreiwillig zur Verbreitung der Pflanze bei. Der Mauerfuchs – ein Tagschmetterling –, Harlekin-Spinnen, Mörtelbienen, der Plattgedrückte Steinpicker – eine Felsenschnecke – sowie etliche andere Arten finden bei unwirtlichen Bedingungen hier sicheren Unterschlupf.

Auf einer 70 Meter langen Trockenmauer fanden Biologen 69 verschiedene Pflanzenarten. Auch auf kleinen Mauerabschnitten kann sich eine vielfältige Lebewelt ansiedeln.

121

# Auf der Mauer

Nicht nur Schlingnattern, auch die verwandten Ringelnattern überwintern manchmal in alten naturnahen Weinbergslagen. Solche Lebensräume werden in klimatisch begünstigten Lagen auch von den Mauereidechsen besiedelt.

An den ersten warmen Frühlingstagen Anfang März lohnt es sich, alte Weinberge zu besuchen. Mit etwas Glück lassen sich dann unerwartete Sonnenanbeter sehen. Mauereidechsen erwachen bei solchen Wärmeperioden aus ihrer Winterstarre. Sie verlassen die frostgeschützten Ritzen im Felsenband am Weinberg und laufen noch etwas träge auf dem leicht erwärmten Gestein. Wer dann Mitte April denselben Ort besucht, erlebt die Mauereidechse von einer anderen Seite. Flink und elegant bewegt sich das Tier an Felsen und Mauern entlang. Und meist ist es nicht allein. Mauereidechsen leben gesellig innerhalb eines relativ begrenzten Raumes. Sie brauchen vegetationsfreie, unregelmäßig gestaltete Stellen an Felsen oder Trockenmauern, wo sie ihr Sonnenbad nehmen können, denn sie können ihre Körpertemperatur nicht selbst regulieren. Diese hängt vielmehr von der Außentemperatur ab, weshalb die Felsenbewohner wie alle Reptilien weniger Nahrung benötigen als gleichgroße Säugetiere. Weil die ursprünglich aus dem Mittelmeerraum stammende Art in Mitteleuropa ihr nördlichstes Verbreitungsgebiet hat – nördlich der Ausläufer des Siebengebirges kommt sie nur an wenigen Stellen wie beispielsweise an dem Eifelfluß Rur vor –, ist sie nur in wärmebegünstigten, geschützten Lagen wie an Felsen und Weinbergen anzutreffen. Hier gibt es genügend Spalten und Ritzen als Rückzugsmöglichkeit, und hier wird auch am ehesten die ideale Körpertemperatur von 31 bis 37 Grad Celsius erreicht. Eine schuppige Haut schützt die Reptilien vor dem Austrocknen.

In solch selten gewordenen Lebensräumen findet die Mauereidechse durch ihre gesellige Lebensweise rasch einen Partner. Nach der Paarung Ende April bis Anfang Mai gräbt das Weibchen die Eier an warmen Stellen ein. Noch während des laufenden Jahres schlüpfen die Jungen. Wie die erwachsenen Tiere müssen sie sich vor den Schlingnattern in acht nehmen. Sie haben ähnliche Biotopansprüche wie die Mauereidechsen und sonnen sich gern in den Terrassen zwischen den aufgeheizten Trockenmauern. Nicht immer gelingt der bis zu 75 Zentimeter langen Natter ein Fang. Denn die Mauereidechse kann das Ende ihres Schwanzes, der doppelt so lang ist wie ihr Körper, bei Gefahr abstoßen. Während die Schlingnatter mit dem sich noch bewegenden Körperteil beschäftigt ist, gelingt der Mauereidechse die Flucht. Der eigentliche Feind beider Tiere ist jedoch der Mensch, der durch die Zerstörung der Lebensräume, vor allem durch die Rebflurbereinigungen die

# Fundgrube

### Trockenmauer – ein Hauch Provence im eigenen Garten

Am besten eignen sich sonnige Stellen, um im Garten Steine trocken, also ohne Bindemittel wie Mörtel, zu einer Mauer aufzuschichten. Hierzu verwendet man nur die in der jeweiligen Umgebung anstehenden Gesteine, die Steinbrüche zum Kilopreis abgeben (aufgepaßt auch beim Abbruch alter Häuser und Scheunen gibt es solches Baumaterial; oft werden die alten Steine einfach weggeworfen). Die Steine sorgfältig mit leichter Neigung gegen den Hang aufsetzen, so daß nach vorne nur gerade Seiten sichtbar werden. Zwischen dem Mauerwerk und dem Erdreich verbleibt ein Spalt, der mit kleinen Steinen als Pufferzone aufgefüllt wird. Je kunstvoller die Steine gesetzt werden, desto prächtiger wirkt die Wärmeheizung.

Mauereidechse von vielen früheren Standorten vertrieben hat. Beton-
mauern und glattgehobelte Einheitsrebhänge sind nun einmal kein
Eidechsenbiotop. Und mit den gewandten Reptilien verschwanden
auch Steinschmätzer, Bluthänfling, Gartenrotschwanz, Zippammer
oder Weinhähnchen aus der einst vielfältigen und abwechslungsreichen
Kulturlandschaft.

Wie Inseln liegen verschiedene Parzellen inmitten der Weinberge. Sie
sind Teil eines Modellvorhabens einer Naturschutzgruppe des Bundes
für Umwelt und Naturschutz in Steinheim an der Murr. Hier
beherrscht auf der Terrasse nicht die Rebe das Bild, sondern eine Glatt-
hafer-Wiese, in die sich schon die dornenreichen Büsche der Hundsrose eingeschlichen hat. Die Winzer haben den Weinbau vor längerer
Zeit aufgegeben und das Gelände brachfallen lassen. Wie der Mainzer
Biologe Andreas Bitz bei Untersuchungen in Rheinhessen feststellte,
leben auf solchen Parzellen 22 verschiedene Säugetiere, 38 Laufkäfer-,
110 Schmetterlings-, 89 Wanzen- und 74 Zikadenarten. Auf der grasigen Fläche haben sich etwa 40 Vogelarten angesiedelt, und wo die Ver-
buschung vorangeschritten ist, gibt es noch einmal beinahe 40 weitere
Vogelarten. Aufgelassene Rebenflächen bedeuten also ökologisch
bedeutsame Reservate. Wenn solche Flächen allerdings im Laufe der
natürlichen Sukzession ganz verbuschen, ist es mit der Vielfalt oft wie-

**Ein Weinberg
fällt brach**

Im Gegensatz zum Garten-
rotschwanz ist der Haus-
rotschwanz gegenwärtig
noch nicht vom Ausster-
ben bedroht. Hausrot-
schwänze besiedeln nicht
nur Gärten und Parks,
sondern vor allem auch
alte Weinberge mit den
typischen Trockenmauern
und den kleinen Wein-
bergshäuschen. Die Abbil-
dung zeigt ein Hausrot-
schwänzchen.

123

der vorbei. Doch dies konnte hier durch ein ausgeklügeltes Pflegekonzept der Naturschutzgruppe verhindert werden. Der brachgefallene Bereich wurde gepflegt, nach ökologischen Kriterien wurden neue Musterweinberge angelegt und alte Weinbergsmauern instand gesetzt – hier haben Natur und Kultur sich die Hand gegeben.

Auch der Steinschmätzer lebt hier. Er legt sein Nest in Felsspalten, in Mauerritzen und Erdlöchern an. Ein Vogel mit ähnlichem Verhalten, rostrotem Schwanz, schwarzem Gesicht und scharf abgesetzter weißer Stirn ist der Gartenrotschwanz. Er erbeutet die Insekten vor allem im Flug und hält sich in der Nähe von Gebüschen und Waldrändern auf. Doch auch er baut sein Nest in Mauernischen oder im Giebel eines verwitterten, alten Weinberghäuschens. Anfang bis Mitte April kehrt das erste Männchen aus dem tropischen Winterquartier in Afrika zurück. Als 2 Tage später das zweite Männchen zurückkehrt, werden die ersten Revierkämpfe ausgetragen, und der Erstankömmling muß sein zunächst beanspruchtes Gebiet teilen. Währenddessen trifft ein Weibchen ein, dem der Erstling kurz darauf eine Bruthöhle vorführt. Nach und nach erscheinen weitere Männchen und Weibchen, die größere Reviere der schon Eingetroffenen weiter teilen oder sich an den Grenzen bestehender Reviere einfach einnisten. Nachzügler, meist jüngere Tiere, die in der ersten Maiwoche eintreffen, erhalten nur noch ungünstige Plätze. Sie werden die wenigsten Jungen aufziehen können. Doch solche stetigen Landungen sind selten geworden. Die rebflurbereinigten Gebiete ohne Trockenmauern, Gebüsche oder Geröllflächen bieten keinen Platz und keine Nahrung mehr für die beiden wippenden Vogelarten. Und selbst Vorrats- und Vesperhütten, bei denen der Hausrotschwanz gerne aufsitzt oder brütet, wurden abgerissen. Da andererseits völlig sich selbst überlassene, brachgefallene Flächen im Laufe der Zeit verbuschen, bietet sich an, daß eine nichtwirtschaftliche Nutzung der Steillagen von der öffentlichen Hand wie beispielsweise von der Stadt Bietigheim-Bissingen gefördert wird. Die Kommune gewährt Weinbergbesitzern Zuschüsse, wenn sie Trockenmauern erhalten, instand setzen oder neu aufsetzen.

## Kleine Welt der Räuber und Raupendiebe

12 Uhr Mittag; es ist heiß, und kein Windhauch ist zu spüren. Ein metallisch-surrender Laut erfüllt die Luft. Kaum jemand vermutet, daß es sich um den Gesang der Blutroten Singzikade handelt, eines der interessantesten Tiere des kalkhaltigen Lebensraumes zwischen den Reben. Die alten Winzer betrachten das Zirpen des Männchens, das während der Rebenblüte im Juni und Juli in ganz warmen Gegenden zu hören ist, als Omen für ein gutes Weinjahr. Das Tier läßt sich jedoch kaum blicken, denn die oft auf dem alten Rebenpfahl musizierenden Männchen ergreifen bei Annäherungsversuchen sofort die Flucht. Noch seltener zu sehen sind die Weibchen. Sie bohren ihre Eier in die Zweige von Schlehen. Die Larven der Blutroten Singzikade halten sich mehrere Jahre an den Schlehenwurzeln auf, bis sich das erwachsene Insekt entwickelt hat.

An einem hölzernen Weinbergpfahl macht sich eine Feldwespe zu schaffen. Sie nagt mit ihrem scharfen Mundwerkzeug das morsche

Holz ab, das sie für den Bau ihrer papierartigen Zellen verwendet. Auch ihre Larven finden im Weinberg Nahrung, beispielsweise die Raupen des Traubenwicklers. Dieser Kleinschmetterling lebt tagsüber versteckt unter den tief gelappten Rebenblättern. Die erste Generation des Schmetterlings schlüpft im Mai aus überwinterten Puppen des Vorjahres. Sie legt ihre Eier an die Reben. Die Raupen, auch „Heuwurm" genannt, fressen von den Rebenblüten. Sie stellen Ende Juli die 2. Generation ausgewachsener Schmetterlinge und legen ihre Eier an die noch grünen Traubenbeeren. Die daraus schlüpfenden Raupen („Sauwurm") ernähren sich von den heranreifenden Beeren, die nach und nach abfaulen.

Während dieser Tagschmetterling und seine Raupen vor allem dem Winzer ins Auge fallen, ist der Mauerfuchs kaum zu übersehen. Unaufhörlich gaukelt der Augenfalter die unbefestigten, durch die angrenzenden Trockenmauern aufgeheizten Weinbergwege entlang. Ab und zu läßt er sich auf den Mauern oder Steinen am Wegesrand nieder. Die Flügel hält er leicht geöffnet, so daß die rotbraune Färbung mit den braunen Bändern und den augenartigen Punkten zu sehen ist. Mit geschlossenen Flügeln ist der Mauerfuchs am Boden bestens getarnt. Seine Raupen ernähren sich von Gräsern wie der auf Magerrasen wachsenden Aufrechten Trespe.

Auf den Steinen wird sich vielleicht auch eine Harlekin-Spinne blicken lassen. Diese nicht einmal einen Zentimeter große, schwarzweiß gefärbte Spinne bewegt sich ruckartig und schleicht sich an ihre Beute heran, um sie in kühnem Zusprung zu packen. Auch Fliegen kann dieses kleine Raubtier nachstellen.

---

## Pflanzen der Weinberge

(Kurzbeschreibung zur Erkennungstafel auf der nächsten Seite)

Der Weinberg, also die mit Reben bewachsene Fläche, ist ein besonderer Standort. Der Rebenanbau ist eine Sonderkultur mit häufiger Bodenbearbeitung. Charakteristisch ist die im Vergleich zu Ackerstandorten mit Hackfrüchten höhere Temperatur, weshalb sich in der Flora viele südliche Zuwanderer sowie Kulturbegleiter aus alter Zeit eingefunden haben. Die Weinbergflora ist wärme- und nährstoffliebend; an manchen Stellen wie an Mauern und Steinriegeln überleben Arten, die nährstoffarmes Gelände bevorzugen. In flurbereinigten, planierten Gebieten gibt es diese Vielfalt nicht mehr.

Das **Einjährige Bingelkraut** (Mercurialis annua) stammt aus dem Mittelmeerraum und ist in Mitteleuropa etwa seit 1600 als Neubürger anzutreffen. Es hat einen vierkantigen Stengel und blüht ab Mai das ganze Jahr über. Die **Rote Taubnessel** (Lamium purpureum) ist brennesselartig, hat aber keine Brennhaare. Der **Gemeine Reiherschnabel** (Erodium cicutarium) blüht ab April bis in den Oktober. Er erreicht eine Wurzeltiefe von bis zu 1,5 m. Die **Feld-Kresse** (Lepidium campestre) ist eine alte Heilpflanze, hat weichhaarige Blätter und blüht im Mai und Juni. Das **Acker-Löwenmaul** (Antirrhinum orontium) ist eine bedrohte Art, die von Juli bis Dezember rosarot blüht. Die **Vogelmiere** (Stellaria media), eine einjährige Pflanze, fördert als natürlicher Gründünger die Reben. Der selten gewordene **Ackergelbstern** (Gagea villosa) hat 2 Zwiebeln und blüht schon ab März. Der **Weinbergslauch** (Allium vineale) hat schnittlauchähnliche, blaugrüne Blätter, die fast rund sind. Die **Wilde oder Weinbergs-Tulpe** (Tulipa sylvestris) ist stark gefährcet. Sie blüht im Laufe des April und Mai. Die immergrüne Kriechstaude des **Zymbelkrautes** (Linaria cymbalaria) wächst in den Mörtelfugen der Trockenmauern. Die **Weinberg-Traubenhyazinthe** (Muscari racemosum) ist wie die Wilde Tulpe ein alter Neubürger aus dem Mittelmeerraum. Die duftende, dicht traubige Blüte erscheint ebenfalls im zeitigen Frühjahr mit zwei Verwandten – so der **Kleinen Traubenhyazinthe** (Muscari botryoides) und der **Schopfigen Traubenhyazinthe** (Muscari comosum).

Zymbelkraut

Rote Taubnessel

Feldkresse

Acker-Löwenmaul

Vogelmiere

Acker-
Gelbstern

Weinbergslauch

Wilde Tulpe

Traubenhyazinthe

Reiherschnabel

126

Der alte Winzer durchhackt noch regelmäßig seinen gesamten Weinberg. An einer Stelle hackt er immer besonders energisch. Doch er erreicht damit gerade das Gegenteil. Die blaßgrüne, unauffällige Osterluzei bildet nämlich an den unterirdisch verletzten Stellen Ausläufer und wächst so in immer dichteren Büscheln. Über Früchte verbreitet sich das Mittelmeergewächs nördlich der Alpen in den seltensten Fällen, obwohl die Bestäubung funktioniert. Als Kesselfallenblume fängt sie in ihren blaßgelben Blüten kleine Insekten, die von den Reusenhaaren erst wieder entlassen werden, wenn die Befruchtung erfolgt ist. Die ursprünglich im Mittelmeergebiet und Kleinasien heimische Pflanze konnte sich nur durch menschliches Zutun in Mitteleuropa verbreiten. Zunächst wurde sie in den Klöstern angepflanzt. Von dort aus verbreitete sie sich als wichtige Heilpflanze in Apotheker- und Klostergärten sowie Böschungen und Mauern der Dörfer oder als Zierpflanze in Guts- und Schloßparks sowie in Weinbergen. Das frühere Interesse des Menschen an der Osterluzei kommt daher, daß sie schon im Altertum als wehenförderndes Mittel genutzt wurde. Heutzutage hat man in der Pflanze hochinteressante Wirkstoffe entdeckt, welche die körpereigene Immunität steigern. Die Osterluzei ist aus verschiedenen Gründen von ihren einstigen Standorten in den alten Weinbergen oder Bauerngärten vertrieben worden. Doch an so manchem alten Weinberg oder alter Böschung inmitten von Dörfern wächst sie noch. Nicht nur wegen ihrer Heilkräfte ist es eine lohnenswerte Aufgabe, sie zu entdecken und zu schützen.

## Unheil für eine Heilpflanze

Wir wissen bis heute nicht, was Georg von Wollmershausen alles im Reisegepäck hatte, als er 1527 vom spanischen Hof Karl V. in Madrid zusammen mit seiner Frau, der spanischen Hofdame Juana de Codosa, in seine Heimat auf das hohenlohische Schloß Amlishagen zurückkehrte. Es ist auch unklar, ob die Wilden Tulpen tatsächlich in der 2. Hälfte des 16. Jahrhunderts aus dem Mittelmeerraum über Bologna nach Norden gelangten oder schon von den Römern eingeführt wurden. Damals konnten Ärzte, Apotheker und Botaniker nicht genug Pflanzen aus den italienischen Gärten und Landschaften mit nach Mitteleuropa bringen. Wir können nur feststellen, daß die im Mittelmeerraum vor allem auf Sizilien und in Griechenland beheimateten Wilden Tulpen heute auffällig oft in den Gärten der hohenlohischen Schlösser, in Unterfranken bis nach Nürnberg, an den offenen Hängen des Rheintales im Main-Tauber-Gebiet oder im Elsaß vorkommen. Früher sollen auch die Hänge des Neckartales gelb von den Blüten der Wilden Tulpe gewesen sein. Wie auch immer, die Wilde Tulpe hat in den Weinbergen nördlich der Alpen einen neuen Lebensraum gefunden. Noch vor der Belaubung der Reben und der damit verbundenen Beschattung blüht sie im April und Mai. Nur bei Sonne können sich die Blüten entfalten.
In dieser Zeit zeigen sich auch die Blüten der Traubenhyazinthe. Auch wie diese Pflanze aus ihrem mediterranen Heimatraum über die Alpen in die Weinberge gelangte, wissen wir nicht. Es ist nur belegt, daß sie seit 1568 im Norden als Gartenpflanze wächst. Zu diesen Zwiebelge-

## Zuerst gehegt, dann gezwiebelt

Wie bei vielen der uns heute bekannten Ausprägungen der Kulturlandschaft stammen die Vorfahren der Osterluzei aus dem Mittelmeerraum.

wächsen des warmen Mittelmeergebietes gehört auch der Weinbergslauch. Diese Lauchart kommt nicht nur in Weinbergen, sondern auch
in Wiesen, auf Rainen und in Auwäldern vor.

Die Ursache für das Verschwinden dieser und anderer Weinbergpflan-
zen ist außer in der Rebflurbereinigung in den modernen Bodenfräsen
zu sehen, die die Zwiebeln und Wurzeln der Gewächse so beschädigen,
daß sie den chemischen Unkrautbekämpfungsmitteln nicht mehr
standhalten. Dabei sind sie eigentlich auf das in Weinbergen übliche
Hacken eingestellt. Wenn beispielsweise die Wurzeln der Wilden Tulpe
durch die einfache Bodenbearbeitung an die Erdoberfläche gelangen,
treiben sie neue Wurzeln in die Erde, aus denen sich eine neue Zwiebel entwickelt. Auf diese oder ähnliche Art haben viele Pflanzen in den
Weinbergen Fuß fassen können.

# Wenn ein Steinriegel steinalt wird

Von weitem hört man einen Schuß. Karl, der Weinbergshüter, ist
unterwegs. Er kommt gerade recht, denn einige Kinder stehen ganz
neugierig auf einem riesigen, fast 2 Meter hohen Steinhaufen, über den
auch die Eltern nichts wissen. Doch Karl kennt sich aus. Er erzählt, daß
es sich um einen der hier häufigen Steinriegel handelt. Die Steine seien
über Jahrhunderte hinweg von vielen fleißigen Händen aus den Böden
der Weinberge zusammengelesen und an den Grenzen der Parzellen
aufgehäuft worden. Solche Steinriegel findet man heute noch zwischen
den Rebstöcken am Rhein, im Neckarland an den Hängen der Seiten-
täler, im Mainfränkischen Raum, im Rhônetal und auch am Genfer See.
Karl berichtet, daß die meisten Steinriegel bis auf die Anfänge des
Weinbaus am Mönchsberg zurückgehen und oft über 500 Jahre alt
sind. Inzwischen haben die Kleinen begonnen, die Welt des Stein-
hügels zu entdecken. An mehreren Stellen finden sie Teppiche von
immergrünen, kleinen Dickblattgewächsen, den hellgelben Mauerpfeffer, dessen Stengel tatsächlich einen pfefferartigen Geschmack hat, und
die Weiße Fetthenne. Karl zeigt ihnen einen dritten Pionier der Stein-
halde: den purpurrot blühenden Schmalblättrigen Hohlzahn. Wie die
anderen Steinschutt-Besiedler entstammt auch dieser Hohlzahn südlicheren Gefilden. Es gibt noch eine ganze Anzahl auch größerer Erst-
bewohner des Riegels wie die Große Fetthenne oder den Natternkopf.
Viele dieser Arten haben die Steinwelt mit Hilfe der Ameisen erobert,
die immer wieder einige der ölhaltigen Samen auf dem Transport in ihr
Nest verlieren.

Die Steinriegel sind also gar nicht so unwirtlich, wie sie zunächst aussehen. Die durchlüfteten Ritzen wirken allzu großer Hitze entgegen.
Zudem hat der Wind im Laufe von Jahrhunderten Feinerde angeweht.
In den tieferen Schichten, wo die durchlüfteten Hohlräume vor größerer Austrocknung geschützt sind, können auch Sträucher und andere
anspruchsvollere Pflanzen Fuß fassen.

Die Beerenfrüchte tragenden Gehölze werden von Grünfink, Star und
verschiedenen Drosseln verbreitet, Erstbesiedler unter den Sträuchern
ist in der Regel die Schlehe. Die übrigen beerentragenden Hecken-
gehölze wie Weiß- oder Kreuzdorn, Hartriegel, Pfaffenhütchen, Wilde
Stachelbeere, Wolliger Schneeball, Wildrosen oder Liguster folgen.

Generationen von Wein-
gärtnern haben die Stein-
riegel zusammengetragen.
Sie sind nicht nur Biotop
für eine Vielzahl von Le-
bensraumspezialisten wie
Fetthenne, Mauerpfeffer
und andere Pflanzen, son-
dern auch Wärmespeicher
und Klimaregulatoren des
Weinbergs.

128

Zuvor hat sich oft die Waldrebe mit ihren silbrig glänzenden Frucht-
ständen über die Steinwälle geschlungen. All diese Sträucher lassen auf
und neben den Steinriegeln nach und nach eine dichte Hecke entstehen, so daß von dem harten Untergrund nichts mehr zu sehen ist.
Auch Bäume wie Wildkirsche, Felsenbirne, Wildapfel, Eiche oder
Feldahorn können sich daruntermischen. Dann ist es allerdings vorbei
mit dem Nachtspeicherofen – der noch nicht überwachsene Steinriegel
wirkt nämlich ähnlich wie die Trockenmauer: tagsüber heizt er sich auf,
um nachts die Wärme abzugeben. Doch wenn der Steinriegel nicht
mehr wärmt, ist er längst steinalt.

Die Schneckennudel, das Schneckengetriebe oder die Schnecke einer
Geige haben, wie die Namen schon sagen, alle ein Vorbild: das spiral-
förmige Schneckengehäuse. Es ist nicht starr, sondern wächst mit der
Schnecke. Bei jungen Weinbergschnecken ist die Schale noch sehr klein
und weist nur 2 Spiralumgänge auf. Mit dem laufend wachsenden Körper vergrößert sich auch die schützende Schale des Weichtieres
dadurch, daß das Tier an der Gehäuseöffnung schmale Streifen aus
Kalk ansetzt. Dabei ist die Behausung immer so groß, daß sich die
Schnecke vollständig darin zurückziehen kann. Ist es dem Tier zu
trocken, kann es sich in das Gehäuse zurückziehen und die Öffnung
mit einer glasartigen Haut verschließen. Die Schnecke muß sich als
Feuchtlufttier vor allzu großen Wasserverlusten schützen. Das ist auch
der Grund, warum wir die Schnecken in der Regel tagsüber nicht
sehen. Sie erscheinen erst in der Nacht bei höherer Luftfeuchtigkeit
oder bei Regen. Weil es der Weinbergschnecke im warmen Rebenhang
eigentlich zu trocken ist, sucht sie in den schattigen Fugen der Mauern
Schutz. Die Ritzen dienen auch als Winterquartier.

Wenn die Vegetarierin nachts unterwegs ist, findet sie auch bei völliger
Dunkelheit Nahrung, und zwar breitblättrige Pflanzen wie den
Löwenzahn. Hierbei helfen viele Riechzellen in den Augenfühlern, der
Haut sowie der Unterseite des Fußes. Die Blätter zerkleinert sie wie mit
einer Raspel. Dabei hilft die Zunge mit winzigen Hornzähnchen.

Eine bemerkenswerte Eigenart der Weinbergschnecke ist ihre Fortpflanzung. Obwohl alle Schnecken Zwitter sind, also männliche und
weibliche Geschlechtsorgane besitzen, stößt man vor allem im Mai und
Juni immer wieder auf zwei sich paarende Schnecken. Es wird vermutet, daß der Kalkpfeil (Liebespfeil), den die Partner sich bei dem Spiel
gegenseitig in die Weichteile stoßen, die Befruchtung anregt. Nach
4 bis 6 Wochen bohrt die Weinbergschnecke durch windende Bewegungen eine bis zu 6 Zentimeter tiefe, rundliche Erdröhre in den
Boden. In diese legt sie innerhalb von etwa 36 Stunden bis zu 70 Eier,
die aus einer Öffnung an der Kopfseite kommen. Danach verschließt
sie die kleine Erdhöhle wieder. Nach etwa 24 Tagen schlüpfen kleine
Schnecken aus dem Ei, die zunächst Erde fressen, wodurch sich das
noch spröde Häuschen festigt. Innerhalb von 3 Wochen fressen sie sich
zur Erdoberfläche durch. Eine 5 Millimeter große Lücke am Ende der
Erdhöhle genügt, und die Jungen sind frei – für das kriechende Leben
auf einer Schleimspur.

## Nachts aus dem Häuschen

Die unverkennbare Wein-
bergschnecke ist die
größte Gehäuseschnecke
Mitteleuropas. Auf ihrer
Schleimspur erreicht sie
eine Geschwindigkeit von
5 bis 6 cm pro Minute.

Die Weinraute ist eine alte Kulturbegleitpflanze.

Wo Mauern trocken aufgesetzt, also ohne Mörtel aufeinandergeschichtet sind, können Pflanzen wie die wasserspeichernde Hauswurz gedeihen.

Alte Weinberge sind Bindeglieder zwischen Natur und Kultur. Dort sind die Weinbergshäuschen noch der Landschaft angepaßt.

Die Osterluzei ist die Raupenfutterpflanze des selten gewordenen Osterluzeifalters (rechts).

Der im Frühjahr gelbblühende Mauerpfeffer speichert in seinen dickfleischigen kurzen Stengeln Wasser und ist so den extremen Temperaturen im Weinberg gewachsen.

Fast nur in Steillagen blieben die alten terrassierten
Weinberge mit ihren cha-
rakteristischen Trocken-
mauern erhalten. In vielen
anderen Bereichen wurde
von der Flurbereinigung die
Landschaft glatt gehobelt.

Eine naturnahe Weinberg-
landschaft und Vertreter
der typischen Weinberg-
begleitflora: Wilde Tulpe
(unten rechts), Trauben-
hyazinthe (Mitte links),
Wilder Ackersalat (Mitte),
und Weinbergslauch
(unten links).

# Mehr Mond als Sonne

Höhepunkt im Winzerjahr:
die Weinlese.

Anfang der 70er Jahre. Riesige Planierraupen verwandeln klein strukturierte und im Laufe von mehr als einem Jahrtausend gewachsene und gepflegte Rebengärten am Kaiserstuhl in Südbaden innerhalb von Tagen und Wochen in eine Mondlandschaft. Häßliche, landschaftsfremde Großterrassen, Erosion, verändertes Kleinklima und ein dramatischer Artenschwund sind die Folge. 20 Jahre später: Im österreichischen Burgenland findet der Angriff auf die Erdfalten immer noch kein Ende. Trockenrasen am Neusiedler See werden plattgewalzt, Schneisen in die Kulturlandschaft geschlagen, bis die Rebpfähle schließlich bis zum Ufer reichen. Die Rückzugsgebiete der über 300 dort beheimateten Vogelarten schrumpfen immer mehr. Wenn das Vogelparadies endgültig verloren ist, werden wohl auch die Feriengäste ausbleiben.

Der Sturm auf die Weinberge blieb nicht folgenlos. In der badischen Stadtgemeinde Vogtsburg entstanden innerhalb eines Jahres Böschungsschäden von 3 Millionen Mark. Ähnlich in der rheinlandpfälzischen Gemeinde Nierstein am Rhein. Dort hat der Regen im ersten Jahr nach der Flurbereinigung knapp 500 Tonnen Erde pro Hektar abgeschwemmt.

Durch die Flurbereinigung ist die Rebfläche in den alten Bundesländern Deutschlands seit 1950 verdoppelt worden, und Neusorten wie Müller-Thurgau können an Hängen angebaut werden, die mehr vom Mond als von der Sonne beschienen werden. Mit der Abschaffung der kleinlagentypischen Bewirtschaftung ist eine maschinengerechte Bewirtschaftung möglich geworden. Die Reben hat man freilich zum Träger der Trauben degradiert, und die Schädlinge der riesigen Monokulturen betrachtet man nur als lästige Nebenerscheinung und nicht als Mangelerscheinung und Alarmzeichen für eine falsche Bewirtschaftung. Gegen die Virus- und Pilzerkrankungen der Rebe stehen heute etwa 200 chemische Mixturen zur Verfügung. Sie werden vielerorts von Flugzeugen und Hubschraubern auf die Stöcke niedergespritzt. Doch die komplizierten Kohlenwasserstoffverbindungen, von den Herstellern als „fast so wichtig wie die Sonne" gepriesen, können sich bis zu 30 Jahren in der Natur halten. Wo die Rebflurbereinigung bereits die meisten der mehr als 500 höheren Pflanzen und 5.000 Tierarten vernichtet hat, lassen nun die chemischen Einsatzmittel den Neubesiedlern keine Chance. Und es trifft alle, auch die sogenannten Nützlinge. Leder- und Goldlaufkäfer liegen am Tag nach der Hubschrauberspritzung tot oder zitternd, also teilweise gelähmt, auf den Weinbergswegen. Aus der Luft lassen sich die Chemikalien zwar gezielter und dosierter ausbringen, als wenn jeder Winzer sie selbst spritzt, andererseits sind die Folgewirkungen der Spritzmittel noch nicht ganz erforscht. Wenn auch bienengefährliche Mittel verboten wurden, so können kleine Tropfen beim Spritzen aus dem Hubschrauber die Atemwege der Bienen verstopfen.

Und das Ende vom Lied? Der Giftkrieg findet seinen Niederschlag gelegentlich sogar im abendlichen Gläschen. So zerfallen manche Pestizidrückstände in Substanzen, deren Geschmack nicht nur den Kennern auffällt. Die EG hat zwischen 1970 und 1981 rund 96 Millionen Hektoliter Wein in Industriementhol umwandeln lassen.

Reinhard Schäfer ist ein nachdenklicher Mensch. Da er dem intensiv bewirtschaftenden Weinbau schon immer skeptisch gegenüberstand und den jahrhundertealten Traditionen der Weinbauern näherstand, entschloß er sich eines Tages, dem chemieträchtigen Hochleistungsweinbau den Rücken zu kehren. Er setzte dort an, wo Fachleute das Übel der Misere sehen: in der Düngementalität vieler Winzer. Schäfer ersetzte die mineralische Düngung durch eine gesunde Bodenpflege. Er säte verschiedene Gründüngungspflanzen sowie Wildkräuter in den bisher nackt zwischen den Rebenzeilen daliegenden Boden. Inzwischen wußte er nämlich, daß die Rebe gerne in Gesellschaft anderer Pflanzen lebt. Sie ist konkurrenztolerant, wie die Biologen es nennen. Er hatte auch gehört, daß je mehr Pflanzenmasse auf seinem Boden wachse, desto mehr Kleinstlebewesen dort existieren könnten. Damit hätte er ein Heer von unterirdischen Helfern, die ihm die für die Reben notwendigen Pflanzennährstoffe besorgen würden. Des weiteren pflügte Reinhard Schäfer den Boden nicht mehr regelmäßig um. Er lockerte ihn nur noch, anstatt die wertvolle und dünne Mutterbodendecke zu wenden. Und er wollte die Mikroorganismen nicht laufend stören. Vielmehr förderte er sie durch natürliche Stoffe wie Stroh, Kompost, Ernterückstände und anorganisches Material wie feinst vermahlenes Urgestein. Mit dieser Bodenpflege erhielt er schon nach wenigen Monaten einen garen Boden, der auch das Wasser besser speicherte. Dafür sorgten überdies auch die Wildkräuter, die das Austrocknen des Bodens – man hatte früher im Sommer immer große Risse gesehen – verhinderten. Übrigens tauchten seither auch keine Krankheiten wie Schwarzflecken auf, die erst durch falsche Düngung entstehen. Die Rebzeilen richtete Schäfer in weiterem Abstand ein. So war der Boden mechanisch besser zu bearbeiten. Das brachte zwar weniger, dafür aber einen besseren Ertrag, denn die Trauben erhalten so mehr Sonne.

Und dann war ihm wichtig, daß sein künstlicher Lebensraum soweit wie möglich in die Natur eingebettet war. Er erwarb das aufgelassene Nachbargrundstück und richtete dort die Weinbergsmauern wieder auf. Dies sollte zum Herzstück seiner Weinberge werden. Man sah nun, wie er sonntags mit der Kamera die tägliche Schlacht der Insekten fotografierte: Raubfliegen erbeuteten die Motten des Traubenwicklers, Soldatenkäfer verspeisten den Heuwurm, oder Raubmilben stellten den Spinnmilben nach. Ohne Pestizide konnte er nun „Nützlinge" und „Schädlinge" gegeneinander wirken lassen. Mittel gegen Pilzkrankheiten setzte er nur bei Überschreiten der Schadschwelle ein. Die gefährliche Peronospora beispielsweise tritt ja nur bei Nachttemperaturen von über 13 Grad Celsius und bei Überschreitung einer bestimmten Niederschlagsmenge auf.

Das Ergebnis läßt sich sehen: Reinhard Schäfer pflegt und betreut heute eine vielfältige Landschaft, belastet den Naturhaushalt nicht mit mineralischen Düngemitteln oder Pestiziden und erhält zudem einen edlen Tropfen. Wie die meisten Winzer nördlich der Alpen kommt auch er nicht ganz ohne Fungizide – die Pilzbekämpfungsmittel – aus; aber Reinhard Schäfer ist ein Weingärtner mit Kat. Schnell hat er auch treue Abnehmer für seinen Wein gefunden. In seinem Wein steckt Wahrheit.

## Weinbau ohne Pestizide

Wo die Landschaft durch Rebflurbereinigungen glattgewälzt wurde, gibt es für viele Tiere und Pflanzen keinen Lebensraum mehr.

Kleine Elemente in der großartigen Kulturlandschaft der naturnahen Weinberge: der frühere Unterstand des Weinberghüters.

# Das Leben auf dem Lande

**Die Tierfarm**

Weit draußen liegt der Hof von Bauer Heermann. Wer dorthin möchte, muß durch eine lange und lichte Apfelbaumallee fahren, die rechts und links von Weiden und einigen Äckern gesäumt wird. Dann folgen die alten Birnbäume, die den großen Stall umgeben. Plötzlich steht man mitten im Hof, und ebenso plötzlich ist die typische Landluft zu riechen. Nicht einmal der bellende Hofhund Tasso an seiner Leine fehlt.

Kaum hat der kleine Jakob den Hof betreten, ist er nicht mehr zu bremsen. Heute jagt der Dreikäsehoch einem weißen Huhn hinterher, das sich der Verfolgung des kleinen Hofbesuchers gerade noch entziehen kann. Während seine Mutter zur Milchküche geht, um wie jeden zweiten Abend frische Milch zu holen, darf Jakob mit Bauer Heermann in den Stall. Eine muntere Geschäftigkeit empfängt ihn dort. Die fast 40 Kühe bekommen gerade ihr Futter und verzehren es begierig mit ihrem feuchten, breiten Maul. Respektvoll läuft der kleine Junge die einfachen Boxen entlang, in denen jeweils ein für ihn übergroßes und etwa 12 Zentner schweres, gelb-braun geflecktes Frankenvieh steht. In der Mitte sind sogar 2 Tiere mit Kälbchen eingepfercht. Das Großvieh verbraucht beachtliche Mengen. Neben 50 Litern Wasser nimmt eine erwachsene Kuh täglich 60 Kilogramm Grünfutter und Stroh, 5 Kilogramm Hafer- und Gerstenschrot sowie Rüben zu sich. Das will erst einmal verdaut sein. Allein der Pansen, der größte Teil des vierteiligen Magens, faßt 100 Liter, also den Inhalt von 8 bis 10 Eimern. Der Darm mißt die 20fache Länge des Tieres. Jede Kuh liefert täglich mehr als 10 Liter Milch, doch das Großvieh will schonend behandelt sein, wenn das sensible Kuheuter das weiße Lebenselixier abgeben soll. Hält sich Jakob als Fremder lärmend im Stall auf, verweigern die Kühe die Milch. Dafür ist das Streßhormon Adrenalin im Blutkreislauf verantwortlich, das die Milch zum Versiegen bringt. Läßt Bauer Heermann den Melkeimer oder die Saugzapfen der Melkmaschine klappern und massiert das Euter sanft, so wird das Hormon Oxytocin ausgeschüttet, das dafür sorgt, daß die Milch fließt. Die Milch zählt zu einem der wertvollsten Produkte des Feldes, und ihre lebenswichtigen Aufbaustoffe brauchen vor allem Kinder. Eigentlich stammt das weiße Wunder von Wiesen, die durch den Kuhmagen gehen.

Kühe fressen jedoch längst nicht alles, was auf einer Wiese wächst. Rinder haben nämlich feine Nasen und rühren keine giftigen Pflanzen an. So lassen sie manchen Heuballen liegen, der die giftige Herbstzeitlose oder den Großen Ampfer enthält. Milchtrinker schützen außerdem die Natur, weil für die Kuhhaltung Gras, also Wiesen benötigt werden. Die Milch macht's!

Wo Bauern noch naturnah wirtschaften, sind Kühe und Ochsen noch keine anonymen Milch- und Fleischproduzenten, sondern heißen noch Liesl, Emma, Eberhard oder dergleichen.

Im Frühjahr, wenn das Thermometer schon deutlich eine Temperatur von etwa 9° Celsius anzeigt, kommen die Rauchschwalben aus ihren Winterquartieren zurück. Wenn aber immer mehr Höfe sterben, haben sie bald keinen Unterschlupf und keinen Nistplatz mehr.

## Ein Leben in der Luft

Der kleine Jakob hat die gewandten Vögel zunächst gar nicht bemerkt. Erst als einer in seiner Augenhöhe dicht über dem Boden einer Fliege hinterherjagt, fallen ihm die Rauchschwalben im Kuhstall auf. Er hat sie noch nie so aus der Nähe gesehen, und daher ziehen die Flieger heute sein besonderes Interesse auf sich. Bauer Heermann ist über seine Lieblingsgäste gut informiert. Der Kuhstall ist vor allem deshalb eine gute Stube für die Schwalben, weil es hier auch bei schlechter Witterung immer Insekten gibt. Ähnliches gilt für die Viehweide, da der Dung des Weideviehs viele Insekten anzieht.

Für den Aufenthalt in der Luft und die Flugjägerei ist die Rauchschwalbe perfekt ausgerüstet. Der stromlinienförmige Körper erlaubt ihr Geschwindigkeiten bis zu 59 Kilometern in der Stunde. Da das Tier die meiste Zeit in der Luft ist, sind Beine und Beinmuskulatur sehr stark zurückgebildet, was das Körpergewicht um einiges verringert. Mit dem tief gegabelten Schwanz und seinen verlängerten Außenfedern, dem Spießer, kann die Rauchschwalbe die Flugrichtung rasch ändern. Im Gegensatz zur Mehlschwalbe, die einen kurzen und wenig gegabelten Schwanz hat, kann die Rauchschwalbe deshalb ganz dicht über den Grashalmen fliegen und Beute machen. Der kleine Schnabel verbirgt eine weite Mundspalte, mit der die Insekten im Flug gefangen werden. Oft fliegt die Schwalbe in dichte Insektenschwärme, die sie über Gewässern und Viehweiden findet. Gehöfte mit Wiesen und Teichen sind deshalb bevorzugter Lebensraum der Rauchschwalben. Im Innern der Ställe, in überdachten Hofeinfahrten oder den großen Fluren alter Höfe bauen die Rauchschwalben ihr napfförmiges Nest an senkrechte Flächen, meist an einer Stütze wie Sparren, Simsen oder

Mauervorsprüngen. Die auf der Unterseite weiße Mehlschwalbe dagegen legt ihr halbkugelförmiges Nest unter Dachvorsprüngen an. Beide Schwalbenarten verwenden Lehm als Baustoff, dem die Rauchschwalbe Halme untermischt. Pfützen auf unbefestigten Feldwegen oder an Hofeinfahrten liefern das Material. Die Innenpolsterung besteht aus kleinen Federn. Nach dem Schlüpfen der Jungen füttern beide Eltern. Die Jungen verlassen nach 3 Wochen das Nest, müssen jedoch noch eine ganze Weile von den Altvögeln betreut werden. Anfangs kommen die Jungen abends noch zum Nest zurück, erst später suchen sie sich ihre eigenen Schlafplätze im Stall. Von den 10 Jungen der 2 Jahresbruten überleben in der Regel nur 5. Davon übersteht bis zur Brut im kommenden Jahr durchschnittlich nur ein Nachkömmling das Leben. Auf dem Zug nach Süden und wieder zurück lauern Gefahren wie die Vogeljagd in Italien oder Pestizide in Afrika.

## Insekten auf Dung, Kuhfladen und sonstwo um den Bauernhof

(Kurzbeschreibung zur Erkennungstafel auf der nächsten Seite)

Rund um den Bauernhof gibt es – soweit es sich um keinen herausgeputzten Einheitshof handelt, die verschiedensten Ecken und Winkel: Pfützen, Fladen, Misthaufen und vieles andere mehr. Es sind rund 200 verschiedene Insekten, die sich allein in einer Kuhflade entwickeln. Sie leisten damit wichtige Dienste, um den Dung rasch unter die Erde zu bringen und für Pflanzen verfügbar zu machen. So kommt ihnen im Naturhaushalt eine wichtige Aufgabe zu. Überhaupt zieht Mist und Dung allerlei Insekten an.

Der **Dungkäfer** (Aphodius fimetarius) legt seine etwa 30 Eier in halb ausgetrockneten Pferde- oder Kuhmist. Die Larve verpuppt sich im Boden. Der **Gemeine Mistkäfer** (Geotrupes stercorarius) gräbt einen 40 Zentimeter langen Gang, von dem viele Nebengänge abzweigen. Hierher bringen sie Kot, in den das Weibchen am Ende jeder Höhlung jeweils ein Ei legt. Die **Schmeißfliege** oder **Blaue Aasfliege** (Calliphora vicina) hat einen blau schillernden Hinterleib und kommt in Mitteleuropa in einigen 100 schwer zu bestimmenden Arten vor. Sie kann hervorragend riechen und dabei sogar die Düfte von Männchen und Weibchen unterscheiden. Das Weibchen der **Kaisergoldfliege** (Lucilia caesar) legt etliche 100 Eier mehrmals im Jahr ab. Sie entwickeln sich sehr schnell, so daß sich die Fliege explosionsartig vermehren könnte, wenn nicht Singvögel und Fledermäuse, aber auch Wetterumschläge herbe Verluste herbeiführen würden. Unabhängig vom Dung lebt die **Florfliege,** auch **Goldauge** (Chrysopa perla) genannt. Diese Fliegenart überwintert in großer Zahl auf Dachböden, frißt fast nur Blattläuse und gehört deshalb zu den besonders nützlichen Tieren. Überall dort, wo sich gärendes Obst befindet, fliegen auch die **Essigfliegen** (Drosophila melanogaster). Im Spätsommer und Herbst finden sich die Paare zusammen. Das Weibchen legt bis zu 400 Eier in faulendes Obst ab. Der Körper der **Mistfliege** oder **Gelbe Dungfliege** ist von einem dichten Pelz aus gelben bis rötlichen Haaren umgeben. Sie erscheint wegen ihres äußerst empfindlichen Geruchssinns zumeist als erste auf frischen Kuhfladen. Die **Brackwespe** (Spathius exarator) ist an Fenstern von Kellern und Ställen zu sehen. Sie gilt als einer der wichtigsten Gegenspieler kleiner holzzerstörender Käferlarven. Schon hinter der Scheune liegt der erste Ackerrand, wo besonders viele Insekten des Feldes leben. Allein 1.200 verschiedene Insekten sind von den hier wachsenden Kräutern abhängig.

Der nützliche **Goldlaufkäfer** (Carabus auratus) ernährt sich von Schnecken und Kartoffelkäfern. Letztere frißt auch der **Körnige Laufkäfer** (Carabus granulatus). Dort, wo das Feld an den Waldrand angrenzt, legt der bevorzugte Lebensraum des **Feldmaikäfers** (Melolontha melolontha). Während die Jungen, die Engerlinge, Wurzeln anfressen, ernähren sich die erwachsenen Käfer von Laubblättern. Von Blättern verschiedener Nachtschattengewächse – vor allem der Kartoffel – ernährt sich der **Kartoffelkäfer** (Leptinotarsa decemlineata), dessen kleine Larven weinrot, die älteren orangerot sind. Der heutzutage sehr seltene **Getreidelaufkäfer** (Zabrus tenebrioides) hält sich auf Ödflächen und Getreidefeldern auf. Er frißt vor allem unreife Getreidekörner. Der flugfähige **Saatschnellkäfer** (Agriotes lineatus) kann mehrere Zentimeter hoch in die Luft schnellen. Von Gräsern und Wildkräutern lebt der **Junikäfer** (Amphimallon solstitiale). Die Weibchen der **Rollwespe** (Tiphia fermorata) legen ihre Eier in die unterirdisch lebenden Larven von Dung- und Brachkäfern. Die **Hornissenjagdfliege** (Asilus crabroniformis) jagd nach Fliegen, die sie mit einem giftigen Stachel aussaugt und in welche sie Eier ablegt. Die Larven der **Hummelschwebfliege** (Volucella bombylans) leben in Hummelnestern, fressen aber nur das, was übrig bleibt.

Der Name des **Rothalsigen Getreidehähnchens** (Lema melanopus) leitet sich ab von einem Zirpton, den es bei Gefahr erzeugen kann. Das Tier ist von April bis September auf Ähren sitzend anzutreffen.

Dungkäfer

Gemeiner Mistkäfer

Schmeißfliege oder Blaue Aasfliege

Kaisergoldfliege

Florfliege

Essigfliege

Mistfliege oder Gelbe Dungfliege

Brackwespe

Goldlaufkäfer

Körniger Laufkäfer

Feldmaikäfer

Kartoffelkäfer

Getreidelaufkäfer

Saatschnellkäfer

Junikäfer

Kleine Larve

Rollwespe

Hornissenjagdfliege

Hummelschwebfliege

Rothalsiges Getreidehähnchen

138

Ruckartig bewegt sich eine Stubenfliege das Stallfenster hinauf. Erstaunlich, wie sie sich auf der glatten, senkrechten Oberfläche halten kann. Dabei hilft ihr ein Fettfilm aus Lipid, der als Haftmittel dient. Dieses Lipid wird von Drüsen an den 6 Beingelenken abgesondert. Doch nicht die Schmiertechnik ist Grund für die unruhigen Laufbewegungen der Stubenfliege, Ursache für die ziellose Laufweise ist der schwach ausgebildete Geruchssinn des Insekts. Die vielen Umwege erhöhen die Chancen der Fliege, auf Nahrung zu stoßen. Mit Hilfe von Sinnesorganen an den Vorderbeinen kann sie sehr kleine Zuckermengen wahrnehmen. Stubenfliegen haben sich offensichtlich ganz auf die menschliche Umgebung eingestellt. Zur Fortpflanzung verlassen sie jedoch die Nähe des Menschen. Auf Stallmist und Dung legt das Weibchen bis zu 150 Eier auf einmal. Insgesamt kann es bei mehreren Eiablagen im Laufe von 70 Tagen bis zu 1.000 Eier produzieren. Die bald schlüpfenden und sich entwickelnden Larven graben sich zur Verpuppung im Boden ein. Der Entwicklungsprozeß verläuft so rasch, daß im Jahr 5 Generationen entstehen können. Doch nicht alle Eier und Larven reifen zum fertigen Insekt heran. Dafür sorgen einige räuberische Insekten wie die Brackwespe, die ihre Eier in die Fliegenmaden im Dung einsticht. Zumindest gegen die menschliche Verfolgung haben sich die Stubenfliegen wehrhaft gezeigt. Sie haben nämlich gegen Insektizide resistente Stämme entwickelt. So wird die Stubenfliege weiter ein Haus- und Hofbewohner bleiben.

# Von einer, die auf Zucker fliegt

Wer Ende der siebziger Jahre Kinder nach dem häufigsten und bekanntesten Vogel fragte, erhielt als Antwort: der Haussperling. Anfang der neunziger Jahre nannten die Jugendlichen vor allem Amsel und Buchfink. Der Sperling ist auf den dritten Rang verdrängt. Und in der Tat hat der Bestand des einst so häufigen Vogels stark abgenommen, wobei genaue Zahlen den Vogelkundlern nicht vorliegen. Aber immer noch ist er in fast ganz Europa in jeder Siedlung, jedem Dorf und jeder Stadt anzutreffen. Er sucht die Nähe des Menschen und wagt sich nur selten weiter vom Bauernhof oder Rand der Siedlungen fort. Wo liegt also der Grund für den Rückgang dieses Kulturfolgers? Es gibt verschiedene Ursachen. Die stets hungrigen Haussperlinge halten sich gern in der Nähe von Hühnerställen auf, wo oft ein Korn für sie abfällt. Die Freiland-Hühnerhaltung ist jedoch in den letzten Jahren überall zurückgegangen. Ebenso sind die sicherlich nicht umweltfreundlichen Dorfmüllplätze weggefallen, wo sich oft etwas Eßbares finden ließ. Die Katzenhaltung hat zugenommen, und die Samtpfoten fangen nach Schätzungen zwischen einem Drittel und der Hälfte des Bestandes. Und schließlich haben sich die Siedlungen in Stadt und Land so herausgeputzt, daß die Häuser kaum noch Nischen für die Spatzennester übriglassen. So sind heute viele Straßen spatzenleer, wo in der Vergangenheit die seßhaften Tiere nicht wegzudenken waren. 7.000 Jahre, also bis zu den Anfängen des Ackerbaus, lassen sich die Spuren der Sperlinge bei unseren Siedlungen zurückverfolgen. Der Haussperling zählt daher zu den ältesten Kulturfolgern.

Früher waren die Bestände so beachtlich, daß die Bauern die Spatzen

# Haussperling – runter von Platz 1

Der Haussperling nimmt gerne Staubbäder und braucht deshalb unbefestigte Wege in der Feldflur.

überlisten mußten, damit sie nicht zu viel von der Getreideernte fraßen. Wenn das Getreide zu reifen beginnt und die Körner noch mehlig-weich sind, suchen die Haussperlinge die Getreidefelder in der Nähe der Siedlungen auf. So haben die Bauern den Roggen am Dorfrand angepflanzt, weil dessen Ähre viel längere Grannen hat als andere Getreidearten und die Spatzen nicht oder nur schwer an die Körner herankommen.

Jüngste Beobachtungen haben ergeben, daß Spatzen neben reifen Gräsern, Beeren, Samen, Obst, Knospen oder grünen Pflanzenteilen auch Nektar zu sich nehmen. Ähnlich wie Fitis, Zilpzalp, Feldsperling und Girlitz nascht der Haussperling an Pflanzenblüten. Nektar ist leicht zugänglich und enthält eine Menge Feuchtigkeit. Im Frühjahr dient er als Übergangsnahrung. Nahrung beschaffen sich die Spatzen zumindest nach der Brutzeit gemeinsam. Vor allem in ländlichen Gebieten bilden sich Sperlingsschwärme, die in der Umgebung der Brutplätze vereint nach Freßbarem suchen. Ebenso sammeln sich die Jungvögel zu Schwärmen, und nicht nur auf Bauernhöfen, sondern auch am Rande von Siedlungen oder Städten läßt sich beobachten, wie die jungen Sperlinge abends zu den gemeinsamen Schlafplätzen strömen. Im Oktober verlassen die Altvögel wieder die Schwärme und beginnen manchmal noch im Herbst mit der Balz und dem Nestbau. Die Schwarmphase am Ende der Brutzeit, die die neue Paarfindung erleichtert, dürfte wohl der Grund sein, warum der Haussperling fast überall dort auf der Erde verbreitet ist, wo es Siedlungen gibt. In Nordamerika ist er um 1850 eingebürgert worden und hat sich dort in kurzer Zeit über riesige Gebiete ausgebreitet.

## Ein anderes Schweineleben

Gunter ist kein ausgesprochener Liebhaber von Schweinefleisch, aber wenn er zum Gasthaus „Bären" geht, gibt es nur eines: „Haller Schwarzkopf". Das ist ein schmackhaftes Schweineschnitzel von hervorragender Qualität: zart, mit Fett leicht marmoriert und nicht nur etwas für Feinschmecker. Das Fleisch stammt vom Schwäbisch-Hällischen Schwein, einer alten, fast ausgestorbenen, robusten Rasse. Solche Köstlichkeiten sind zu Geheimtips in vielen Regionen geworden. In Schleswig-Holstein wird das schwerblütige Angler Sattelschwein, in Niedersachsen das robuste schwarzweiße Bentheimer Schwein und in Österreich oder in der Schweiz das urtümliche, vollhaarige Magalitza-Schwein aus Ungarn gehalten. In allen Fällen verbergen sich hinter den ungewöhnlichen Namen widerstandsfähige, urtümliche Landrassen. Wegen ihrer vermeintlichen Unwirtschaftlichkeit sind sie von fettärmeren und schnellwüchsigeren Züchtungen vom Markt verdrängt worden. Doch nicht alle Bauern folgten dem Trend und trennten sich von ihren Landschweinen. Damit blieb wertvolles genetisches Erbgut als Kultur- und Naturerbe gleichermaßen erhalten. Diese Bauern gewährten den sensiblen Tieren das Leben, das sie am liebsten führen. Vor allem möchten sich Schweine wie ihre wilden Vorfahren und Verwandten, die Wildschweine, auf einer weichen Unterlage in der bevorzugten Seitenlage entspannen oder ihrem sehr starken Erkundungstrieb nachgehen und in der ausreichend großen Box nach Freßbarem suchen. Die

Bauern wissen, daß die Haustiere gerne den Boden durchwühlen – ganz wie die Wildschweine, die den Waldboden nach Würmern, Blättern, Gräsern, Eicheln, Bucheckern, Pilzen und Wurzeln absuchen. So dürfen die Paradeschweine täglich ihre 8 Kilogramm Gras im Freien auf einer Wiese fressen. Zudem erhalten die Sauen noch Futterkartoffeln, Küchenabfälle und Getreideschrot. Sie sind Allesfresser, und das war wohl auch der Grund, warum die Menschen das Wildschwein gleich nach dem Hund und noch vor dem Rind als Haustier auswählten. Von den Küchenabfällen wuchs ein Tier heran, das dem Menschen recht schnell Fett und Fleisch lieferte.

Nur noch selten dürfen Hausschweine frei weiden. Das Fleisch dieser Tiere ist im Gegensatz zu solchem aus Massentierhaltungen bekömmlicher und gesünder.

Doch solch ein Schweineleben ist heute wohl zu schön, um wahr zu sein, es ist jedenfalls zur Ausnahme geworden. Die Regel finden wir vor allem in Dänemark, den Niederlanden und Norddeutschland, wo aus den Häfen der Nordsee das in der Massentierhaltung notwendige Kraftfutter – vor allem Sojamehl aus Südamerika, Afrika und Asien – gebracht wird. Im Oldenburgischen Land etwa finden sich solch fabrikähnliche Betriebe mit nicht selten 4.000 Mastschweinen. Den modernen Hochzuchtrassen steht nur ein halber Quadratmeter Fläche pro Tier zur Verfügung. Auf dem nackten Boden können die armen Schweine weder schnüffeln noch wühlen. Als Ersatz beißen sie die Artgenossen in Schwanz und Ohren. Statt Küchenabfällen erhalten sie fast ausschließlich hochwertiges Kraftfutter aus Gerste, Weizen, Frischmehl und Soja, was zur leichteren Verdauung in Magermilch oder Molke gelöst wird. Bei einer solchen Ernährung können die Tiere nur einen schwachen Knochenbau entwickeln. Eine zusätzliche Rippe ist ihnen bereits angezüchtet worden, Speck dagegen liefern sie kaum mehr. Die Aufregung und das Gedränge führen zudem zu einem hohen Streß vor allem bei Ferkeln. Mastschweine leiden häufig an Durchfall, Lungenentzündung und Fieber. Die zu Kotelettträgern degradierten Tiere sind vielfach von Medikamenten abhängig, und auf den Ladentisch gelangt nur noch weiches, wäßriges und aufgehelltes Fleisch. Die verflüssigte und in hohen Mengen aus den Massenbetrieben anfallende Gülle wird zumeist auf den Maisäckern entsorgt und verseucht das Grundwasser, die Getreidesilos mit dem Kraftfutter verschandeln die Landschaft, und den Maisfeldern müssen Hecken und Feuchtgebiete weichen.
Eigentlich könnten die alten Rassen aus der Misere helfen. Doch haben sie nur eine Zukunft, wenn nicht nur Feinschmecker weniger und statt dessen besseres Schweinefleisch essen und den Bauern bessere Preise zahlen.

## Gesucht: schwarzgefleckte Freiburger Kuh

Im Jahr 1975 wurde die letzte reinrassige schwarzgefleckte Freiburger Kuh geschlachtet. Und hätte die schweizerische Stiftung zur Erhaltung des genetisch und kulturgeschichtlichen Erbes von Tieren und Pflanzen, Pro specie rara, dieses unrühmliche Ende nicht vermeldet, niemand hätte davon Notiz genommen. Viele Nutztierrassen sind bereits ausgestorben, und damit ist wertvolles Genmaterial verlorengegangen, das beispielsweise bei den Rindern in jahrtausendelanger Züchtung aus dem Auerochsen, dem europäischen Urrind, gewonnen wurde. Um 1900 gab es allein in Deutschland noch 300 Rinderrassen. Heute sind

Da heute nur noch wenige Menschen als Bauernkinder groß werden, geht der Bezug zu Hof, Feld und der damit zusammenhängenden Tierwelt verloren.

Auf dem Bauernhof leben viele Tiere, die leider nicht mehr jeder kennt: von der kleinen Hausmaus über den Ackergaul bis zu den Gänsen. Diese Vielfalt geht heute immer mehr verloren und ist oft nur noch in Freilichtmuseen anzutreffen. Bauernhöfe entwickeln sich zusehends zu Agrarfabriken.

Oft unbekannt und sehr oft unbeliebt: Insekten auf
dem Bauernhof. Doch jede dieser Arten hat einen
festen Platz im Naturkreislauf: Raubfliege, Rosen-
käfer, Goldfliege (Mitte links), Dungfliege. Wir müssen
lernen und begreifen, daß jedes Tier in der Natur
seinen Platz hat und Arten nur dann zu Schädlingen
werden, wenn das natürliche Gefüge nicht mehr
stimmt. Wir können es uns nicht leisten, ausschließlich nach dem Nutzen einer Art zu fragen.

143

Guter Heinrich, eine Pflanze, die an stark nährstoffhaltigen Plätzen entlang von Misthaufen und Hofeinfahrten gedeiht.

es noch 10, wie das Harzer Rotvieh, die Murnau-Werdenfelser, die Angler oder das Schwarzbunte Niederungsrind in Brandenburg, die Ausgangsart für alle Schwarzbunte.

Gesucht: schwarzweiße oder rotweiße Pustertaler Spinzer. Hätte die Münchner Gesellschaft zur Erhaltung alter und gefährdeter Haustierrassen diese Anzeige 1984 im Südtiroler Bauernblatt nicht aufgegeben, so wäre die Mischung aus Mast- und Milchrind wohl auch zum Aussterben verurteilt gewesen. 70 Tiere konnten noch aufgetrieben werden, die nun bei verschiedenen Landwirten der genetischen Verarmung der Kuhställe entgegenwirken sollen. Noch gibt es diese weitsichtigen Bauern. Ein solcher ist auch Adolf Dietzsche aus dem Münstertal bei Freiburg. Er will die Vereinheitlichung nicht mitmachen und ist damit Vorreiter einer Trendwende in der Landwirtschaft geworden. Wie etliche andere Bauern hält er das Hinterwälder Rind, von dem es im Südschwarzwald noch 400 Tiere gibt. Das kleine Hinterwälder Rind begnügt sich mit dem, was die Weiden von Natur aus bieten, und ist nicht auf gedüngte Fettwiesen angewiesen. So erhält die nur bis 400 Kilogramm schwere Kuh als kostenloser und mit ihren harten Klauen sehr geländegängiger Landschaftspfleger selten gewordene Pflanzen der Magerweiden. Zudem festigt das Tier die laufend von der Erosion bedrohten Hangwiesen und Almen. Auch ist dieses Rind klimabeständig, was vor allem in höheren Lagen von Interesse ist. Das braun gescheckte und zähe Tier hat nur einen Nachteil: es kann mit einer Milchleistung von durchschnittlich 2.400 Litern nicht mit der Jahresproduktion von 4.000, 6.000 und mehr Litern einer Hochleistungskuh mithalten. „Dafür können sie sehr alt werden, so daß die Lebensleistung an Milch derjenigen anderer Rassen gleichkommt", stellt Adolf Dietzschen neben seiner 18 Jahre alten Prachtkuh Flora fest. Sie hat in ihrem Leben bereits 44.000 Liter Milch gegeben.

Was geschieht, wenn weiterhin auf Tiere gesetzt wird, die über das Zehnfache von dem liefern, was die zuerst nach dem Urwild gezüchteten Tiere lieferten, nämlich 600 Liter jährlich? Und was passiert, wenn die fabrikähnlich betriebene Züchtung dazu führt, daß die Tiere infolge von Masthilfsmitteln wie Hormonen zu anfällig gegenüber Krankheiten werden? Wenn 99 Prozent unseres Schweinefleisches nur noch von 4 Rassen stammen, so ist die Verkümmerung der Tierrassen einfach auf die Spitze getrieben worden! Die alten Haustierrassen brauchen wieder eine Zukunft, bieten sie uns doch als großes Genreservoir viele Möglichkeiten für die weitere Züchtung. Die Vielfalt an Nutztieren darf nicht der Einfalt weniger Arten geopfert werden.

## Pflanzen der stillen Winkel

Als der Traktor vom Hof fährt, scheucht er einige Hühner auf, die in wilden Sätzen Reißaus nehmen. Die Gänse schnattern lauthals, als sie dem Gefährt weichen müssen. Für das Leben von Pflanze und Tier wäre es schlecht, den Hof wie eine Garagenzufahrt zu asphaltieren. Seit jeher haben die Bauern ihre Höfe allenfalls mit lockerem Kopfsteinpflaster angelegt, der Boden wurde nie versiegelt. So konnten sich hier Pflanzen und Tiere aus Feld und Garten ansiedeln. Zunächst besiedelten Pflanzen, die sogenannten Ruderalpflanzen, Wege, Winkel, Ecken,

144

Schutt oder Mauerfugen. Während sie sich in der Feldfur weniger durchsetzen, treffen sie auf den Kahlflächen keine Konkurrenz an und überleben.

Als erste kamen spezialisierte Arten, die Kahlflächen, den Rand der Jauchelöcher oder den Misthaufen eroberten. Rund um den Bauernhof finden die Pflanzen einen oft extrem verdichteten Boden vor, der reich an Stickstoffverbindungen, Phosphor, Kali und anderen Nährsalzen ist. Eine weitere Besonderheit des Hoflebensraumes ist das relativ milde Mikroklima, aufgrund dessen sich hier wärmeliebende Pflanzen aus dem Mittelmeerraum wie die Gänsemalve oder die Eselsdistel halten konnten. Als Pionierpflanzen der nitratreichen Rohböden erscheinen auf den Dörfern zumeist Wegmalve, Mauergänsefuß sowie Stinkender Gänsefuß. Wer die Blätter der beiden letztgenannten anschaut, weiß, wie ihr Name zustande gekommen ist. Die hellrosenrot blühende Wegmalve (Malva neglecta) kann sogar an Jauchepfützen wachsen. Die Halbrosettenpflanze ist ein alter Kulturfolger, dessen unreife Früchte Kinder früher als „Käsepappeln" gegessen haben. Den Pionieren kommt entgegen, daß ältere Dorfbauten reich an Feinerde sind, weil die Häuser früher nicht mit Mörtel, sondern mit Lehm verputzt wurden. Diese Pflanzen sind einjährig, müssen die Art also durch große Mengen an Samen erhalten. Die Wegmalve entwickelt schleimig-klebrige Früchte, die auf die Zufallsverbreitung durch Huftiere angewiesen sind. Diesen kurzlebigen Arten folgt oft die Gute-Heinrich-Flur, die auch an manchen Dorfstraßenrändern wächst und vor allem im westlichen Mitteleuropa vorkommt. Auffallend ist der Echte Wermut mit seinen grauen, duftenden Blättern. Er ist eine verwilderte Kulturpflanze und hat auf dem Bauernhof eine Zuflucht gefunden. Seine Blüte färbt sich nach dem Verwelken oft schwärzlich. Eine weitere typische Hofpflanze ist das Herzgespann, auch Löwenschwanz genannt. Diese Arten sind ebenso wie die Filzige Klette alle zwei- und mehrjährig. Sie entwickeln im ersten Jahr lediglich Rosetten und Blätter, während sie im zweiten Jahr höher wachsen und die kleinen, einjährigen Arten verdrängen. Vom zweiten Jahr an blühen sie.

Eine Mittelstellung zwischen den kurz- und langlebigen Fluren nimmt die Gesellschaft des Mäusegersterasens ein. Sie kommt auf sandigen Flächen vor allem im östlichen Mitteleuropa wie in Niederösterreich vor. Die Mäusegerste soll früher als Brotgetreide von altslawischen Volksstämmen angebaut worden sein. Allerdings sind die Körner sehr klein, was der Pflanze zum Namen verholfen haben dürfte.

Neben diesen sehr alten Kulturbegleitern wurden die Flächen um die Höfe und Dörfer auch von Ruderalpflanzen besiedelt, die erst mit den neuzeitlichen Verkehrsmitteln wie Überseeschiffen zu uns gekommen sind. So stammt das weiß blühende Franzosenkraut aus Peru. Vor 200 Jahren kam es nur vereinzelt vor, heute ist es jedoch weit verbreitet. Auch die Nachtkerze mit ihren großen gelben Blüten war zunächst jenseits des Atlantik zu Hause, sie stammt aus Nordamerika, von wo sie Anfang des 17. Jahrhunderts nach Europa kam. Doch auch eine solche Floren-Auffrischung hilft nichts, wenn Beton und Asphalt die Ruderalflora einkreist und verdrängt, so daß aus Kulturfolgern Kulturflüchter und Kulturverfolgte werden.

Die Knoblauchrauke besiedelt lockere, stickstoffreiche Böden. Der Name kommt nicht von ungefähr: Wenn man die Blätter zerreibt, riecht es stark nach Knoblauch.

## Nachts lebt die Scheune

Hell scheint der Mond auf die schneebedeckte Flur, als der alte Iltis- rüde den Bau verläßt. Der Hunger treibt ihn in die kalte Nacht hinaus, die Jagdzeit beginnt. Da er unter der Schneedecke am Rande der Feld- hecke keine Mäuse findet, steuert er zielstrebig auf die Feldscheune von Bauer Dorwart zu. Durch eine Spalte zwischen Mauerwerk und Holzverschalung schlüpft er ins Innere. Es riecht hier überall nach Mäusen, und es dauert auch nicht lange, da setzt das Mardertier vor dem Strohhaufen plötzlich zum Sprung an. Mit stark gekrümmtem Rücken landet es auf der Maus, der es sofort das Genick durchbeißt. Es ist eine Feldmaus, die während des Winters in der geschützten Scheune Zuflucht gesucht hatte. Der Iltis frißt seine Beute rasch auf und jagt weiter. Er ist kein guter Kletterer und hält sich daher vorwiegend am Boden auf. Vor dem offenen Kanalrohr nimmt er noch keinen interes- santen Geruch wahr, erst in der Röhre wittert er die Wanderratten. Er überrascht sie schon nach kurzer Strecke. Als erfahrenem Rüden fällt es ihm nicht schwer, das Nagetier zu überwältigen, so daß er seinen Heißhunger stillen kann. Erst als es in der Bodenstreu kurz raschelt, merkt er, daß ein weiterer Gast hier weilt. Es ist eine Schleiereule, die gerade eine Maus erbeuten wollte. Aber das Beutezerlegen des Iltis muß den Nachtgreif erschreckt haben, so daß der Nager den Fängen der Eule entwischt ist. Schleiereulen haben es jetzt besonders schwer, weil die geschlossene Schneedecke ihre Hauptbeute, die Mäuse, ver- deckt. Ohne die Feldscheune am Dorfrand kämen sie wohl kaum durch die harten Wintertage. Das ist beim Iltis anders. Er findet auch im freien Feld immer etwas zu fressen. Aber in der Feldscheune ist ihm der

Ein wahrer Anpassungs- künstler an die unter- schiedlichsten Lebensräu- me ist der Steinmarder. Er besiedelt nicht nur Bauern- höfe, Scheunen und Gehöfte, sondern bewohnt mittlerweile auch Groß- städte. Mancher Autobe- sitzer begegnet hin und wieder dem Steinmarder unfreiwillig – ohne ihn aller- dings zu Gesicht zu be- kommen –, wenn Brems- schläuche durchgebissen sind. Bis heute können Wissenschaftler diesen un- gewöhnlichen Appetit nicht erklären.

Schleiereulen brauchen vor allem im Winter Zugänge zu Scheunen, damit sie dort in der kalten Jahreszeit Mäuse jagen können. Bei länger anhaltender und geschlossener Schneedecke finden diese ursprünglich aus dem Mittelmeerraum stammenden Jagdvögel keine Nahrung mehr.

Erfolg sicherer. Er durchstreunt die Höfe deshalb auch im Sommer systematisch. Besonders gern macht er am Fischteich halt oder läuft den Bach entlang, denn Frösche und Fische sind seine Lieblingsnahrung.

Drei Monate später ist der letzte Schnee getaut, und die ersten gelben Blüten der Sumpfdotterblumen sind am Bachufer erschienen. Die Iltisse ranzen jetzt kräftig, wie die Jäger sagen. Rüde und Fähe sind hochbrünstig. In einer sternenklaren Nacht hat der Rüde seine Partnerin gefunden. Nun ist sie schon 3 Wochen trächtig. 42 Tage nach der Paarung bringt sie 10 Junge in der Höhle unter dem Holzhaufen zwischen Wald- und Ortsrand zur Welt. Der noch blinde Nachwuchs säugt lange bei der Mutter, bevor er sich für die von den Eltern erbeuteten Mäuse interessiert. Als die Jungen zum ersten Mal den Bau verlassen, tauchen nur 4 auf. Es waren einfach zu viele, die Mutter konnte nicht alle ernähren.

147

Wo entlang von Scheunen und Ställen der Boden nicht asphaltiert oder betoniert wurde, haben sowohl alte Kulturpflanzen als auch Wildpflanzen noch eine Überlebenschance. Dazu gehören Stockrosen (links) ebenso wie Glockenblumen.

## Von Zäunen und Eidechsen

Auf den Hinterbeinen, mit gelb oder smaragdgrün gefärbten Flanken und Kopfseiten und mit aufgeblähtem Hals versucht ein Zauneidechsen-Männchen seinen Konkurrenten zu beeindrucken. Doch der ist nicht einzuschüchtern und zeigt dieselbe Drohhaltung. Jetzt hilft nur noch der Nahkampf, bei dem sich beide Reptilien gegenseitig kräftig beißen. Es dauert lange, bis sich einer der beiden geschlagen gibt und abzieht. Für den Sieger ist jetzt der Weg frei zur Paarung mit dem Weibchen. Er trifft es auf einem der Sonnenplätze am Lesesteinhaufen bei der Scheune, einem der zentralen Plätze im Revier der Zauneidechsen. Der Lebensraum umfaßt Gärten ebenso wie die sonnige Ruderalflur am Ortsrand. Auch an den Böschungsrainen der Feldwege sind die versteckt lebenden Zauneidechsen zu finden. Schon ihr Name verrät etwas über ihren Lebensraum, wenngleich sie nicht den Zaun, sondern dessen begleitende, ungepflegte und trockene, von Büschen durchsetzte Vegetation suchen. An geschützter Stelle, beispielsweise in der Nähe eines Brombeerstrauches, legt die inzwischen pralle Eidechse die Eier in eine 6 Zentimeter tiefe, selbstgegrabene Erdhöhle. An dem Brombeerstrauch wärmt die Sonne gut den Boden, andererseits ist hier das Erdreich immer leicht feucht. Beides ist nötig, denn zu wenig Wasser läßt die Eier vertrocknen, während zu wenig Sonne ihre Entwicklung hemmt. Bis Mitte August, also etwa 7 Wochen, dauert es, dann erscheinen innerhalb von Stunden die Jungeidechsen. Mit einem winzigen Eizahn, einer hakigen Spitze am Oberkiefer, ritzen die Minisaurier – so wie wohl auch ihre gigantischen Vorfahren – die pergamentdünne Eihaut auf. Danach zwängen sie sich mit dem Kopf und den Vorderbeinen durch den Spalt. Eine geschlagene halbe Stunde dauert es, bis sie sich ganz von der hautigen Hülle befreit haben. Die Jungen messen fast 5 Zentimeter; es ist kaum zu fassen, daß sie in den kleinen Eiern Platz gefunden haben. Von Anfang an sind sie quicklebendig und müssen sich selber um kleine Insekten wie Fliegen und Schmetterlinge, Käfer oder Heuschrecken sowie andere Kleinlebewesen kümmern.

148

Wenn es dann im Herbst kühler wird, werden die Eidechsen träger. Nun werden auch die Insekten immer weniger, und es ist Zeit für die Eidechsen, sich in eine geschützte Erdhöhle, einen versteckten Mauerspalt oder beim Komposthaufen zur Winterruhe zurückziehen. Wenn sie im nächsten Frühjahr noch erwachen und weiterleben sollen, dürfen vor dem Frühlingserwachen die Ruderalstandorte nicht herausgeputzt oder mit Abfall zugeschüttet, die Feldraine nicht abgebrannt oder eingeebnet werden. Wegen der vielen kleinen Lebensraumzerstörungen gilt die Zauneidechse regional – wie im niederrheinischen Tiefland – schon als stark gefährdet. Wer am Ortsrand einen Garten hat, kann einen Platz am Zaun ungestört liegenlassen. Zäune sollten gerade hier keine Begrenzung, sondern eine Öffnung zu neuen Welten sein.

## Wenn sich Stadt und Land treffen

Mit lauten Rufen umkreisen zwei Turmfalken den Kirchturm. Bald darauf sind sie wie vom Erdboden verschwunden und tauchen erst nach längerer Zeit wieder auf. Dieses Spiel wiederholt sich mehrere Male – die Turmfalken sind auf Nahrungssuche. Doch wo holen die Bodenjäger ihre Beute? Vor den Stadttoren natürlich, und hierzu müssen sie wegen einer Maus mindestens drei Kilometer fliegen! Der Greifvogel ist ein Pendler zwischen Stadt und Land. Er zählt zu den Kulturfolgern und sucht in den Siedlungen zumeist hohe Bauwerke wie Türme, Kirchen, Scheunen, historische Bauten, aber auch Bürohochhäuser zum Brüten auf. Auch in einer ökologisch verarmten Flur findet sich der Turmfalke zurecht. Dort kommen allemal Feldmäuse vor. Über 1.000 dieser kleinen Grautiere verspeist er jährlich, doch auch Rötel-, Scher- oder Waldmäuse stehen auf seinem Speiseplan.

Der Falke erbeutet seine Opfer mit einer interessanten Technik, dem Rütteln. Dabei korrigiert er durch schnelle Flügelschläge und mit breit gefächertem Schwanz den Windeinfluß so, daß er mit seinem 45 Grad steil aufgestellten Körper in der Luft wie ein Helikopter verharren kann. In dieser Stellung kann er den Kopf hin und her drehen und den Erdboden genau inspizieren. Aus 100 Meter Höhe erspäht der Jäger selbst kleine grüne Heuschrecken in grünem Kraut. Das ermöglicht einmal das äußerst weite Blickfeld von 220 Grad. Zudem ist das Auflösungsvermögen seiner Netzhaut etwa 3- bis 4mal größer als beim Menschen. Etliche Sehgruben übertreffen das menschliche Sehvermögen sogar um das Achtfache.

Der nicht ganz krähengroße Vogel sucht sein Revier abwechselnd mit Kraft- und Gleitflugphasen ab. Nun hat er einen Acker mit niederer Vegetation gefunden, den er genauer unter die Lupe nimmt. Doch erst nachdem er den Acker zum dritten Mal anfliegt und inspiziert, scheint er Glück zu haben. Nun steigt er über mehrere Rüttelstationen wie auf einer Treppe herunter. Dann läuft aus geringer Höhe alles sehr rasch ab – die Abfolge ist konstant und genau festgelegt. Der Falke erhöht bei hochgelegten Flügeln das Absturztempo, erst ganz zuletzt bewegt dieser beste und tüchtigste Mäusejäger die Läufe nach vorne, und die Fänge schließen sich automatisch um die Beute. Eine 40 Gramm wiegende Feldmaus wird vom Aufprall des über 200 Gramm schweren Falken meist sogleich erdrückt oder gelähmt.

Wenn der Turmfalke vom Brutplatz hinaus auf die Felder zum Jagen fliegt, erreicht er mitunter eine Geschwindigkeit von 50 bis 60 Kilometern. Neben Mäusen fangen Turmfalken auch Grillen, Käfer und Heuschrecken.

# Wir treten ihn mit Füßen

Möwen kreischen, als ein riesiger Atlantikdampfer den Hafen verläßt. An Bord befinden sich zahlreiche Auswanderer. Manche unter denen, die in Übersee einen neuen Lebensabschnitt beginnen wollen, führen ein kleines Behältnis mit sich. In den Dosen und Schachteln wie auch in gut verschlossenen Gläsern befindet sich derselbe zollfreie Stoff: Muttererde. Was hat das zu bedeuten? Für die auswandernden Schiffspassagiere an der Wende vom 19. zum 20. Jahrhundert stellten die Krümel Erde mehr als nur staubigen Dreck dar. Sie führten damit ein Stück ihrer Heimat in die Fremde mit und verstanden Erde somit als einen Teil belebter Natur, die fruchtbare Grundlage ihrer bisherigen Existenz war. Auf ihr hatten sie Obst und Getreide angebaut, das sie – wenn auch oft unzureichend – mit Nahrung versorgt hatte. In so mancher Familie in den Vereinigten Staaten wird heute noch die Heimaterde des Ur-Ur-Großvaters als wertvolles Familienerbe behütet und den nachfolgenden Generationen weitergegeben. Wie tiefgründig die Verbindung des Menschen mit seiner Erde ist, zeigt sich schon im Namen Adam: Es ist der Mensch, der von Gott aus der Ackererde (Adamah) erschaffen wurde. Ursprünglich meint der Begriff „Adamah" so etwas wie eine Haut – so dünn, fein und verletzlich ist auch die Oberfläche der Erde.

Betrachten wir einmal das Bodeninnere so, wie es Maulwürfe erleben. Wir würden erkennen, daß der dünne Mantel ganze 5 bis 40 Zentimeter am Ende der 6.378 Kilometer langen Strecke zwischen Erdmittelpunkt und Erdoberfläche mißt. Er wird auch Mutter- oder Oberboden sowie Krume genannt. Bereits ab einer Tiefe von mehr als 15 Zentimetern nimmt das mit bloßem Auge sichtbare Bodenleben in der Regel stark ab. Es mehren sich mit fortschreitender Tiefe die groben Bodenteile. Diesen Untergrund erreichen nur tiefergehende Wurzeln oder im Winter die Regenwürmer, wenn sie sich in eisfreie Zonen zurückziehen. Der Unterboden ist verhältnismäßig unfruchtbar, was sich dann bemerkbar macht, wenn er beim Umgraben nach oben gelangt und lange Zeit vergeht, bis Pflanzen darauf gedeihen. Je nach Standort folgt in größerer oder geringerer Tiefe der Untergrund aus Gestein, auf dem der weiche Bodenbelag aufsitzt. Besäßen wir bei der Reise ins Erdinnere mikroskopische Augen, so würden wir feststellen, wie es zwischen den Krümeln in den oberen Zentimetern des Bodens vor Leben nur so wimmelt. Allein unter einem Ackerboden von einem Quadratdezimeter Größe leben 500 bis 2.000 wirbellose Tiere wie Regenwürmer, Springschwänze oder Fadenwürmer. In jedem Gramm Acker-, Wiesen- oder Gartenboden befinden sich außerdem etwa 600.000 Bakterien, ca. 400.000 Kleinpilze, bis zu 200.000 Algen und fast 40.000 allerwinzigste Urtierchen. Die Mikroorganismen einer Fläche von

## Reise zum Mittelpunkt der Erde

Der Boden lebt. Wo die oberen Bodenschichten nicht von Chemikalien verunreinigt sind und der Boden nicht verdichtet und asphaltiert ist, können Pflanzenwurzeln ebenso wie Regenwürmer und andere Tiere in die Tiefe vordringen.

einem Hektar würden etwa 25.000 Kilogramm auf die Waage bringen, wenn man sie wiegen könnte. Es sind unvorstellbare Zahlen aus einer Welt, die uns zumeist unsichtbar bleibt. Was aber macht den typischen Erdgeruch aus, den wir besonders im Frühjahr wahrnehmen können? Dafür verantwortlich sind Lebewesen mit der Bezeichnung „Actinomycden". Sie stehen zwischen Bakterien und Pilzen. Eine Reise ins Erdreich braucht also nicht gleich bis zum Mittelpunkt des Planeten zu gehen, will man auf den wahren Kern der Unterwelt stoßen.

## Auf einen Sprung

Wums. Ganz unerwartet stürzt Benjamin zu Boden. An irgendeinem kleinen Baumstumpf ist er gestolpert und liegt nun ganz erschreckt auf dem Bauch. Zufällig entdeckt er in der Bodenlage Winzlinge im aufgewühlten Laub des Feldgehölzes. Nur wenige Millimeter große Tierchen flüchten mit saltoähnlichen Schnalzern vor- und rückwärts, sobald sie von Benjamin zwischen dem Laub gestört werden. Es sind rundlich-kugelige Springschwänze, sogenannte Kugelspringer, die ihren Namen einem schlagartig ausklappbaren Sprunggelenk verdanken. Mit diesem können die flügellosen Urinsekten Sprungweiten erreichen, die ein Mehrfaches ihrer Körpergröße messen. Damit sind sie in der Lage, rasch Reißaus von ihren Feinden wie Hundertfüßern oder Weberknechten zu nehmen. Benjamin entdeckt, daß es hier an Springschwänzen geradezu wimmelt. Bis zu 700.000 dieser Ur-Insekten haben Wissenschaftler in Wäldern pro Quadratmeter Bodenoberfläche festgestellt. Und könnte Benjamin in den Boden hineinschauen, so würde er dort Verwandte der Springer erspähen. Sie sind im Boden allerdings kleiner gewachsen als in der Streuschicht, haben keine Augen, dafür aber kleine Antennenfühler und eine schwächer ausgebildete Sprunggabel. Auf den bearbeiteten Ackerflächen lassen sich allerdings nur 10.000 der Insekten in bis zu 70 Zentimeter Tiefe finden. Die regelmäßigen Pflügearbeiten zerstören die kleinen Höhlen der Tiere, und zudem sind die mikroklimatischen Bedingungen im Ackerboden wegen der oft monatelang fehlenden Vegetationsdecke extrem ungünstig für die unterirdischen Bewohner. Je weniger intensiv der Boden bearbeitet wird, um so arten- und individuenreicher können sich die weltweit 3.500 vorkommenden Springschwanzarten entwickeln.

Auch wenn sie kleiner als einen Millimeter sind, verrichten sie doch wichtige Aufgaben im Boden. Sie fressen neben Algen oder Pilzen nahezu jegliche organischen Stoffe wie etwa den Kot größerer Bodentiere (Tausendfüßer oder Regenwurm). Die meisten Springschwänze zerkleinern diese Nahrung mit kräftigen Zähnen und einer Reibeplatte. Andere ritzen kleinere Bodentiere an, um sie auszuschlürfen. Weitere stechen die Zellschläuche von Bodenpilzen an oder saugen Einzeller wie Bakterien mit Hilfe flüssiger Zersetzungsprodukte auf. Andere Springschwänze wiederum weiden mit besenartigen Mundwerkzeugen ganze Pflanzen- und Bakterienschleime ab. Damit verrichten diese Winzlinge unter den Insekten wichtige bodenbiologische Dienste, wie etwa den des natürlichen Abfallrecyclings. Durch den Verzehr der Exkremente größerer Tiere zerkleinern sie diese Substanzen, so daß die

Zu den Reduzenten, also zu den Tieren, die organisches Material zerkleinern und damit wieder für neues Leben aufbereiten, gehört unter anderem der Schnurfüßer.

# Abdruck in sandigem Boden

# Abdruck in moorigem Boden

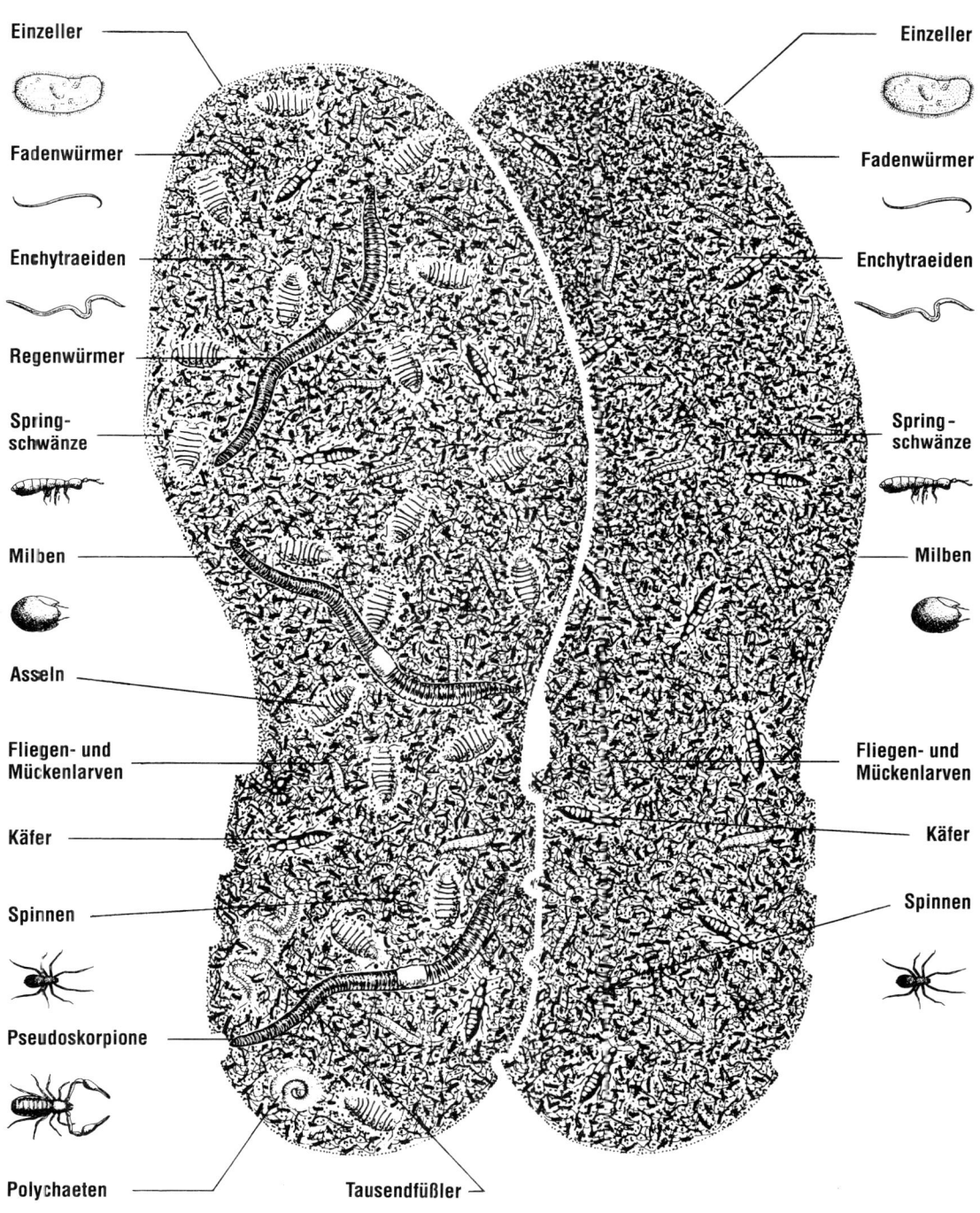

Einzeller

Fadenwürmer

Enchytraeiden

Regenwürmer

Spring-
schwänze

Milben

Asseln

Fliegen- und
Mückenlarven

Käfer

Spinnen

Pseudoskorpione

Polychaeten

Tausendfüßler

Einzeller

Fadenwürmer

Enchytraeiden

Spring-
schwänze

Milben

Fliegen- und
Mückenlarven

Käfer

Spinnen

Es ist erstaunlich, was auf der Fläche eines Fußabdrucks alles kriecht, krabbelt und sich schlängelt.

153

Es gehört zu den Regel-
mechanismen des Natur-
kreislaufes, daß Regen-
würmer oft Beute von
Erdkröten und anderen
Amphibien werden. Dieser
natürliche Kreislauf wird
allerdings zunehmend
durch die Zerschneidung
von Landschaften unter-
brochen. So finden auf unseren Bundesstraßen und
Autobahnen Regenwürmer
ebenso wie die Erdkröten
als deren natürliche Feinde
millionenfach den Tod.

dann vergrößerten Oberflächen den Bakterien die weitere Zersetzung
erleichtern. 100.000 Springschwänze lagern jährlich etwa 180 Kubik-
zentimeter Humus ab. Außerdem verhelfen sie Mikroorganismen
dazu, sich zu verbreiten: Die Sporen niedriger Pilze wandern nämlich
unversehrt durch den Verdauungsapparat der Springschwänze. Für uns
Menschen dienen sie sogar als Frühwarner. Die verzögerte Larvenent-
wicklung oder die sinkende Fortpflanzungsrate verrät nämlich dem
Bodenkundler in einem sehr frühen Stadium, daß der Boden krank ist.

## In die Röhre geschaut

Der Donner ist schon längst verstummt und der lange und kräftige
Regenguß schon Stunden vorbei, als auf der Kreisstraße massenweise
Regenwürmer auftauchen. Was treibt sie nachts aus ihren Röhren im
Boden auf dieses in der Tat unsichere Pflaster? Wissenschaftler erklären
dieses immer wieder nach kräftigen Wolkenbrüchen zu beobachtende
Phänomen mitunter durch eine regelrechte Überbevölkerung, die die
Würmer unter der Erdoberfläche beengt und der sie durch Auswande-
rung entgehen. Es ist also nicht immer so, daß die Würmer bei Regen
gleich ersticken würden in ihren unterirdischen Röhren, vielmehr muß
ihre Haut feucht sein, um Sauerstoff aufnehmen zu können. Wenn

## Fundgrube

### Wie sich Mutterboden erneuern läßt

In jedem Haushalt entstehen organische Abfälle. Von den Apfelschalen bis zu den Zwiebelschalen läßt sich alles auf den Kompost bringen. Schnittlauchreste, Kaffee- und Teesatz sind sogar ein ideales Regenwurmfutter. Grasschnitt nur in dünnen Lagen locker auflegen. Die Küchen-abfälle stets gut z. B. mit Laub oder Stroh abdecken, um die Wärmeentwicklung zu fördern. Gartenerde oder Kalk als Verrottungsbeschleuniger dünn über die einzelnen Schichten streuen. Sofern der Kompost nicht zu feucht ist, sind die organischen Abfälle in weniger als einem halben Jahr von den Bodenlebewesen zu Komposterde verarbeitet. Sie ist eine ideale Kur für den Gartenboden.

allerdings die Röhren gänzlich mit Regenwasser gefüllt sind, kann eine Flucht an die Erdoberfläche schon notwendig werden, da sonst die Würmer ertrinken würden. Bei Regen nutzen die Würmer die Feuchtigkeit und Dunkelheit aus, um neue Reviere zu erschließen. Während sie sich auf Wiesen mühsam um jeden Grashalm herumschlängeln müssen, kommen sie auf der Straße vergleichsweise leicht voran  Und dann passiert es immer wieder, daß die glitschigen Wanderer von der Sonne überrascht werden. Ihre Bewegungen werden zunehmend schwächer. Das ultraviolette Sonnenlicht läßt in ihrer Haut ein Gift entstehen, so daß sie in Einheit mit der Trockenheit zugrunde gehen.

Regenwürmer können also nur bei idealen Bedingungen überleben. Eine gewisse Feuchtigkeit, aber auch Wärme und ein gut mit Sauerstoff durchlüfteter Boden sind Lebensvoraussetzung für das größte wirbellose Tier im Boden. Bei günstigen Bedingungen können dann unter 1 Hektar Boden 250.000 Regenwürmer mit einem Lebendgewicht von 1 bis 1,5 Tonnen vorkommen. Vergleicht man das Gewicht einer Kuh, die auf einer Wiese derselben Fläche weidet, so bringt das Weidetier nicht einmal die Hälfte auf die Waage. Die im Durchschnitt nur 0,5 Gramm leichten Würmer – nur der Tauwurm ist um einiges schwerer – sind pausenlos am Wühlen und verzehren täglich die Hälfte ihres Körpergewichtes. Der „Abfall", den sie auf diese Weise beseitigen, besteht unter anderem auch aus Blättern, die die nützlichen Bodentiere von der Erdoberfläche erst einmal nach unten zerren. Eine entsprechende Transportarbeit leisten nur der große Tauwurm und weitere 2 der über 35 in Mitteleuropa vorkommenden Regenwurmarten. So lebt eine rot-pigmentierte Gruppe in Wäldern und Wiesen nur in der Streuauflage des Bodens, ohne Gänge im Bodeninneren zu graben. Die zweite Gruppe gräbt sich bis in eine Tiefe bis zu 40 Zentimetern ein und kommt, da dies nicht von einer ungestörten Bodenbedeckung abhängig sind, auch in Ackergebieten vor. Die meisten dieser Gruppe weisen keine Rotfärbung auf, sondern sind hell. Es gibt im Bereich des Feldbergs im Schwarzwald sogar eine Regenwurmart, die einen halben

Müßte der Mensch dieselbe Leistung wie ein Maulwurf erbringen, so hätte er, im Verhältnis gesehen, eine ganze Nacht lang einen Tunnel von 60 Meter Länge zu graben.

Kleinlebewesen, die für den Haushalt im Boden eine große Rolle spielen: Erdläufer, Schnurfüßer und Asseln.

Meter Länge erreicht. Und schließlich gibt es noch die Tiefengräber wie den Tauwurm, dessen Gänge bis zu 3 Meter Tiefe reichen können. Der große Wurm kommt gewöhnlich nur nachts an die Erdoberfläche. Mit Hilfe kräftiger Muskeln in der Mundhöhle kann er Blätter so fest ansaugen, um sie dann ins Erdinnere zu zerren. Dabei zieht er zuerst die Blattspitze in seine Röhre, da sich auf diese Weise das Blatt mit dem geringsten Widerstand nach unten befördern läßt. Die Blattspitze erkennt er dabei mit Hilfe seines Geruchssinns! In der Blattachsel so wie in der Blattspitze sind nämlich verschiedene Geschmacksstoffe eingelagert, die der Tauwurm unterscheidet. Bevor der Tauwurm das Blatt ins Unterirdische befördert, ist er auf viele andere Helfer wie Strahlenpilze oder Insektenlarven angewiesen. Sie zersetzen die harten Teile des Laubes, was bei einem Eichenblatt z. B. immerhin bis zu 2 Jahre dauern kann. Die abgestorbenen Reste vom oberirdischen Mahl nimmt dann der Tauwurm zusammen mit Tonmineralien auf. Kleinste Partikel aus seinen Kalkdrüsen helfen, die Biomasse zu zerkleinern. Weitere Kalkdrüsen im Darm sorgen schließlich dafür, daß der Inhalt nach der Ausscheidung einen neutralen Säuregrad besitzt. Mit dem Kot sowie eigenem Schleim kleidet der Tauwurm seine Röhren aus. Außerdem schiebt er manchmal seinen Kot auch an die Erdoberfläche, die an den bis zu 5 Zentimeter hohen Wurmhäufchen zu erkennen sind.

Nach den mühsamen Berechnungen von Charles Darwin, der 1882 seine bahnbrechenden Erkenntnisse über Würmer herausgab, wiegen die sich innerhalb eines Gebietes von 1 Hektar türmenden Kothügel bis zu 45 Tonnen. Ein einziger Regenwurm – der übrigens ein Höchstalter von 10 Jahren erreichen kann, falls er nicht zuvor von einer Amsel oder einem Igel gefressen oder von einem Pflug zerrissen wird – schafft in seinem Leben dreiviertel Kilogramm fruchtbaren Boden ans Tageslicht. Dieses Häuflein Erde ist besonders wertvoll. Der Regenwurm hat nämlich die oberirdischen Pflanzenabfälle während der Verdauung derart mit Mineralien angereichert, daß diese über den Kot in einer für Pflanzen verwertbaren Form zur Verfügung stehen. Die Überbleibsel der Wurmverdauung enthalten 7mal mehr Stickstoff, 10mal mehr Kalzium und sogar 25mal mehr Phosphat als gewöhnlicher Erdboden. Vor allem sind darin auch Ton-Humus-Komplexe enthalten, die deshalb so interessant sind, weil sie Wasser zu speichern vermögen. Anhand von Versuchen ist nachgewiesen worden, daß Pflanzen, deren Wurzeln nämlich in den Gängen der Würmer wurzeln, sich größer und kräftiger als Nachbarpflanzen entwickeln. Dies darf nicht darüber hinwegtäuschen, daß Regenwürmer allein noch keine fruchtbare Erde produzieren. Sie sind vielmehr Mittler zwischen Abfällen und organischer Fruchtbarkeit.

Eine derartige Einschränkung schmälert den Erfolg dieser Bodenschichtarbeiter nicht im geringsten, denn sie leisten vermutlich den wichtigsten Beitrag zur Regeneration des Bodens. Zusätzlich durchlüften und durchmischen die Würmer mit ihrer Wühlerei die Erde derartig, daß sie sich manchmal sogar anhebt. Dabei wird der Boden durchlöchert wie bei einem Schwamm, weshalb er die 4- bis 10fache Wassermenge im Vergleich zu einem unbearbeiteten Erdreich aufnehmen kann. Regenwürmer verhindern damit, daß das Regenwasser nur oberirdisch abfließt und die Bodenkrume abschwemmt. Zu Recht hat schon der griechische Philosoph und Naturforscher Aristoteles die Gänge der Regenwürmer als „Eingeweide der Erde" bezeichnet.

Wer heute in einem intensiv bewirtschafteten Ackerboden gräbt, findet statt der zu erwartenden 400 Regenwürmer nur noch 4 bis 10 Exemplare. Schuld daran sind die künstlichen Düngemittel, die verwertbare Pflanzensubstanzen etwa aus Strohdünger entbehrlich machen. Damit verfügen Regenwürmer über keine Nahrung mehr. Desweiteren machen ihnen Pestizide, kupferhaltige Fungizide, also Pilzbekämpfungsmittel, und Nematide, also Mittel gegen Fadenwürmer, zu schaffen. Diese Gifte gelangen rasch in den Körper des Hautatmers. Zerstören wir dadurch nicht auch den Boden, die Erde, von der wir leben?

---

## Blick unter den Boden

(Kurzbeschreibung zu den Erkennungstafeln auf den beiden nächsten Seiten)

Kein Boden gleicht dem anderen, und jede Landschaft hat ihren eigenen Untergrund. Selbst innerhalb eines einzigen Tales kann die Beschaffenheit eines Bodens wechseln. Wissenschaftler unterscheiden allein in Mitteleuropa mehr als 50 verschiedene Bodentypen. Abhängig vom Ausgangsgestein wie Basalt, Granit, Gneis, Kalk oder Schiefer haben sich im Laufe von Jahrhunderten unter dem Einfluß des Wassers, der Temperatur oder der Bodenbearbeitung verschiedene Bodentypen mit zahlreichen Übergangsformen entwickelt. Böden sind eben steinalt.

1 **Parabraunerde** – d. h. der Braunerde ähnlich – aus kalkreichem Löß und krümeligem Gefüge: Nordbayern, Limburger Becken, Mittel- und Nordrheinische Senke.

2 **Pseudogley** aus Lößlehm als Entwicklungsfolge der Parabraunerde unter kühleren und feuchteren Bedingungen: in Österreich in Steiermark und Burgenland, Randbereiche der Lößlandschaften.

3 **Braunerde** aus Grauwacke und Schiefer von eiszeitlichem Hangschutt: Hunsrück, Taunus, Eifel, Westerwald.

4 **Braunerde-Podsol** – also nährstoffreiche Schicht unter ausgewaschenem, aschgrauen Sandhorizont – aus Geschiebesand: häufigster Bodentyp der norddeutschen Tiefebene.

5 **Braunerde** über Kalksteinverwitterung: Fränkischer und Schwäbischer Jura sowie Schweizer Tafeljura.

6 **Braunerde** über sandig-toniger Buntsandsteinverwitterung: Odenwald, Spessart, Rhön.

7 **Grauplastosol-Pseudogley** über alter Grauwacke-Schieferverwitterung: Rheinisches Schiefergebirge, Kaufunger Wald, Bayrischer Wald, Schwarzwald.

8 Flachgründige **Pararendzina** aus Geschiebelehm: Voralpenraum.

9 **Brauner Auenboden** aus lehmig-sandigen Talsedimenten: Flußtäler mit sandigen bis lehmigen Ablagerungen in Ufernähe.

10 **Auenpelosol-Pseudogley** aus tonigen Talsedimenten: Flußauen mit langsamem Gefälle wie am Niederrhein, Altmühl, Neckar und Flußtäler der Steiermark und dem Burgenland.

11 **Gley-Podsol** aus Feinsand: Nordwestdeutsche Geestlandschaft.

12 **Niedermoor** auf Kalkschotter: verlandende Gewässer im Alpenvorland mit hohem Grundwasserstand.

157

Parabraunerde

Pseudogley

Braunerde aus Grauwacke/Schiefer

Braunerde-Podsol

Braunerde über Kalkstein

Braunerde über Buntsandstein

158

Grauplastosol-Pseudogley

Pararendzina

Brauner Auenboden

Auerpelosol-Pseudogley

Gley-Podsol

Niedermoor

159

## Schwarzer Kanalarbeiter

Seit Tagen liegt Schnee auf den Auwiesen. Jetzt läßt die wärmende Februarsonne die weiße Decke langsam zusammenschmelzen. Als Kai zusammen mit Benjamin durch das Tal stampft, bleiben beide plötzlich stehen. Hat sich nicht dicht vor ihnen etwas Dunkles auf dem Schnee bewegt? Und tatsächlich, ruckartig türmt sich wie von Geisterhand gelenkt mehr und mehr Erde auf dem Schnee auf. Allmählich wird den beiden klar, was hinter dem Spuk steht. Ein Maulwurf erneuert gerade die Röhren seines zusammengefallenen Höhlenlabyrinths. Zunehmende Wärme hat ihn aus über 60 Zentimeter Tiefe, wo er den Winter ohne Ruhe und Schlaf verbracht hat, in die nur 40 Zentimeter tief gelegenen Hauptgänge geführt. Jetzt, in der Zeit der Schneeschmelze, braucht er wieder Gänge, die ihm als Falle für seine Beute dienen. Er kontrolliert das weitverzweigte Gangsystem etwa alle drei Stunden und vertilgt das gefundene Fressen: Engerlinge, Larven oder Puppen der verschiedensten Insekten, Nacktschnecken oder Maulwurfsgrillen. Selbst die Baue der Wühlmäuse verschont er nicht und frißt auch mal während der wärmeren Jahreszeit einen Frosch oder einen toten Vogel. Ob der Maulwurf tatsächlich so gefräßig ist und täglich so viel frißt, wie er wiegt, ist offensichtlich ein Märchen. Der Kassler Biologe Professor Günter Witte hat nämlich festgestellt, daß der Maulwurf nur 20 bis 25 Gramm täglich vertilgt.

Bis er Insekten, deren Larven, Würmer und anderes Kleingetier erbeutet hat, legt ein Maulwurf täglich rund zweieinhalb Kilometer in seinen Gängen zurück. In der Dunkelheit des Erdreichs findet er sich blind zurecht, und die halbblinden Augen sind, sofern der schwarze Kanalarbeiter einmal ans Tageslicht kommt, kaum im Fell zu entdecken. Dafür besitzt er einen feinentwickelten Tast-, Gehör- und Erschütterungssinn. Er kann sogar Tiere auf der Erdoberfläche orten, obwohl er etliche Zentimeter tiefer unter der Erdoberfläche verweilt.

Neben den kräftigen Grabschaufeln an den Vorderbeinen nutzt der Maulwurf seine Nase als Bohrwerkzeug. Knorpel sorgen dabei für die

Auch wenn der schwarze Kanalarbeiter, der Maulwurf, nur selten zu Gesicht zu bekommen ist, künden Maulwurfshaufen auf Wiesen von den emsigen Aktivitäten dieses Säugers, der durch den intensiven Ackerbau selten geworden ist.

160

Festigkeit dieses Riech-, Tast- und Grabbohrers. Die Nasenlöcher kann er verschließen, und Tasthaare am Schwanz können dem Tier anzeigen, wenn die Erde von der Gangdecke rieselt. Dermaßen ausgerüstet grub sich bei einem Versuch ein amerikanischer Verwandter in 3 Sekunden so tief ein, daß der Kopf vom Erdboden verschwunden war. Innerhalb von 10 Sekunden war das ganze Tier eingegraben, und 3 Minuten später hatte er bereits einen Gang von 30 Zentimetern geschaufelt.

Vieles über das Leben der Gräber mit dem schwarzen, samtigen Fell ist noch unbekannt. So wissen wir nicht genau, wie viele Junge die Maulwurfmutter zur Welt bringt, vermutlich sind es 2 bis 3. Zumindest die Feinde des Maulwurfes kennen wir: Eulenvögel, Greifvögel, Storch, Fuchs oder Marder. Menschlichen Aktivitäten geht er aus dem Wege, er bevorzugt feuchtere, landwirtschaftlich nur wenig genutzte Böden.

## Zeigt her eure Füße

Über eine Million Kilogramm Gewichtslast müßte ein 75 Kilogramm schwerer Mensch ertragen können – zumindest wenn er sich mit den Leistungen eines kaum regenwurmgroßen Tausendfüßers der Art Cylindroiulus londinensis vergleichen wollte. Er trägt ein 100-Gramm-Gewicht mühelos, bei 500 Gramm läßt er sich immer noch nichts anmerken. Erst bei einem Kilo Gewicht stößt er Wehrsäfte aus, freilich ohne sichtbare Verletzungen davonzutragen. Die stolze Leistung ist auf den Kalkpanzer des kleinen Bodentieres zurückzuführen. Er dient mit anderen Vorkehrungen als Schutz gegen Feinde und Außenparasiten wie Pilze.

Rein äußerlich fallen die etwa 165 in Deutschland vorkommenden Tausendfüßerarten kaum auf, so unscheinbar sind sie durch ihre Färbung dem Untergrund angepaßt. Und falls sie eine Drossel, Spitzmaus, Blindschleiche oder Maulwurf doch unter Steinen oder unterm Laub aufspüren sollte, dann schlängeln oder kugeln sie sich und schrecken so ihren Feind ab. Auch das Totstellen hilft den versteckt lebenden Tieren. Spinnen vertreiben die Tausendfüßer mit Hilfe ihres Wehrsaftes. Es handelt sich um einen penetranten Geruch, der noch über Wochen an Kleidern festzustellen ist. Manche Arten sind sogar in der Lage, bei drohender Gefahr ihren Enddarm zu entleeren und auf diese Weise den Angreifer abzuwehren. Manche Naturvölker haben die Säfte von Tausendfüßern für ihre Giftpfeile benutzt.

Um die Tiere überhaupt zu entdecken, muß man ihre Verstecke kennen. Während sie im Wald in der Streuschicht zahlreich anzutreffen sind, findet man sie auf offener Flur in Bodenvertiefungen oder unter Steinen. Der Artenreichtum im Feld ist im Gegensatz zum Wald in aller Regel geringer, wenngleich die Anzahl der Individuen erstaunlich groß sein kann. Die Kultursteppen des Menschen haben den ursprünglichen Verbreitungsraum geschmälert. Tausendfüßer wollen nun einmal im verborgenen leben, weshalb sie Verstecke wie Mulm, vermodernde Stubben, rissige Baumrinden, feuchtes Laubstreu oder Steine aufsuchen. Sie brauchen vornehmlich feuchte Standorte, obwohl sie durch den beachtlichen Kalkpanzer bzw. die gute Behaarung recht gut gegen Wasserverluste geschützt sind. Auch wenn sie für Landtiere ein ungewöhnliches Feuchtigkeitsbedürfnis besitzen, nehmen sie vor Wasser

Reißaus. Aus diesem Grund sind sie in der Nähe von Gewässern nicht zu beobachten.

Die notwendige Nähe zu feuchten Aufenthaltsorten engt die Ausbreitung der Tiere stark ein. Da hilft ihnen auch nicht die Vielzahl der Beine. Tausendfüßer besitzen ohnehin nur zwischen 13 und 121 Beinpaare, auch wenn ihnen der Volksmund mehr andichtet. Nur tropische Arten bringen es auf immerhin 250 Beinpaare, also auf insgesamt 500 Beine. Die vielen Beine bewegen sie wellenartig voran: Wird das hinterste Beinpaar nach vorne bewegt, schließt sich das vorletzte mit geringerer Verzögerung an, bis das vorderste dieselbe Bewegung ausgeführt hat. Erst dann setzt das letzte Beinpaar mit dem nächsten Schritt an. Dieses Schauspiel läßt sich selten erleben, öfter einmal sieht man die von Tausendfüßern skelettierten Blätter. Sie fressen das Fallaub von Bäumen und Sträuchern derartig auf, daß nur noch die Blattadern übrigbleiben. Eiweißreiche Kost wie vermodernde Haselnuß-, Eschen-, Linden-, Holunder- oder Erlenblätter wird dabei bevorzugt. Andere Arten wiederum fressen Pilzfäden, selten mal einen Regenwurm oder einen Weberknecht. Ein Tausendfüßer frißt jährlich 90 bis 100 Gramm lufttrockenes Fallaub. Ohne die Tausendfüßer müßten wir eine Unmenge von pflanzlichen Abfällen ertragen.

## Schläfer in der Enge

„Engherzig schleicht er durch das Moos, beseelt von dem Gedanken bloß, wo's dunkel sei und eng und hohl, denn da nur ist's ihm pudelwohl." Wilhelm Busch hat den Drang des Ohrwurmes richtig beschrieben. Die sieben mitteleuropäischen Ohrwurmarten suchen tagsüber als lichtscheue Tiere dunkle, enge Höhlungen auf, in denen ihr Körper von allen Seiten her die Wandungen berührt. Solche Nischen müssen nicht im Boden versteckt sein, auch auf Bäumen schlüpfen die Ohrwürmer in derart enge Behausungen. Nachts verlassen die über einen Zentimeter großen Insekten ihren Unterschlupf, gehen auf Nahrungssuche und sind als Allesfresser nicht wählerisch: Blütenteile, Obst, Pilze, tote Kleintiere, Insektenlarven oder rote Spinnmilben. Da sie auch Blattläuse vertilgen, gelten sie als Nützlinge. Für den Menschen sind sie ohnehin nicht schädlich, denn trotz der vor allem bei den Männchen kräftigen und charakteristischen Hinterleibszangen – sie dienen der Verteidigung – können die Ohrwürmer unser Trommelfell nicht verletzen. Die Ohrwürmer wie z.B. der 12 bis 15 Millimeter lange Feldohrwurm sind wehrhaft, indem sie bei Gefahr einen stark riechenden Wehrsaft absondern.

Das eigentlich Überraschende bei Ohrwürmern ist, daß sie ihren Nachwuchs auf eine für Insekten fast einmalige Weise pflegen. Die Weibchen legen die 20 bis 40 Eier im Frühjahr in eine im Boden gelegene Brutkammer. Das Weibchen überwacht die Eier nun ununterbrochen: Werden die Eier in einem Versuch etwa entfernt und in der näheren Umgebung abgelegt, so sammelt sie das Weibchen wieder ein. Wenn die Larven nach etwa 6 Wochen schlüpfen, verbleiben sie bis zur zweiten Häutung im Boden und gelangen erst danach an die Erdoberfläche. Die Larven haben fast schon das Aussehen des erwachsenen Ohrwurmes, und das Weibchen pflegt und führt sie. Im Frühjahr können ganze

Familienverbände beobachtet werden, wie sie herumziehen. Bald darauf stirbt das Weibchen und dient dann dem Nachwuchs als erste Nahrung.

Vor allem aber als Einzeltiere sind Ohrwürmer häufig anzutreffen, denn der bis zu 1,5 Zentimeter lange Gemeine Ohrwurm kommt regelmäßig in der obersten Bodenschicht vor. Da der Ohrwurm auch niedere Temperaturen übersteht, lebt er fast überall in Europa. Das Bodentier kann nicht mehr fliegen, da sich die Flügel zu kurzen Stummeln zurückentwickelt haben. Lediglich der 6 Millimeter große Zwergohrwurm ist flugfähig, eine Fähigkeit, die nur die wenigsten Bodentiere aufweisen.

## Der Spur nach

Schnell wird klar, daß die Gesprächsatmosphäre bei diesem Behördentermin hier draußen voller Spannung ist. Der kräftige Flurbereinigungsingenieur beharrt auf seinem Plan, einen Asphaltweg mitten durch einen der letzten Halbtrockenrasen der Gemarkung zu legen. Einige Bauern, die noch dem alten Intensivierungswahn verhaftet sind, haben den Ingenieur, der sich nur von biologisch angebauten Produkten ernährt und selbst einen Tümpel im Garten angelegt hat, zu diesem Plan gedrängt. Weil einige der Bauern im Gemeinderat vertreten sind, ist schließlich auch der Bürgermeister umgefallen. Der nicht minder hartnäckige Vertreter der Naturschutzverwaltung will aber diesen sinnlosen Eingriff in die Natur nicht durchgehen lassen. Nach heftigen Wortgefechten kann der Ingenieur seinen Plan nicht mehr durchsetzen, und die Bauern müssen sich mit der vom Naturschützer vorgeschlagenen Verlegung des Asphaltweges um den Biotop herum anfreunden. Den Weg selbst allerdings konnte der Landschaftsplaner nicht verhindern – wieder einmal hatte er nur einen Teilerfolg erreichen können.

Wo durch intensiven Ackerbau Eintönigkeit die Landschaft prägt, ist die Vielfalt von Fauna und Flora dahin.

Feldwege, Gemeinde-, Kreis- und Bundesstraßen, Autobahnen, Kanäle oder Eisenbahntrassen zerschneiden vielfach unsere Landschaft. Um unsere Wohn- mit den Arbeits- und Freizeitstätten sowie die verschiedenen Agrarlandschaften durch immer weitere Fahrstrecken untereinander zu verbinden, werden gleichzeitig die Lebensräume der Wildtiere in Wald und Feld zerschnitten. Mehr als 700.000 km umfassen die Straßen allein im Gebiet der alten Bundesländer, der Weg zum Mond ist um 300.000 Kilometer kürzer. In Deutschland besteht das dichteste Wegenetz der Welt. Pro Quadratkilometer ist das landwirtschaftliche Wegenetz 1,5 bis 6 km lang. Mindestens ein Viertel dieser 400.000 km langen Wege ist mit Asphalt, Bitumen oder Beton, ein weiteres Viertel mit Schotter und Kies-Lehm befestigt. Nur wenige Feldwege verdienen ihren Namen wirklich.

Daß etwas für uns Alltägliches und scheinbar Unbedenkliches sich nachhaltig auf den Naturhaushalt auswirkt, hat der Ökologe Hans-Joachim Mader mit seinen Versuchen belegt. Er stellte fest, daß nur 10 Prozent der nützlichen Wolfsspinnen, die ja zu etwa 25 Prozent von Getreideblattläusen leben, einen Asphaltweg überquerten. Wir wissen auch, daß für die tagaktiven Laufkäfer, die gemäßigte Temperaturverhältnisse bevorzugen und einer mittleren Feuchtigkeit bedürfen, die

Hohlwege sind das Produkt jahrhundertelanger Bodenabschwemmung in den Fahrspuren. Diese Art von Erosion prägt die Landschaft positiv und bringt neue Lebensräume hervor. Der schnelle Abtrag von Erde auf intensiv bewirtschafteten Fluren schädigt dagegen die Bodenfruchtbarkeit.

Betonbänder an den Wegrändern buchstäblich zu Wanderbarrieren werden. Nur die nachtaktiven Tiere sind in der Lage, diese Hindernisse aufgrund des dann ausgeglicheneren Mikroklimas erfolgreich zu überqueren. Die Folge der künstlichen Schranken für die Bodentiere ist leicht zu erahnen: die Tierbestände werden zunehmend isoliert, verarmen genetisch und sterben langfristig aus. Oft werden nämlich die Lebensräume so stark von den Asphaltpisten zerschnitten, daß die minimale Lebensraumgröße, die für ein Überleben bei einzelnen Arten notwendig ist, unterschritten wird. Wenngleich manche Kleintiere die geteerten Wege und Straßen überqueren könnten, so unterlassen sie es dennoch, weil die befestigten Bahnen keinerlei Deckung wie bei einer Wiese bieten.

Bei dem Ortstermin kommt noch etwas anderes zur Sprache. Der Landschaftsplaner berichtet, daß 73 Prozent aller landwirtschaftlichen Wege im Rahmen von Flurbereinigungen angelegt wurden. Überhaupt sei die Flurbereinigung zu 58 Prozent verantwortlich für die Gefährdungen von Fauna und Flora. Ist es da nicht selbstverständlich, daß Ämter, die jahrzehntelang in die Landschaft eingegriffen und sie normiert haben, heutzutage umdenken und sich ökologisch neu orientieren müssen? Den Flurbereinigungsingenieuren würde es gut anstehen, wenn sie die vor Jahren ausgeräumten Fluren mit Feldgehölzen, Ackerränder mit Wildkräuterstreifen bereichern und isoliert liegende Biotope verbinden würden.

## Wenn Boden wandert

Als der Bauer vom Wiesenhof an einem windigen Tag mit dem Traktor sein Stoppelfeld umpflügt, das ihm im Sommer eine reiche Gerstenernte eingebracht hat, werden laufend Staubwolken weggeblasen. Es hat seit Wochen nicht mehr geregnet, so daß der Wind ein leichtes Spiel hat, den vom Pflug gelockerten Lößboden wegzuwehen. Was der Wind verweht, macht bei großer Fläche im Laufe der Zeit Tonnen aus. Selbstverständlich werden mit der Erde auch Spritzmittel wie z. B. Atrazin mittransportiert. Und sie landen dort, wo eigentlich solche Stoffe gar nicht angewandt wurden.

Wie rasch Mutterboden verlorengeht, hat ein beeindruckendes Experiment auf Lößböden im badischen Kraichgau gezeigt. Im Gegensatz zu Norddeutschland ist es hier nicht der Wind, sondern vor allem das Wasser, welches die Krume abschwemmt. Im Laufe von Tagen und Wochen konnte verfolgt werden, wie ein Zimmermannsnagel, der in die Erde eingeschlagen worden war, nachher größtenteils frei vom abgeschwemmten Boden aus der Erde herausragte.

Überall an Lagen mit Hängen von 1 bis 2 Prozent Gefälle findet sich nach längeren Regengüssen vieles von dem auf den Straßen wieder, was eigentlich auf die Äcker gehört. Die Wissenschaftler errechneten, daß der durchschnittliche Bodenverlust zwischen 63 und 112, maximal über 420 Tonnen pro Hektar und Jahr liegt. Der tolerable Wert liegt bei 15 Tonnen, das heißt, daß die Krume in etwa 200 Jahren abgetragen wäre. Vielerorts ist diese Toleranzgrenze längst erreicht, und die Natur kann den Verlust von sich aus nicht ersetzen. Damit sich eine 1 Zentimeter dicke Ackerkrume neu bilden kann, braucht es zwischen

50 und 100 Jahren. Bei großflächigem Maisanbau können zwischen 50 und 200 Tonnen der kostbaren Krume jährlich auf einer Fläche von 1 Hektar in die Gewässer abgeschwemmt oder vom Wind abgetragen werden. So verschwindet jährlich so viel Boden, wie in 16 Jahren oder im ungünstigsten Fall in 133 Jahren neu gebildet werden.

Der Abtrag der Erdkrume durch Wind und Wasser ist hausgemacht. Die schweren Schlepper, die die Äcker bearbeiten, zertrümmern die feinen Strukturen aus Ton, Lehm, Sand und Humus und drücken Luft sowie Wasser aus den Poren des Bodens. Ein Drittel der Böden ist inzwischen stark verdichtet, zusammengepreßt. Der Regen hat vor allem bei Mais- und Zuckerrübenäckern ein leichtes Spiel, denn bei diesen Kulturen bedecken die Pflanzen nur wenige Monate lang den Boden. Mit Herbiziden beseitigen die meisten Landwirte sogar noch die Wildkräuter zwischen den Kulturpflanzen und nehmen damit dem Erdboden selbst den letzten Schutz. In den durch die Maschinen verdichteten Boden dringt dann kein Regen mehr ein, sondern fließt oberflächlich ab und nimmt dabei die oberste Erdschicht mit. Dabei könnte durch ein geändertes Pflügen oder eine Strohauflage vor allem bei Mais oder Zuckerrüben viel erreicht werden. Wenn aber die Landwirte nicht umdenken, wird die Erosion ihre Krume bald vollends aufgefressen haben, und dann gibt es nichts mehr zu ernten.

Durch Monokulturen, fehlende Bodenabdeckung und fehlende Landschaftselemente wird bei starkem Regen Humus abgetragen, der letzten Endes der Landwirtschaft verlorengeht.

Immer mehr Landwirte erkennen, daß das ständige Ausbeuten des Bodens in eine Sackgasse führt, aus der es irgendwann einmal kein Zurück mehr gibt. Zunehmend werden deshalb Methoden schonender Bodenbearbeitung entwickelt. Inzwischen sind die meisten Bauern versierte Landtechniker. Während der Winterzeit schweißen sie immer wieder an ihren Pflügen. Sie wollen nämlich ihren Boden so schonend wie möglich bearbeiten und wissen die 20 Zentimeter dünne Haut der Erde zu schätzen. Sie lockern ihre Ackerböden, statt die Krume zu wenden. So auch die Bauern Peter und Georg: Beide haben an der Pflugschar die Streichbleche abgeschraubt, welche die großen Schnittbreiten im Acker verursachen. Auf diese Weise wird der Boden nicht mehr gewendet, die natürliche Schichtung bleibt erhalten, und verdichteter, wenig belebter Boden, der auch weniger wasseraufnahmefähig ist, wird nicht nach oben befördert. Statt dessen besitzen die beiden Landwirte für die nichtwendende Bodenbearbeitung spezielle Arbeitsgeräte, die man Schichtengrubber oder Wühlpflug nennt. So kann die technische Ausrüstung durchaus auch Rücksicht darauf nehmen, daß der Erdboden keineswegs tote Materie, sondern ein lebendiges System ist. Je häufiger und tiefer nämlich der Boden bewirtschaftet wird, desto weniger kann er sich regenerieren. Landschaftsschonende Bauern wissen, daß Pflanzen sehr unterschiedliche Ansprüche an den Boden stellen. Während sich Gräser mit 8 bis 10 Prozent Volumen Luftkapazität im Boden begnügen, brauchen empfindliche Arten wie Luzerne oder Gerste bereits das Doppelte.

Das noch zu wenig bekannte Naturgut „Boden" kann nicht wie ein Teppich ausgeklopft werden, um anschließend von allen Belastungen und Schadstoffen gereinigt zu werden.

## Boden unter den Füßen

# Keine Öde in der Steppe

Die Luft flimmert. Große Hitze beherrscht die ebene Landschaft, und Schatten ist rar. Nur wenige Gehölze unterbrechen die öde wirkenden Ackerflächen. Mitten in der Stille blitzen weiße Schwingen auf, riesige Vögel tauchen lärmend zwischen den Kartoffelstauden auf. Schwerfällig wirken die Körper der acht Großtrappen, aber der gewaltige Schlag der Flügel läßt sie dennoch rasch abheben. Großtrappen werden gewöhnlich zwischen 11 und 15 Kilogramm, Männchen manchmal sogar über 20 Kilogramm schwer. Es sind die schwersten flugfähigen Landvögel der Welt. Die etwa 1,10 Meter hohen Tiere sind gerade noch in der Lage zu fliegen.

Die Balzplätze der Großtrappen sind selten geworden. Einer der letzten befindet sich in den ausgedehnten Ebenen Mecklenburgs, andere Restpopulationen existieren in Niederösterreich, Ungarn und in der Türkei. Mecklenburg ist aber die nördlichste Verbreitungsgrenze der Großtrappen. Die weitflächigen Felder und steppenartigen Grasgebiete sind letztlich vom Menschen geschaffene Steppen, die an die natürlichen Steppen Spaniens oder Ungarns erinnern. Die größten Vorkommen in Mitteleuropa dürften die Großtrappen Anfang des 19. Jahrhunderts erreicht haben, als der Ackerbau ausgedehnt und damit die noch nicht chemisch behandelten Kunststeppen weite Flächen einnahmen. Zählungen von Jägern aus dem Jahre 1935 erbrachten noch eindrucksvolle Ergebnisse. In den brandenburgischen Bezirken lebten 3.700 Exemplare und in Mecklenburg etwa 560 Tiere. 30 Jahre später war der Bestand auf etwa 600 bzw. 150 Vögel geschrumpft. Und heute

## Der vergessene Vogel Strauß Europas

In Bereichen mit sandigen Böden wächst mitunter auch das Sommeradonisröschen.

Großtrappen (links) sind die „Straußenvögel" der Steppen Europas. Diese schwersten flugfähigen Landvögel der Welt (ein Männchen wiegt bis zu 22 Kilogramm) bewohnen offene, steppenartige Kulturlandschaften.

167

haben die europäischen Strauße in Deutschland und Österreich längst die untere kritische Bestandsgrenze erreicht. Schuld daran sind verschlechterte Lebensbedingungen: Überlandleitungen, Wiesenumbruch und überhaupt die Intensivierung der Landwirtschaft. Auch die vielerorts gebildeten Initiativen aus Jägern, Naturschützern und Genossenschaftsbauern konnten diese Abwärtsentwicklung nicht bremsen. Großtrappen legen eben nur zwei Eier. Durch die große Fluchtdistanz reagieren die imposanten Vögel empfindlich auf Störungen, und manches Gelege wird durch den intensiven Einsatz von Maschinen auf den Feldern zerstört. Nachgelege gibt es nur gelegentlich. Wenn im Winter dennoch größere Ansammlungen zu beobachten sind, so handelt es sich nur um gemeinsam umherziehende Tiere, die sich vor allem auf Rapsfeldern ernähren. Die Großtrappen stehen damit kurz vor der Ausrottung, wie dies in Südfrankreich schon im 18. Jahrhundert oder in Niedersachsen im Jahre 1925 geschah. In der spanischen Extremadura lebt wohl noch der größte Weltbestand an Großtrappen. Sollen diese einmaligen Vögel, die isoliert voneinander in kleinen Kolonien in nur noch wenigen Gegenden Europas leben, auch weiterhin zum Bestand des europäischen Naturerbes gezählt werden, so müssen wir der Steppe eine neue Chance geben.

## Wenn die Steppe wandert

Es taute, und langsam schmolzen die riesigen Eismassen dahin – in Skandinavien erreichten sie eine beeindruckende Größe von bis zu 3 Kilometern. Als dies geschah, neigte sich die letzte Eiszeit vor 10.000 Jahren allmählich ihrem Ende entgegen. Gletscher, Wind und Wasser gaben der Erdoberfläche einen vorerst letzten Schliff. Was geschah in dieser Zeit zum Beispiel im Rheintal? Winde wehten losen und feinen Sand von den Ufern der Rheinaue weg und lagerten ihn anderswo ab. Dort entstanden dann im Laufe von längst vergangenen Jahrzehnten und Jahrhunderten sogenannte Flugsanddünen. Das sind kleine, flache Sandhügel von 1 bis 2 Metern Höhe oder mächtige Flugsanddünen von bis zu 6 Metern Höhe.

Einer der letzten Überreste der reich verstreuten Sandhügel aus der Nacheiszeit findet sich heute zwischen Mainz, Darmstadt und Sandhausen nahe Heidelberg. Hier hat der Wind beim sogenannten „Mainzer Sand" ein welliges Gelände von Binnendünen aufgebaut. Geringe Niederschläge und heiße Sommer trockneten den Boden stark aus. So war auf kleiner Fläche entstanden, was in Osteuropa in riesigen Räumen existiert: baumlose Steppen, in denen die Sommer zwar heiß und trocken, die Winter jedoch im Gegensatz zu Mitteleuropa und dem Mittelmeerraum viel kälter sind. Die extreme Trockenheit verlieh den kontinentalen Steppen das typische Aussehen. In Steppen wachsen keine Bäume.

Nicht nur in Teilen der Rheinebene, auch in verschiedenen anderen Regionen finden wir solche Trockengebiete: östliches Harzvorland, Thüringer Becken, Saale-Unstrut-Gebiet, mittleres Odertal, Kyffhäuser, Mittelgebirgsvorland östlich von Hildesheim oder Wiener Becken. Der pannonische Teil Niederösterreichs stellt den steppenähnlichsten Teil Mitteleuropas dar. Auch im alpinen Hochgebirge (etwa bei den Walliser Schwingelrasen) herrschen ähnliche Bedingungen wie in den winterkalten Steppen Eurasiens – nämlich einerseits große Erwärmungen im Sommer und andererseits Kälte und große Windgeschwindigkeiten.

Die Bedingungen um die mitteleuropäischen Flugsanddünen und ähnlich strukturierter Flächen entwickelten sich im Lauf der Zeit zu einem Klima, das dem der kontinentalen Steppen entsprach. Damit waren die Voraussetzungen geschaffen, daß viele Pflanzen aus den eisfreien Trockengebieten Ost-Asiens oder aus dem Mittelmeer auch im Westen Europas gedeihen konnten. Als Einwanderungswege dienten vor allem Flußtäler wie etwa das Urstromtal der Donau, wo die Pflanzen an abrutschenden Felshängen gute Wachstumsbedingungen fanden. Auf diesem Weg drangen Großes Windröschen, Mehlige Königskerze, Heidegünsel, Bergklee, Aufrechter Ziest, Steppen-Wolfsmilch, Ungarische Platterbse, aber auch die Schlehe nach Westen vor. Aus Fossilienfunden läßt sich schließen, daß die Flora des Mainzer Sand schon vor etwa 11.400 Jahren der heute anzutreffenden Zusammensetzung von Pflanzen entsprach. Leider ist das Dünengelände heute stark beeinträchtigt. Von zwei Seiten ist das Gebiet von Autobahnen eingekeilt, und die Hochhäuser von Mainz grenzen inzwischen ebenfalls an das Gebiet. Durch Bebauung ging ohnehin viel von dem Trockenlebensraum verloren, so daß das Naturschutzgebiet mit seinen 34 Hektar nur noch ein Drittel seiner ursprünglichen Größe besitzt. Auch andernorts ist die Dünenlandschaft verlorengegangen, viele Sandtrockenrasen wurden als unnützes Land betrachtet und deshalb zu Spargelanbaugebieten umgestaltet.

Angesichts selbst im Sommer eintöniger Flächen ist es kaum vorstellbar, daß früher einmal große Teile der heimischen Äcker den Grassteppen im kontinentalen Südosteuropa glichen. Ackerkräuter wie Gemeine Sichelmöhre, Ackerkohl, Ackerhaftdolde oder das auffällige Sommeradonisröschen sind Belege dafür. Die Pflanzen sind heute nur

---

### Pflanzen der Sandböden

(Kurzbeschreibung zur Erkennungstafel auf der nächsten Seite)

In Mitteleuropa gibt es in Nordwestdeutschland, der Rhe nebene oder im Marchfeld an der österreichischen Grenze ausgedehnte Binnendünen. Ebenso existieren ausgedehnte Sandböden in der norddeutschen Geestlandschaft, im Rhein-Main-Gebiet, im Alpenvorland oder etwa in Mittelfranken. Es sind humus- und nährstoffarme Standorte, welche kaum Wasser speichern. Flechten sind die ersten Besiedler der Flächen. Nach und nach stellen sich auch höhere Pflanzen ein. Auf noch offenen Sandböden erscheint der wärmeliebende **Hasenklee** (Trifolium arvense). Sogar auf Steinschutt kann der **Gelbe oder Saat-Hohlzahn** (Galeopsis segetum) gedeihen. Er wird bis zu 40 Zentimeter hoch. Nur 2 bis 10 Zentimeter Höhe erreicht der **Einjährige Knäuel** (Scleranthus annuus). Er wächst auch auf Äckern oder Wegrändern. Der stark gefährdete **Lämmersalat** (Arnoseris minima) besitzt einen verdickten Stengel unter dem Blütenstand. Er blüht in der Zeit von Juni bis August. Die mittleren und oberen Blätter des **Dreiteiligen Ehrenpreises** (Veronica trophyllos) sind drei- bis fünfteilig. Über die Verbreitung der Art wissen wir recht wenig. Der sehr seltene **Sandmohn** (Papaver argemone) wächst auf sandigen Getreideäckern oder Ruderalflächen. Die Blütenblätter berühren sich meist nicht. Das meist spinnwebartig behaarte **Gemeine Greiskraut** (Senecio viscosus) bevorzugt stickstoffhaltigere Standorte. Es gedeiht auf unterschiedlichen Böden. Ein Neueinwanderer aus Südosteuropa ist die **Zottel-Wicke** (Vicia villosa), die eine Höhe von bis zu 1,2 Meter erreicht. Auf feinkörnigen Ackerböden, Schuttstellen oder Wegen gedeiht die **Fadenhirse** (Digitaria ischaemum), wobei sie auch gröbere Unterlagen wie Schotter annimmt.

Gelber Hohlzahn

Einjähriger Knäuel

Lämmersalat

Hasenklee

Dreiteiliger Ehrenpreis

Sandmohn

Gemeines Greiskraut

Zottel-Wicke

Fadenhirse

noch auf extensiv bewirtschafteten Äckern zu finden. Wie die Pflanzen auf den Sanddünen haben auch sie eine längere Einwanderungsgeschichte hinter sich. Vermutlich gelangten sie mit den Kulturpflanzen, die man nach und nach über die oft heimlichen Pfade der Geschichte aus Osteuropa einführte, als Reisebegleiter in den Westen. Heute weht diesen Steppenbewohnern durch Zivilisation und moderne Agrartechnik ein eiskalter Wind in Mitteleuropa entgegen. Auch neue Sandsteppen entstehen nicht mehr, denn Sandverwehungen gibt es inzwischen nur noch selten.

Noch sitzt den herumstreunenden Lausbuben der Schrecken in den Gliedern. Sie eilten gerade vom Stadtrand her in die Feldflur, als plötzlich ein lautes Geräusch sie innehalten ließ: Ein Fasan hatte sich von seinem Bodenversteck erhoben und flog in einem kurzen Flug weg. Kaum hatte er etwas Höhe gewonnen, schien er wie ein Pfeil in Richtung des Feldgehölzes abzuschweben.

Dieses für diesen Vogel so charakteristische Flugbild rührt von dem langen, bei den Männchen 40 bis 50 Zentimeter langen Schwanz her. Beim Weibchen mißt dieser Spieß, wie ihn die Jäger nennen, nur 20 bis 30 Zentimeter. Für den Hahn ist es schwieriger zu fliegen, denn er muß ein Gewicht von bis zu zwei Kilogramm vom Erdboden heben, während die unauffällige braun, beige und grau gefleckte Henne nur 900 Gramm wiegt. Beide sind keine ausdauernden Flieger, wenngleich sie auf kurze Entfernung eine beträchtliche Geschwindigkeit entwickeln können. Den größten Teil ihres Lebens verbringen die Hühnervögel auf dem Erdboden. Mit ihren starken Läufen und den kräftigen Schenkeln sind sie für Laufbewegungen gut ausgerüstet. Der Hahn kann dabei so lange Schritte machen, daß der Abstand zwischen den einzelnen Fußtritten bis zu einem halben Meter beträgt.

Den Flug als besondere Fluchtmöglichkeit hat der Fasan nötig, denn er wird vor allem als Jungvogel von vielerlei Feinden verfolgt: Fuchs, Marder, Katze, Igel, Krähe, Elster, Greifvögel oder etwa der Eichelhäher. Auch der Mensch stellt ihm wegen seines wohlschmeckenden Fleisches gerne nach.

Über 700 Meter Höhe hält er sich nicht auf, vielmehr findet er sich entsprechend seinem ursprünglichen Lebensraum im warmen Flachland sowie sonnigen Hanglagen. Räume, welche seiner ursprünglichen Heimat, nämlich der Steppe, am ähnlichsten sind, werden bevorzugt besiedelt. Es sind Gebiete mit Getreide- und Hackfruchtfeldern aus jungen Kulturen, aber auch Waldlichtungen und Bereiche in der Nähe von Röhricht. Vor allem an Waldlichtungen oder Hecken legt er sein einfaches, nur 5 Zentimeter tiefes und rund 20 Zentimeter breites Nest an. Es kann bis zu 15 olivfarbene Eier enthalten. Immer wieder geschieht es, daß sich Eier auch in Rebhuhngelegen finden. Nach einer Brutzeit von mehr als drei Wochen schlüpfen die Jungen als Nestflüchter aus. Vom ersten Tag an erweisen sie sich als gute Läufer und werden von den Eltern nach und nach in die Futtersuche eingewiesen. Mit Hilfe der Scharrfüße holt der Fasan Insekten, Larven oder Würmer aus dem Boden. Ebenso erbeutet er Käfer, Spinnen, Schnecken und sogar junge Frösche und Mäuse.

## Federgras – Haar der Erde

In dem trockenwarmen und seit langem nicht mehr bewirtschafteten Weinberg haben sich merkwürdige Pflanzen angesiedelt, deren lange, filigrane Halme sich sanft im Wind wiegen. Die Sonne läßt die haarigen Auswüchse der kleinen Ähren gleich einem wogenden Meer silbrighell aufleuchten. Es ist das Haar-Federgras. Der Name beschreibt treffend diese ungewöhnlich langen, federförmig behaarten Borsten, auch Granne genannt, her. Das Gras hat in großflächigen Horsten den Steilhang eingenommen. Es kann sich deshalb rasch an solchen Standorten ansiedeln, weil sich die Früchte bei Regen durch Drehbewegungen der Grannen – jenen langen, gedrehten Auswüchsen an den kleinen Ähren – in den Boden einbohren. Die federleichten Früchte verbreitet wie bei den meisten Steppenpflanzen der Wind. Er ermöglichte, daß das Federgras der osteuropäischen Steppe in diejenigen Mitteleuropas einwandern konnte.

## Fundgrube

### Die Steppenheide

Nicht nur in den großen, weitflächigen Steppengebieten kann man eine ganz einzigartige Tier- und Pflanzenwelt beobachten. Es gibt auch viele kleine Flächen, in denen sich durch extreme Lebensbedingungen eine besondere Wunderwelt entwickelt hat. Dazu gehört etwa die Steppenheide. Es sind oft nur wenige Hektar große Gebiete an sonnigen und damit wärmeexponierten Böschungen und Abhängen, etwa dort, wo lichter Wald und Trockenrasen ineinander übergehen. Die Steppenheiden vereinen im Hinblick auf die Pflanzenwelt oft osteuropäische, asiatische und mediterane Florenelemente. Wo immer man noch Federgras, Küchenschelle und Orchideen entdecken kann, handelt es sich um ganz besonders erhaltungswürdige und schutzbedürftige Flächen. Beobachtet man in solchen Gebieten Landschaftseingriffe, sollte dies unbedingt der jeweiligen Naturschutzbehörde (beim Land- oder Stadtkreis) gemeldet werden.

Die auffällige, über 20 cm lange Rispe mit der federartig behaarten Granne hat die Menschen schon immer fasziniert. In Ungarn, wo die ursprünglichen Steppen nicht kultiviert wurden und das Federgras häufiger vorkommt als bei uns, hat man die Rispe früher als Füllung von Kissen verwendet oder als Hutschmuck eingefärbt. In Mitteleuropa ist das im Juni blühende und auf warmen Standorten vorkommende Gras

Ochsenzunge und Schmetterlingshaft sind Raritäten der Steppenheidelandschaft.

172

teilweise dadurch ausgerottet worden, daß es vor allem für Trocken-
sträuße gewerblich genutzt wurde. Ohnehin sind die Pflanzen nicht
allen pflanzlichen Mitgesellschaftern gewachsen und werden leicht verdrängt, wenn nicht immer neue Standorte wie dieser offene Weinberg
besiedelt werden können. Mit der zunehmenden Sukzession verschwinden in Grenzertragsflächen solche Standorte. Dann wird deutlich, daß viele Landschaftsformen Mitteleuropas letztlich von der
Bewirtschaftung der Menschen abhängen.

## Röschen mit Teufelsauge

In Sagen ist alles möglich. Adonis zum Beispiel, der schöne Jüngling
und Geliebte der Göttin Aphrodite, wurde während der Jagd von
einem Eber getötet. Überall dort, wo sein Blut zur Erde tropfte, soll
ein Adonisröschen gewachsen sein. Die griechische Sage ist insofern
richtig, denn das Sommeradonisröschen stammt tatsächlich aus Südeuropa. Gemeinsam mit dem Frühlings- und dem Flammenden Adonisröschen gelangte es von den Steppen und Trockengebieten Südost-
europas in unsere Regionen. Es ist unbekannt, ob die Pflanze bereits
nach der letzten Eiszeit durch natürliche Verbreitung aus dem Osten
einwanderte und sich zunächst im Laufe der zunehmenden Bewaldung

---

### Insekten der Binnendünen, Heiden und Steppen

(Kurzbeschreibung zur Erkennungstafel auf der nächsten Seite)

Wärme und Trockenheit kennzeichnen gleichermaßen
Binnendünen-, Heide- und Steppenflächen, die alle
eine zwar spärliche, aber nicht blütenarme Vegetation
aufweisen. Das heißt noch lange nicht, daß hier das Leben ruht. Im Gegenteil. Verschiedene Überlebensspe-
zialisten unter den Pflanzen und Tieren haben sich auf
die nur scheinbar unwirtlichen Verhältnisse eingestellt.
Auf trockenen Heiden leben rund 2.500 Tierarten, zumeist Insekten. Es sind über 100 Käfer, 140 Spinnen,
30 Wanzen, 15 Zikaden. Auf Sandböden kommen allein
5 Dutzend Arten von Wildbienen und Hummeln sowie
53 verschiedene Laufkäferarten vor. Ihre Lebensweise
ist keineswegs eine trockene Angelegenheit.
Die **Gelbfüßige Sandbiene** (Andrena flavipes) gräbt
im sandigen Boden ihre Röhre für den Nachwuchs. Die
**Wespenbiene** (Nomada sexfasciata) ist eine wes-
penartig aussehende Biene, die ihre Eier in den Gängen
der **Langhornbiene** (Eucera longicornis) offenbar auf
den Nahrungsvorräten ablegt. Von dort aus tötet dann
die Wespenbienenlarve das Wirtsei oder die Wirtslarve.
Die Langhornbiene gräbt ihre einzelnen Nester in den
sandigen Boden sonnenbeschienener Standorte. Der
**Bienenwolf** (Philanthus triangulum) gräbt ebenfalls
eine Erdröhre, die bis zu 1 Meter lang sein kann. Dort
lagert er mehrere erbeutete Honigbienen als Vorrat ein,
an welche die Eier abgelegt werden und die somit als
gezähmte „Konserve" für die aus den Eiern schlüpfenden Bienenwolf-Larven dienen. Auch die **Kreisel-**
**wespe** (Bembex rostrata) gräbt auf Trockenrasen mit
sandigem Untergrund ihre Höhlen. Allerdings muß sie
ihre gefräßigen Larven mit frischer Beute (Schwebfliegen und echte Fliegen) füttern. Die **Schutthummel**
(Bombus ruderarus) lebt in einer einjährigen unterirdischen Kolonie. Nur die Königinnen überwintern. Die
noch häufiger zu beobachtende **Sandwespe** (Ammo-
phila sabulosa) baut Nester wie der Bienenwolf, in die
Raupen von Schmetterlingen oder Blattwespen eingelagert werden. Der **Gemeine Weichkäfer** (Cantharis fusca) lebt von kleinen Insekten, die er auf Blüten
erbeutet. An grasigen, steppenartigen Stellen legt der
**Schwalbenschwanz** (Papilio machaon) seine Eier
auf Kümmel, Fenchel oder auch Wilden Möhren. Die
Raupen des **Gemeinen Scheckenfalters** (Mellicta
athalia) lebt vor allem auf Wegerich. Der sehr veränder-
liche Schmetterling lebt in Wiesen und Steppen, wobei
er feuchtere Orte bevorzugt. Der häufigste Dickkopffalter, der **Ockergelbe Dickkopffalter** (Thymelicus
sylvestris), saugt vor allem an Korbblütlern wie der
Ackerkratzdistel seine Nahrung. Die Raupe lebt auf verschiedenen Gräsern ebenso wie die des **Großen**
**Ochsenauges** (Maniola jurtina). Der Falter hält sich
auch an Feldrainen auf. Das Männchen ist im Gegensatz zum Weibchen weniger kräftig gefärbt. Der
**Geißkleebläuling** (Plebejus argus) fliegt auf Heiden.
Die Raupen leben auf Schmetterlingsblüten. Das
**Damen- oder Schachbrett** (Melanargia galathea)
kann die Farbe seiner Flügelunterlage von weiß bis gelb
variieren. Das **Gemeine Blutströpfchen** (Zygaena
filipendulae) bewohnt grasreiche Gebiete, die frisch
aber auch steppenartig trocken sein können. Die Raupe lebt auf Kronwicke oder Hornklee. Das Blutströpfchen ist fast über ganz Europa verbreitet.

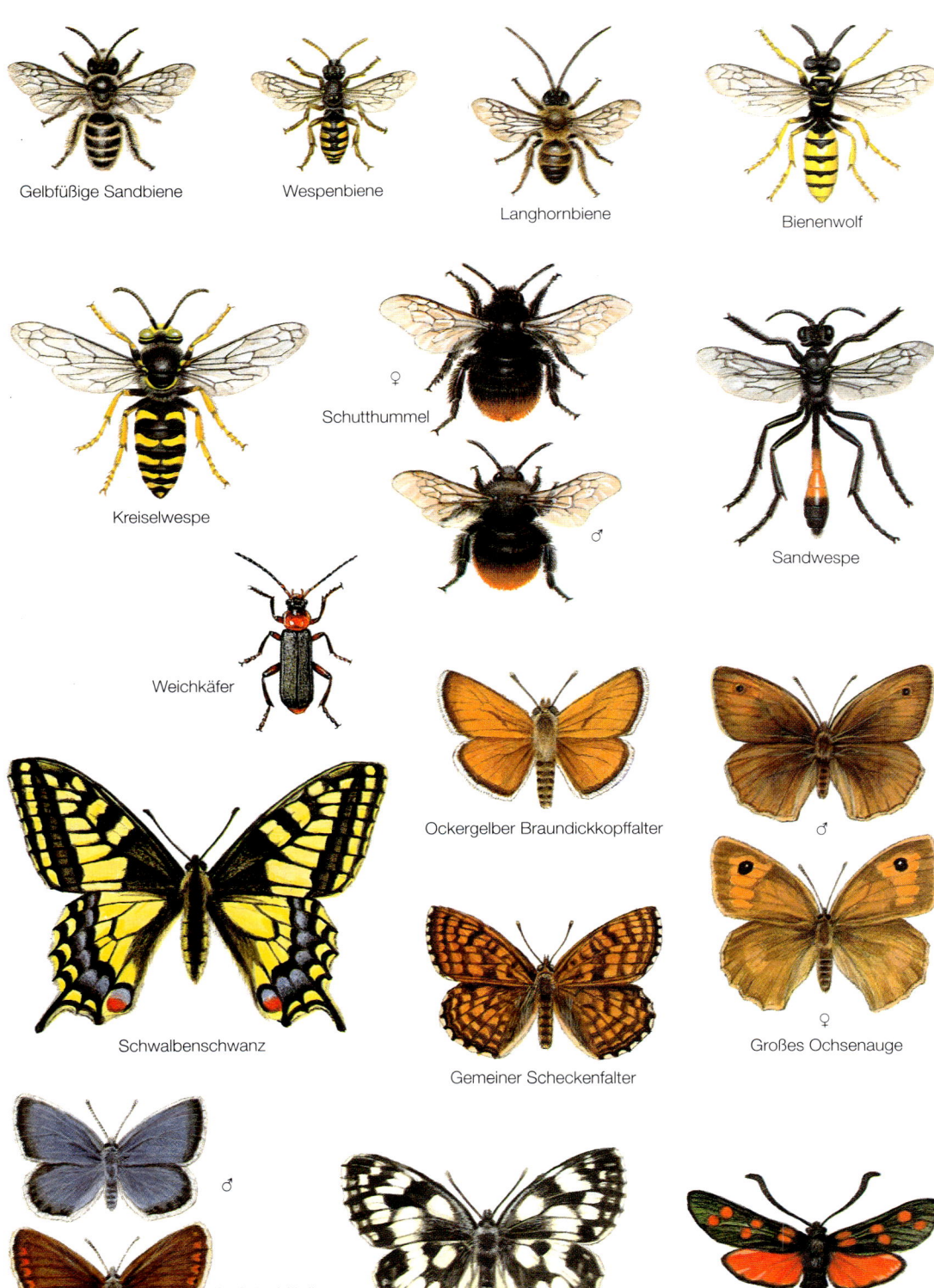

Gelbfüßige Sandbiene

Wespenbiene

Langhornbiene

Bienenwolf

Kreiselwespe

Schutthummel

♀

♂

Sandwespe

Weichkäfer

Ockergelber Braundickkopffalter

♂

Schwalbenschwanz

Gemeiner Scheckenfalter

♀

Großes Ochsenauge

♂

♀

Geißkleebläuling

Schachbrett

Blutströpfchen

Der Triel, ein etwa 40 cm
großer Steppenvogel, ist trauriges Symbol für den schlei-
chenden Ausverkauf unseres
europäischen Naturerbes. In
den vergangenen fünfzig Jahren wurde diese steppenbe-
wohnende Vogelart immer seltener. Was nützt es, bedrohte
Arten unter gesetzlichen
Schutz zu stellen, wenn die
Lebensräume immer mehr
zerstört werden. So kann der
Triel ebenso wie andere gefährdete Arten nur dann erhalten bleiben, wenn auch die
Lebensgrundlagen gesichert
werden.

FAUST

auf kleinen Steppenresten erhalten konnte oder ob sie erst vor rund 5.000 Jahren mit dem ersten Ackerbau zu uns nach Mitteleuropa kam. Manche Wissenschaftler gehen davon aus, daß das Sommeradonisröschenerstmals im Mittelalter in unsere Regionen gekommen ist und sich erst im Laufe der Neuzeit stark ausgebreitet hat. Das Sommeradonisröschen fand in den extensiv genutzten Äckern, die in der Vergangenheit gang und gäbe waren, oder auch in den Brachflächen der Dreifelderwirtschaft einen Ersatz für seinen ursprünglichen Lebensraum in der Steppe. Das Röschen ist heute auf warmen, trockenen und flachgründigen Kalkgesteinsböden oder auf Tonmergeln zumeist an Hängen und Rändern von Hochebenen anzutreffen – etwa im Oberrheingebiet, im Muschelkalkgebiet des Thüringer Beckens, in der Bördenlandschaft Sachsens, in der Eifel, im hessischen und südniedersächsischen Bergland, auf der Schwäbischen Alb, im Bodenseegebiet oder in Franken. Die scharlachrote bis gelbrot blühende Pflanzenart verweist auf einen kalkhaltigen oder lehmigen Boden. In Mittelgebirgslagen etwa wurde traditionell vor allem Wintergetreide angebaut, wo sich das Sommeradonisröschen gut einfügen konnte. Es keimt nämlich zur Zeit der Einsaat zwischen September und November und überdauert mit der jungen Getreidepflanze den Winter und nicht nur als Samen wie der Mohn in Gesellschaft des Sommergetreides. Wenn das Sommeradonisröschen heute zu den bedrohten und nur noch selten zu beobachtenden Arten zählt, so ist dies vor allem deshalb der Fall, weil es sehr empfindlich auf Herbizide, also auf Pflanzenschutzmittel, reagiert. Versuche in der Eifel zeigten, daß die Pflanze wieder wächst, wenn zumindest herbizidfreie Ackerränder bereitgestellt werden. Da es schwach giftig ist, dürfte es zu dem volkstümlichen Namen Teufelsauge gekommen sein.

## Dämmerung ohne Rufe

Bereits seit den siebziger Jahren hat man die seltsamen Rufe aus der langen Sanddüne bei Dömnitz-Heiddorf im mecklenburgischen Landkreis Ludwigslust nicht mehr vernommen. Der Triel, ein Wat- und Steppenvogel, ist seither in Mecklenburg ausgestorben. Auch in den Sandflächen der Mark Brandenburg ist der letzte traditionelle Brutplatz auf der Leburger Hochfläche zur gleichen Zeit nicht mehr besetzt gewesen. Dabei war der mehr als kiebitzgroße Vogel mit den langen, staksigen Beinen einst sehr häufig. Hirten sammelten früher sogar seine Eier, welche der Vogel in einer Bodenmulde ablegt (meist nur zwei Stück). Die Eier waren freilich genauso schwer zu entdecken wie der sandfarben gestreifte Vogel selbst. Triele halten sich dort auf, wo sie nicht vertrieben werden: auf Brachäckern, Heidenflächen oder Binnendünen. Die Vögel werden bevorzugt bei Dämmerung aktiv. Die nächtliche Lebensweise ermöglichen ihm seine großen, gelb gefärbten Augen. Auch die hellgrauen Jungen besitzen ein gestreiftes Gefieder, das in ihrer sandfarbenen Umgebung optimal tarnt.

Die Anpassung des Vogels an seinen Lebensraum ist perfekt, doch gegen den Verlust des Biotops selbst ist das Tier nicht gewappnet. Bereits um 1920 wurde bemerkt, daß der Bestand des Triels deutlich abnahm. Die einsetzende Kultivierung des Ödlandes so wie die Düngung und Aufforstungen waren dafür verantwortlich, daß in Brandenburg nach 1945 nur noch 4 Brutvorkommen bestanden. In Niedersachsen starb der Triel bereits 1954 aus. Und so gibt es den Vogel, der einst so zahlreich unseren Kontinent von Ost- bis nach Mitteleuropa bevölkerte, in den nördlichen Regionen, außer in England, nicht mehr. Die letzten Triele, die wie die Blauracke oder der Wiedehopf die Wärme lieben, leben noch in der südfranzösischen Crau, in den Steppengebieten Spaniens oder den sandigen Ufern der Donau im Osten Österreichs. Sollte die intensive Landwirtschaft auch in den letzten Brutgebieten des Triel Einzug halten, wird es eine Abenddämmerung mit heimlichen Rufen in diesen Gebieten nicht mehr geben. Und schon wieder wäre die Welt um ein kleines Stück ihres so großen Reichtums ärmer geworden.

## In den Sand gebaut

Der Kampf der beiden Insekten ist rasch entschieden. Kurzerhand bohrt die Heuschrecken-Sandwespe der Laubholz-Säbelschrecke ihren Stachel in den Rücken. Das Opfer ist sofort gelähmt, und nun beginnt die eigentliche Arbeit. Die Beute ist etwa so groß wie die 2,5 Zentimeter lange Heuschrecken-Sandwespe selbst, und doch zieht die Sandwespe die erbeutete Heuschrecke in schnellem Rückwärtslauf hinter sich her. Hierzu hat sich die Sandwespe auf die Heuschrecke gesetzt, was mit ihren langen Beinen leicht möglich ist. Mit ihren Fühlern zieht sie ihre Beute zum Nest. Mehrere Stunden lang kann ein solches Abschleppen über unwegsames Gelände dauern.
Ihren unterirdischen Bau findet die Sandwespe jedesmal wieder. Sie orientiert sich dabei höchstwahrscheinlich mit den Augen, wobei sie sich während des Suchfluges jeden Strauch und jedes Grasbüschel um das meist in der Nähe eines Waldes gelegene Erdnest eingeprägt haben muß. Am unverschlossenen Nest angekommen, schiebt sie die Laubholz-Heuschrecke in die vor zwei Tagen gegrabene Erdröhre. An ihren Vorderbeinen hat die Grabwespe starke Borsten, die wie ein Rechen wirken. Den Männchen fehlen diese Grabwerkzeuge, aber sie brauchen auch nicht zu graben, ihre natürliche Aufgabe beschränkt sich auf die Paarung. Die Beine der Grabwespe arbeiten so schnell, daß die einzelnen Bewegungen für uns Menschen nicht wahrzunehmen sind. Langsam hat die Grabwespe ihre Beute in das Innere der Erdröhre gezerrt, die sie im sandigen Gelände angelegt hat. Dabei handelt es sich nicht um eine einfache Aushöhlung, denn die Sandwespe hat auch Seitengänge gescharrt, welche zu den Brutkammern führen. Sobald fünf Heuschrecken oder Heuschreckenlarven eingelagert sind, liegt so viel Nahrung vor, daß sie für die Entwicklung des Sandwespen-Eies bis zur Verpuppung ausreicht. Das Sandwespen-Weibchen legt hierzu die angeschleppten Beutetiere in den getrennten Kammern ab und legt ein Ei dazu, um den Fortbestand der eigenen Art zu sichern.
Während die Heuschrecken-Jägerin unterwegs ist, nutzt ein zweiter alleinlebender, staatenloser Hautflügler die Gunst der Stunde. Die Wespenbiene hat die Sandwespe beim Nestbau beobachtet und legt nun in das sozusagen gemachte Nest ihre eigenen Eier. Bis die Sandwespe zurückkehrt, hat sich der Eindringling schon aus dem Staub

gemacht. Ist die Arbeit dann erledigt, verschließt die Heuschrecken-Sandwespe die Höhle und stampft den Deckel mit dem Hinterleib fest. Nun fliegt sie zunächst in Richtung der Thymianblüten, wo die in Mitteleuropa seltene Sandwespe Nektar aufnimmt. Im Vergleich zur Sandwespe sind die verschiedenen Sandbienen-Arten häufiger anzutreffen. Als alleinlebende Art legen sie ihren Erdbau ebenfalls im sandigen Boden an, allerdings schleppen sie keine tierische Kost, sondern Pollen an. Sand- oder Lößflächen mit schütterer Vegetation können also auch unterirdisch voller Leben sein.

## Sommer, Sonne und Sand

Es ist ein sonniger Nachmittag im August, als auf dem Natterkopf am nährstoffreichen Rand eines Brache-Ackers ein Harlekinbär landet. Das ist durchaus möglich, denn bei dem Natterkopf handelt es sich um keine Schlange, sondern um ein Borretschgewächs, und bei dem Besucher nicht um einen riesigen Bären, sondern um einen Schmetterling. Trotzdem ist es eine besondere Begegnung, da der kleine, kräftig gebaute und bunt gefärbte Schmetterling ein Gast ist, der im Frühjahr aus dem Mittelmeerraum nach Mitteleuropa eingewandert ist.

Nachmittags ist nun Hauptbesuchszeit auf der oft bis 1 Meter hohen Pflanze mit den auffällig bläulichen und manchmal rotstichigen Blüten. Nur die rosa Blüten sind reich an Nektar, was die angeflogenen Bienen und deren Verwandte rasch herausgefunden haben. Die Staubgefäße, die aus der Blüte herausragen, dienen den Insekten als Landeplatz. Sie erinnern an eine Schlangenzunge, und das hat vermutlich dem Gewächs seinen Namen gegeben. Das Weibchen des Harlekinbärs legt auf dem Natterkopf seine Eier ab.

Unweit vom Brache-Acker liegt eine sandige Ebene, auf deren trockenem Rasen ein dem Natterkopf verwandtes, ähnliches Gewächs zu finden ist: die blaßgelbe Sand-Lotwurz. Auch hier erleben wir wieder, wie die Pflanze als Landeplatz für einen Schmetterling genutzt wird, der hier nach einem Flug von vielen Hunderten von Kilometern eingetroffen ist. Auf der Sand-Lotwurz lebt nämlich die Raupe eines weiteren Wanderfalters – des Distelfalters. In Mitteleuropa gibt es jeden Sommer nur eine Generation davon. Etliche Tiere wandern im Herbst wieder in Richtung Süden. Über die beiden Schmetterlinge wie auch über die Nektar spendenden Pflanzen ist die mitteleuropäische Steppe mit den Lebensräumen am Mittelmeer zu einem internationalen Biotopverbund verknüpft. Natur kennt eben keine Grenzen.

In der sandigen Tiefebene finden die Falter trotz des spärlichen Bewuchses zahlreiche Blütenpflanzen, die ihnen als Nektarquelle dienen: sei es das Bergsandglöckchen, der blaßrote Sand-Mohn, der orangerote Saatmohn oder der Dreiteilige Ehrenpreis. Die beiden letzteren gelten als kennzeichnende Art innerhalb der sogenannten Sandmohngesellschaft, die auf nährstoffarmen Sandböden und auf sandigen Lehmböden, auf denen Wintergetreide angebaut wird, weit verbreitet ist. Während die letzten steppenartigen Sandfluren zunehmend als Naturgebiete unter Schutz gestellt werden, nimmt inzwischen so manches Freilandmuseum die rar gewordenen und nährstoffarmen Begleitpflanzen der Wintergetreideäcker in sein Gelände auf.

178

Der Brachpieper hatte das Nachsehen. Eine Heuschrecke hat ihn genarrt. Obwohl die Blauflügelige Ödlandschrecke den Vogel bereits lange vorher, noch bevor er sich näherte, wahrgenommen hatte, nahm sie nicht Reißaus. Sprungbereit verharrte sie in einer Bodenvertiefung und setzte erst dann zur Flucht an, als der Vogel eine sehr geringe Fluchtdistanz zu ihr erreicht hatte. Im Schwirrflug machte sie sich ruckartig auf und davon, wobei sich die Hinterflügel öffneten und breite, leuchtende Flecken auf den Flügeln zum Vorschein kamen. Es war ein sonniger Tag, und der Ödlandschrecke gelang ein Fluchtflug von fast 10 Metern. Vor der Landung zog sie ihre blaugefärbten Flügel ein und landete zwischen den Steinen der vegetationsarmen Fläche. Dank der graubraunen Färbung ihres Körpers war sie jetzt wie vom Erdboden verschluckt. Gut getarnt lag die Ödlandschrecke zwischen den Steinen, so daß der Brachpieper sie schwerlich entdecken konnte. In zahlreichen Versuchen konnte nachgewiesen werden, daß die Ödlandschrecke dazu neigt, sich möglichst auf Flächen aufzuhalten, die ihrer Körperfarbe entsprechen. Zusätzlich hat sie den Vorteil, daß sich ihr Körper entsprechend dem Gestein, der in ihrem Lebensraum vorkommt, verfärbt und mit unregelmäßigem Muster bedeckt. Diese Heuschreckenart, die die Trockenheit besonders liebt, ist darauf eingestellt, sich auf nacktem, vegetationsfreiem Boden zu bewegen, wie er vor allem auf sandigen Flächen oder Steppengebieten anzutreffen ist. Heutzutage ist die Blauflügelige Ödlandschrecke in Mitteleuropa sehr

# Das Ödland schreckt mit einem blauen Wunder

Nur während des typischen Schwirrfluges sieht man die leuchtenden Flügel der Blauflügeligen Ödlandschrecke. Diese Art bewohnt – wie es der Name schon zum Ausdruck bringt – vor allem Trockenrasen, Heideflächen und andere vegetationsarme Flächen. Im Gegensatz zu den übrigen Laufkäfern läuft der Wald-Sandlaufkäfer ebensowenig wie sein Verwandter, der Feld-Sandlaufkäfer, bei Gefahr nicht weg, sondern fliegt in kurzen Strecken davon.

selten geworden. Ihre Lebensräume, das sind extrem warme, vegetationsarme Flächen, sind eben stark zurückgegangen, wurden aufgeforstet oder fielen der Freizeitnutzung zum Opfer. Im Süden Deutschlands gibt es einzelne verstreute Vorkommen, ebenso sind einige lokale Bestände in der Schweiz bekannt, während die Heuschreckenart im Südosten Österreichs noch weit verbreitet ist.

## Von Wegelagerern und Läufern

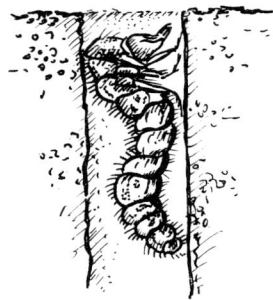

Die Larve des Heidelaufkäfers entpuppt sich für manch anderes Insekt als regelrechter Wegelagerer.

Wie der Blitz ist die Wegameise vom Erdboden des sandigen Südhangs verschwunden. Wer hatte da seine Finger im Spiel? Es ist die merkwürdig aussehende Larve des Wald- oder Heidelaufkäfers, die als Wegelagerer wieder einmal eine aufgeregt zappelnde Beute gemacht hat. Sie lebt in einer selbst gegrabenen und bis 40 Zentimeter tiefen senkrechten Röhre, die das Insekt mit seinem tellerförmig gepanzerten Kopf geschickt abgedeckt hat. Der Panzerschild schützt die Larve vor Räubern wie der Zauneidechse oder der Schlingnatter. Mit Hilfe von Kriechwülsten ähnlich einer Raupe kann sich die Larve rasch in der engen Röhre auf- und abbewegen. Mit 6 Einzelaugen und einem 180 Grad umfassenden Blickfeld hatte sie die Wegameise geortet. In der Röhre beißt die Laufkäferlarve kurzerhand der Wegameise den Kopf ab und saugt die Beute aus.

Insekten werden von der Larve während der langen Sommerzeit erbeutet. Im Herbst erscheinen dann die fertigentwickelten Käfer. Die erwachsenen Tiere überwintern an geschützten Orten wie Erdhöhlen, um im nächsten Frühjahr (ab April) erneut auf Insektenbeute zu gehen, wie sie es bereits als Larven taten. Die kräftigen Zangen erlauben es, daß auch größere Insekten oder auch Schnecken ergriffen, getötet und vertilgt werden können. Rasch und hastig läuft die sonnenliebende Käferart bei warmer Witterung auf dem sandigen Boden umher. Die Sandlaufkäfer, von denen es in Mitteleuropa noch den Feld- sowie Dünensandlaufkäfer gibt, zählen zu den schnellsten Laufkäfern. Bei Gefahr allerdings rennen sie nicht weg, sondern entfernen sich im Flug mit laut brummendem Geräusch, ohne sich dabei – den Fliegen ähnlich – auf den Start vorbereiten zu müssen. Ein solcher Start ist ein klarer Vorteil gegenüber all den anderen Laufkäfern, die zumeist flugunfähig sind. Auf dem steppenartigen Ödland kommen hiervon 35 weitere Arten vor, unter anderem auch der Dünensandlaufkäfer. Wegen ihrer raschen Lebensweise – sie erreichen eine maximale Geschwindigkeit von 8 Kilometern pro Stunde – lassen sich die Sandlaufkäfer (der Feldsandlaufkäfer, der Heide- oder Waldsandlaufkäfer und der Dünensandlaufkäfer) nur schwer beobachten oder fotografieren. Zudem verschwinden die geschickten Läufer bei Gefahr unter Gräsern oder anderen Nischen. Es gibt übrigens über 700 verschiedene Arten von Laufkäfern in Mitteleuropa.

Neben dem Einsatz von giftigen Spritzmitteln auf den Äckern, die bis in die Ränder der sandigen Steppengebiete hineinwirken, schadet den Larven vor allem die übermäßige Freizeitnutzung und die ständige Begehung der Sandgebiete. In Westfalen waren von 22 Fundstellen im Jahre 1950 nach 35 Jahren nur noch 6 Fundstellen von dieser Insektenart bewohnt.

Die wenigsten Menschen haben den knisternden Schrecklaut erlebt, den die Steppensattel-Schrecke in Notlagen von sich gibt. Vernehmen kann man ihn zum Beispiel zwischen Weinberg und Wald: Ein Grünspecht will eine Steppensattel-Schrecke erbeuten, doch erwischt er sie nur am Hinterbein. Der Schreckenslaut rettet dem Heuschrecken-Männchen das Leben. Auch die Weibchen der Steppensattel-Schrecke können solche Laute von sich geben und sind sogar in der Lage zu zirpen. Das ist im allgemeinen bei Heuschrecken-Weibchen ungewöhnlich. Während des heißen Sommers sind also beide Geschlechter zu hören, wie sie im Gebüsch ihren zirpenden Gesang verbreiten. In gewissem Sinne unterhalten sich beide auf diese Weise, da das Gezirpe dem gegenseitigen Auffinden dient. Der kräftig schrille Ton ist sowohl tags als auch nachts zu hören. Sobald sich die beiden Geschlechter gefunden haben, überträgt das Männchen den Samen auf das Weibchen. Dieses legt dann die Eier mit dem langen Legestachel in weichen Boden. Die Eier verbleiben dort den Winter über, und erst im Frühjahr erscheinen die kleinen Larven, welche schon wie erwachsene Heuschrecken aussehen.

Die Steppen-Sattelschrecke kommt in Mitteleuropa nur an wenigen Orten vor, die trockene, heiße Steppengebiete mit Gebüsch oder Steppeheidewäldern aufweisen. Auch auf Brachflächen am Rande von Weinbergen ist die Heuschrecke mitunter anzutreffen. Die Vorkommen beschränken sich auf das südwestliche Deutschland, vereinzelt gibt es Bestände auch in der Schweiz. In Ostösterreich existiert diese Schrecke nur lokal. Wissenschaftler betrachten die Steppen-Sattelschrecke als Überbleibsel aus nacheiszeitlichen Wärmeperioden, in denen die Tiere aus dem Osten Europas eingewandert sind.

Etwas häufiger anzutreffen ist der Steppengrashüpfer, wenngleich auch er heute zu den seltensten Heuschrecken zählt. Er lebt an trockenwarmen Stellen mit spärlicher Vegetation, wie sie an felsigen Steppenheiden, Dünen oder lichten Kiefernwäldern besteht. In Bayern trifft man den Steppengrashüpfer im Altmühltal, um Passau, Würzburg und Nürnberg herum. Die nördlichsten Bestände liegen an der Elbe und dem Steinhuder Meer. Die gut getarnte und kaum auffallende Heuschrecke gibt kratzende Töne von sich, die gleichmäßig vorgetragen werden. Ein leiser, schnurrender Gesang kommt dagegen vom Rotleibigen Grashüpfer. Weitere Sand- und Steppenbewohner sind die Rotflügelige Ödlandschrecke, die Westliche Beißschrecke, aber auch die häufige Feldgrille. Für die Feldgrille sind die steppenartigen Trockenlebensräume zu einem Rückzugsgebiet geworden, da sie bei einem intensiv betriebenen Landbau nicht überleben kann. Steppen, so ist festzustellen, gewinnen als zweite Heimat für Feldbewohner eine ganz neue Bedeutung.

# Gegrillt und geflohen

# Wunderwelt Acker und Feld – wie lange noch?

Mit dem 250 PS starken Traktor fährt Jan Kottmann gerade seinen landwirtschaftlichen Betrieb an. Es ist längst kein bäuerlicher Hof mehr. Es fällt sofort auf, daß hier alles penibel aufgeräumt ist. Nirgendwo erblickt man freilaufende Hühner, Stallhasen oder gar einen Misthaufen. Es riecht kaum nach Landwirtschaft. Das ganze Anwesen ähnelt eher einem industriellen Betrieb. Und so sind auch mehr als 2.000 Schweine eng zusammengepfercht in gekachelten Hallen untergebracht. Jan Kottmann besitzt eine moderne Agrarfabrik und hat sich auf Maisanbau wie auch Schweinezucht spezialisiert. Die scheinbaren Triumphe der Tier- und Pflanzenzüchter haben ihm ebenso wie die EG-Subventionen und die Flurbereiniger den Weg geebnet, um den früher traditionellen Hof völlig umzugestalten. Die Schweine werden mit Kraftfutter gemästet, das zum Teil nicht mehr auf den Feldern des eigenen Betriebes erzeugt wird. Sojamehl wird mit großen Lastzügen angefahren und stammt vorwiegend aus Nordamerika oder Afrika, wo bei letzterem das proteinreiche Soja eigentlich dringend gebraucht wird. Auch die Rinder des ebenfalls großen Betriebes in der Nachbarschaft haben längst keine Namen mehr, sondern nur noch Nummern an ihren Boxen.

Die Flur, die Jan Kottmann bewirtschaftet, wirkt ebenso aufgeräumt wie der Hof. Kottmann hat den Feldfruchtwechsel aufgegeben und baut auf seinen flurbereinigten Monokulturen fast ausschließlich Mais an. Der Drang, mit neuen Methoden die Ernteerträge zu steigern, ist

## Landwirtschaft als Industrie

Der Chemikalieneinsatz in der Landwirtschaft, monotone Felderbestellung und eine immer stärkere Intensivierung vernichtet das natürliche Gefüge der Kulturlandschaft. In jedem naturnahen Garten kann beobachtet werden, wie sich aus zunächst unscheinbaren Eiern Marienkäferlarven und daraus Marienkäfer entwickeln, die zur natürlichen Schädlingsregulation beitragen.

wie bei vielen anderen Bauern zum Zwang geworden, immer mehr Chemie auf den Äckern zu verteilen. Die sinkende Regenerationsfähigkeit der Böden wird durch Schweinegülle und auf anderen Höfen sogar durch künstlich erzeugte Düngemittel ausgeglichen. Eingebettet in eine künstliche Welt von Garantiepreisen, Abnahmegarantien wie auch Subventionen kann Jan Kottmann aus seiner betriebswirtschaftlich beschränkten Sicht nicht Rücksicht darauf nehmen, daß Ackerböden und Weiden keine unerschöpflichen Ressourcen darstellen. Wie die meisten Betriebe auch anderer Branchen mißachtet die chemieabhängige Intensivlandwirtschaft die ökologischen Regelkreise. Freilich ernährt Jan Kottmann heute über 42 Städter, während seine Väter gerade 4 Menschen versorgen konnten. Das industrielle Wachstum in der Landwirtschaft ist aber schon längst an seine Grenzen gestoßen.

Einer Untersuchung des Berliner Ökologen Herbert Sukopp zufolge trägt die intensive Landwirtschaft mit Abstand am meisten zum Rückgang der Wildpflanzen bei, mehr als Straßenbauer und andere Landnutzer. Nitrat und Pestizide im Grundwasser, Chemikalienrückstände in Fleisch und Salat oder Bodenerosionen in großem Ausmaß sind warnende Anzeichen einer gefährlichen Entwicklung. Nun ist der einzelne Landwirt im Grunde nicht Verursacher, sondern Opfer dieser Krise, die ausschließlich vom Menschen herbeigeführt wurde. Eine Landwirtschaftspolitik, die schon lange zur Karikatur geworden ist, hat die Bauern in diese unglückselige Situation gebracht. Über Jahrzehnte hinweg haben Agraringenieure, Verbandsfunktionäre, eine verkrustete Landwirtschaftsbürokratie und eine auf Expansion bedachte Dünger- und Chemikalienindustrie die Landwirte angehalten, immer mehr zu produzieren. Natur und Kultur können aber nur dann wieder harmonisch vereint werden, wenn sich jeder Verbraucher mit dem Landwirt verbunden fühlt.

Appelle, die Natur zu schonen, nützen dabei nichts. Was bringt es schon einem Bauern, der sich redlich müht, seine Familie durchzubringen, wenn umweltbewußte Städter mit dicken Autos vorfahren, mit teuren Videokameras ungetrübte ländliche Idylle festhalten wollen und viel von Ökologie reden, aber nicht bereit sind, für umweltfreundlichere Produkte auch höhere Preise zu bezahlen. Statt zu akzeptieren, daß Eier von freilaufenden, glücklichen Hühnern eben mehr kosten als die von zu Legemaschinen degradierten Geschöpfen, die man in enge, stapelbare Drahtkäfige zwängt, kauft man lieber ein neues Surfbrett, einen neuen CD-Player und im nächsten Winter das nächste Paar Skier.

Trotzdem fühlen sich die meisten umweltbewußt und ärgern sich über die Zerstörung der Regenwälder im fernen Amazonien. Daß auch die Natur vor der eigenen Haustür durch das Kaufverhalten der Verbraucher auf dem Rückzug ist, wird dabei meistens verkannt. Solange jedoch die Preise für Butter, Eier und andere Lebensmittel konstant bleiben, kann der einzelne Landwirt nur über die Produktion hoher Mengen seinen Lebensstandard halten, und das geht auf Kosten der Natur. Ein Beispiel aus der Europäischen Gemeinschaft macht dies besonders deutlich: Während 1988 in der Bundesrepublik Deutschland von den Bauern durchschnittlich 36,30 DM für den Doppelzentner

Weizen erzielt wurde, waren es fünf Jahre später – nach einer Zeitspanne, in der andere Berufsschichten mehrere Gehaltserhöhungen verzeichnen konnten – immer noch 36,35 DM. Also gerade 5 Pfennig Steigerung pro Doppelzentner. Wer mag da dem einzelnen Landwirt verdenken, wenn er da herausholt, was der Boden nur hergibt? Und so beginnt ein weiterer Teufelskreis: die Überproduktion.

## Überproduktion zerstört Europas Natur

Es ist schon paradox. Auf der einen Seite produzieren Europas Landwirte immer mehr, andererseits verdienen sie immer weniger. Trotz der nicht mehr zu überblickenden Umweltprobleme und einem übersättigten Markt geht die Erzeugungsschlacht weiter. In der Europäischen Gemeinschaft wurden die Anbauflächen für Weichweizen sogar noch ausgedehnt. 1988 wurde in der Gemeinschaft noch auf 12.719.000 Hektar Weizen angebaut, 1991 schon auf 13.900.000 Hektar. In einzelnen EG-Ländern ist die Steigerung noch drastischer. So wurde die Anbaufläche für Weichweizen in Frankreich von 4.433.000 Hektar im Jahr 1988 auf 6.797.000 Hektar 1991 ausgedehnt. Ungeachtet der ökologischen Probleme wissen die EG-Agrarbürokraten schon lange nicht mehr, wohin mit dem Überschuß. Dieser muß wiederum mit einem erheblichen Finanzeinsatz vermarktet werden. Nur mit Zuschüssen von rund 120 ECU pro Tonne – das sind 28,50 DM pro Doppelzentner – konnte 1990 der Weizen einschließlich der Verarbeitungsprodukte auf dem Weltmarkt untergebracht werden. Das heißt, daß bei einem Preis von etwa 36 DM für den Doppelzentner Weizen weitere rund 29 DM von der EG dazugezahlt werden müssen, um eine Vermarktung zu ermöglichen. So wird für den Export von Getreide durch die EG bis zu 100 Prozent als Exportsubvention ausgegeben. Der einzelne Landwirt sieht von all diesem Geld natürlich nichts. Und noch eines kommt hinzu: Staaten der sogenannten Dritten Welt können unter diesen Bedingungen nicht konkurrenzfähig werden, weil die Marktpreise völlig verzerrt werden. Kein Wunder, wenn immer mehr Landwirte angesichts dieser Situation nicht ein noch aus wissen. Sie sind gefangen in einem System, das sie zu abhängigen Subventionsempfängern gemacht hat.
Eine betriebswirtschaftliche Entscheidung von heute kann sich morgen schon als falsch erweisen. Trotz der Zuschüsse müssen sich die meisten Bauern für die Anschaffung teurer Maschinen hoch verschulden. Schon bald kann sich aber herausstellen, daß die teuer erkauften Geräte oder Gebäude nicht mehr gebraucht werden. Denn einmal wird von der EG die Anschaffung von Milchvieh gefördert, dann gibt es wieder Abschlachtprämien. Man sieht den Feldern im EG-Agrareuropa deutlich an, was zu welcher Zeit in den Brüsseler Amtsstuben ausgedacht wird. Im einen Jahr sind es unter Umständen Sonnenblumen, die subventioniert werden, ein anderes Mal ist wieder Raps an der Reihe. Längst macht das Agrarkarussell keinen Sinn mehr.
Allein für das Jahr 1992 sah der EG-Agrarhaushalt 35.039 Milliarden ECU, das sind rund 71.830 Milliarden DM, für die landwirtschaftliche Preis- und Marktstützung vor. Während auf der einen Seite immer mehr produziert wird, wird auf der anderen Seite mit Flächenstill-

185

Überall in Europa droht die Vielfalt an Natur und Kultur auszusterben. So ist durch die verfehlte Agrarpolitk der Europäischen Gemeinschaft die Landschaft der Dehesas in der spanischen Extremadura, wo heute noch die iberischen Schweine und schwarzen Stiere weiden, durch Maisanbau bedroht.

Nur noch selten sind freilaufende Hausschweine zu sehen. Dabei würde eine Viehhaltung, die an den jeweiligen Boden und die regionalen Gegebenheiten angepaßt ist, erheblich bessere Chancen für Landschaften, Bauern und Verbraucher bieten. Auf diese Weise können nämlich nicht nur gesündere Nahrungsmittel erzeugt werden, sondern die Landschaft wird auch gepflegt, und die Bauern erzielen bessere Preise.

Die starken politischen und gesellschaftlichen Umwälzungen im Osten Europas haben den Menschen zwar viel Freiheit gebracht, aber innerhalb der Landwirtschaft zu erheblichen Strukturumwandlungen geführt. Überall droht die Intensivlandwirtschaft Einzug zu halten. Vielleicht werden die hier abgebildeten ungarischen Graurinder keine Zukunft mehr haben.

186

legungen versucht, die Überproduktion teilweise einzudämmen. Allein 1992 hatte die EG 574 Millionen DM für die Stillegung von Ackerflächen und direkte Einkommenshilfen vorgesehen.

Durch diese Politik geraten die Bauern zunehmend in eine Abhängigkeit, aus der es kein Entkommen gibt. Wer glaubt, daß sich diese Entwicklung auf das EG-Europa beschränkt, täuscht sich. Die unglückseligen Mechanismen von Subventionen, Überproduktion, Garantiepreisen und Intensivierung sind überall gleich. Das sieht man den Äckern in Österreich ebenso wie den Feldern in der Schweiz an. Ganz zu schweigen von der Agrarmisere in den osteuropäischen Ländern. Dort hat eine jahrzehntelange kommunistische Mißwirtschaft auf Kosten von Mensch und Natur Böden und Grundwasser vergiftet. Im Gegensatz zum Westen gibt es dort zwar keine Überproduktion, dafür aber enorme Engpässe in der Versorgung. Bislang konnten diese Engpässe auch nicht mit den Überschüssen des Westens überbrückt werden. Überhaupt arbeiten die EG-Agrarbürokraten bei der Unterstützung des Ostens oft mit recht fragwürdigen Rezepten.

Zurück zum Westen. Die Misere in der Landwirtschaft Westeuropas hat in den letzten Jahren dazu geführt, daß immer mehr Betriebe aufgaben. Von den Ende der vierziger Jahre bestehenden 1,67 Millionen landwirtschaftlichen Betrieben in der Bundesrepublik Deutschland blieben Ende der achtziger Jahre gerade noch 650.000 übrig. Und der Trend geht weiter abwärts.

Noch um 1950 wurde der Großteil unserer Nahrung im Umfeld von Dorf oder Stadt erzeugt. Heute wissen viele Menschen nicht mehr, woher ihre Lebensmittel eigentlich kommen, denn der Bezug zur Feldflur ist verlorengegangen.

## Immer weniger Bauernhöfe

Nun führt eine Abnahme der landwirtschaftlichen Betriebe keinesfalls zu einem Rückgang der Intensivnutzung. Im Gegenteil, landwirtschaftliche Grenzertragsflächen wie Streuobstgebiete oder die weiten Steineichenwälder der spanischen Extremadura, die über Jahrhunderte hinweg extensiv bewirtschaftet wurden und eine Ausgewogenheit von Ökologie und Ökonomie und damit einen hohen Artenreichtum garantierten, werden immer weniger genutzt. Gleichzeitig werden bessere Böden noch intensiver bewirtschaftet und andere mit Hilfe tiefer Pflüge und großer Mengen an Dünger ackerfähig gemacht. Weniger Bauernhöfe bewirtschaften letztlich dieselbe Fläche noch intensiver. Massenproduktion herrscht in allen Bereichen vor. Nur 400 Betriebe mit jeweils mehr als 10.000 Masthühnern erzeugen z. B. mehr als 95 Prozent der Gesamtproduktion von Masthähnchen in der gesamten Europäischen Gemeinschaft.

## Keine Natur in Dorf und Flur?

Solange die Verbraucher und Steuerzahler Europas an diesem Spiel teilnehmen oder es nur dulden, ist ein Ende des landwirtschaftlichen Chaos nicht in Sicht. Umweltschutz ist immer auch eine Frage von Mehrheiten. Und diese Mehrheiten ernähren sich auf Kosten der Natur lieber aus Massenbetrieben und chemisch behandelten Feldern – Hauptsache, es ist recht billig. Eine Entscheidung aber für die Vielfalt und gegen den Ausverkauf der Natur in Feld und Flur ist ganz eng mit dem Verhalten der Verbraucher und der davon abhängigen Agrar- und Wirtschaftspolitik verknüpft.

## Verliert unser Kontinent sein Naturerbe?

Trotz der ökonomischen und ökologischen Krise in den Ackerfluren und Bauernhöfen Europas haben die Agrarbürokraten nichts dazugelernt. Dieselben Fehler, die in Mitteleuropa gemacht wurden, werden jetzt in den südeuropäischen Regionen wiederholt. Während man noch Anfang der siebziger Jahre Rodungsprämien für das Abholzen der traditionellen Streuobstbäume zahlte, gewährt heute die Europäische Gemeinschaft Gelder zur Intensivierung von Bioreservaten, wie es bei der südwestspanischen Extremadura der Fall ist. An vielen Stellen wurden schon die oft mehr als 500 Jahre alten Steineichen in den weitläufigen „Dehesas" – wie die Eichenhaine genannt werden – erbarmungslos abgeholzt. Große Flächen von Monokulturen mit Mais oder Tabakpflanzungen bestimmen inzwischen das Bild solcher Gegenden. Grundwasserabsenkung, Bodenerosion und der Exodus einer einmaligen Fauna sind die Folge. Luchs, Ginsterkatze, Kaiseradler, Schlangenadler und Mönchsgeier finden in solchen Gebieten keinen Lebensraum mehr. Wo seit der Römerzeit in steppenartigen Flächen eine Mehrfelderwirtschaft betrieben wird und der größte Großtrappenbestand der Welt eine Heimat hatte, sind diese schwersten flugfähigen Landvögel der Welt durch landwirtschaftliche Projekte bedroht, die niemals auf ihre Umweltverträglichkeit hin überprüft wurden. Nur weil öffentliche Gelder für den Bau von Maschinenschuppen gewährt werden, die im übrigen gar nicht wirklich gebraucht werden, bauen viele Eigentümer inmitten ihrer „Finca" – so nennt man die großen Besitzungen in Spanien – solch einen Schuppen, und die Großtrappen verlieren den Lebensraum im Umfeld von mehreren Quadratkilometern. Diese urtümlichen „Straußvögel Europas" können nun einmal nur dort leben, wo das Gelände weiträumig zu überblicken ist und nicht durch Gebäude und andere landschaftliche Fremdkörper verfremdet ist. Eine sinnvolle und einfache Alternative wäre es, die landwirtschaftlichen Geräteschuppen unmittelbar am Rand von Siedlungen zu errichten. Aber wen kümmern in Brüssel schon die Großtrappen? Milliarden werden auf diese Weise von der EG nach der Gießkannenmethode ausgeschüttet und verwandeln den Kontinent in eine öde Einheitslandschaft. Die letzten Genreserven der europäischen Großfauna, die sich in der Extremadura bislang erhalten konnte, stehen vor dem Exodus. Gleichzeitig sind die Winterreservate von Millionen Zugvögeln aus Mittel-, West- und Nordeuropa bedroht. So überwintern über 95 Prozent aller Kraniche aus Skandinavien, dem westlichen Polen und Deutschland in Spanien, wo sie sich zwischen Dezember und Ende Februar in den weitläufigen Steineichenwäldern aufhalten. Auch für Ringdrosseln, Kiebitze, Rotmilane und eine Vielzahl anderer Zugvögel ist Spanien während des Winters ein wichtiges Gastland. Wenn unser einmaliges Naturerbe erhalten werden soll, muß sich die europäische Landschaftspolitik grundlegend ändern.

Ein anderes Beispiel. In der südfranzösischen Steinsteppe Crau zwischen Marseille, Aix en Provence und Salon drängen mit Hilfe von Subventionen Pfirsichbauer immer tiefer in den Lebensraum von Triel, Zwergtrappe und Perleidechse ein. Dabei wird auch die traditionelle Schäferei zurückgedrängt, die sich auf ideale Weise in dieses Landschaftssystem einfügt. Da immer nur für neue Investitionen oder für

Flächenstillegungen finanzielle Unterstützungen gewährt werden, nicht aber für die Beibehaltung bewährter aber unterstützungsbedürftiger Landwirtschaftsformen, haben die Schäfer, die über Jahrhunderte hinweg die Natur der Steppe bewahren halfen, kaum eine Chance. Die meisten der jetzt schon am Rande der Steppe erzeugten Pfirsiche müssen wegen Überproduktion vernichtet werden, und zwar erneut mit öffentlichen Geldern. Es ist unglaublich, welche unsinnigen Projekte im Dschungel von Subventionen, fehlender Umweltverträglichkeitsprüfungen und einer undurchschaubaren Bürokratie entstehen können. Allen Ernstes sollte z. B. bei Drama in Nordost-Griechenland der Bau eines Stalles für 10.000 Schweine von der EG gefördert werden. Gleichzeitig war geplant, den anfallenden Schweinekot mit dem Grundwasser aus einem Brunnen, den die EG ebenfalls finanzieren sollte, in den nächsten Fluß zu spülen – ungeklärt!

Beispiele solchen Unfugs gibt es leider zur Genüge: In Italien, Griechenland, Spanien und Portugal werden zur Waldbrandbekämpfung Forstwege finanziert. Einheimische sind überzeugt, daß die Wege es erst ermöglichen, in abgelegene Waldregionen vorzudringen. Auch die Jagdwilderei nimmt dadurch zu. In Spanien und Portugal fördert die EG den Anbau von Eukalyptus, obwohl verheerende Erosionsschäden die Folge sind.

Der Beitritt weiterer Länder in die Europäische Gemeinschaft läßt angesichts dieser negativen Entwicklungen Schlimmes befürchten. Noch haben sich in Polen, in der Tschechoslowakei oder in der Ukraine wertvolle Naturlandschaften erhalten. Falsch verstandene Landwirtschaftshilfen könnten dazu führen, daß auch diese letzten Refugien von Seeadler und Fischotter bald der Vergangenheit angehören.

Ein umweltbewußteres Verbraucher- und Wählerverhalten kann die Agrar-Technokraten dazu bringen, die Sackgasse der naturfeindlichen Landwirtschaft zu verlassen und den Bauern eine neue Chance zu geben, im Einklang mit der Natur zu wirtschaften. In Deutschland umfaßt der ökologische Landbau erst 0,3 Prozent der landwirtschaftlichen Fläche, und in der gesamten Europäischen Gemeinschaft sind es nach Schätzungen gerade 0,1 bis 0,2 Prozent. Die Chancen für mehr Natur in Feld und Flur so wie letztlich für bessere Erzeugnisse werden also noch kaum genutzt. Für den Landwirt geht es weiterhin darum, der Natur immer noch ein bißchen mehr abzuringen. Auf Dauer wird aber nur solch ein Landbau erfolgreich sein und sowohl gesunde Lebensmittel erbringen als auch die Flur schonen, der sich in den natürlichen Kreislauf einfügt, danach handelt und ihn achtet. Die Natur ist eben das wesentliche Kapital beim Anbau von Früchten und der Haltung von Vieh. Aus diesem Bewußtsein heraus haben sich verschiedene Lehren entwickelt, welche alle die Suche nach einem ausgeglichenen Verhältnis zwischen Kultur und Natur, zwischen Geben und Nehmen verbindet. Wenn die Landwirte anders arbeiten würden, könnten die Städter auch anders essen. Und wenn die Städter für das Essen besser bezahlen würden, könnten die Landwirte auch anders arbeiten. So einfach ist das.

# Landwirtschaft mit Köpfchen

Seite 190 und 191:
Die unterschiedlichen Bauweisen der altherkömmlichen Bauernhöfe spiegeln die kulturelle Vielfalt wider, die für Mitteleuropa einmal charakteristisch war. Heute wird ein einheitlicher Baustil gepflegt. Das vereinte Europa soll aber ein Europa der Vielfalt werden: nicht allein durch seine verschiedenen Sprachen und unterschiedlichen Kulturen, sondern auch weil darauf Wert gelegt wird, auch in der Natur die Vielfalt zu pflegen.

Schwarzwald

Altes Land

Alter Bauerngarten

Osnabrücker Land

Fast schon Vergangenheit: Hühnerhof

Hohenloher Land

Chiemgau

Lüneburger Heide

Landschaftsfremder Einheitshof

Unverwechselbares Hofgesicht

191

## Von der Einbahnstraße in den Kreislauf

Wieder ist Bauer Herzer unterwegs. Mehr als 2 Jahre sind zwischen der Szene am Anfang des Buches und jetzt vergangen. Es ist Mitte August. Seit Tagen schon hält das hochsommerliche Wetter an, und draußen in der Feldflur riecht es schon richtig nach Stroh. Erntezeit! Durch das wetterbedingt späte Frühjahr und den dadurch verzögerten Sommerbeginn hat sich in diesem Jahr alles verschoben. Auch die Ernte setzt heuer später als gewöhnlich ein. Bei den Landwirten gehts jetzt rund. Bauer Herzer steht vorn auf seinem roten Mähdrescher, der – ratsch, ratsch, ratsch – mit der Eisenhaspel die Weizenhalme ergreift, abschneidet und in den unersättlich scheinenden Stahlschlund der Maschine zieht.

Fast einem Mississippi-Dampfer gleich schaufelt sich das Ungetüm über das goldgelbe Ährenmeer des Ackers. Am Ende des Weges, dort, wo der alte Vesperbaum als Überbleibsel früherer Landschaftsvielfalt steht, wartet bereits mit Schlepper und Anhänger ein Kollege von Gerhard Herzer, um das gedroschene Korn zur Mühle zu fahren. Seit Jahren schon arbeiten die beiden Landwirte zusammen. Der eine hilft dem anderen beim Dreschen, der andere stellt dafür seinen Mähdrescher zur Verfügung. Längst sind die Zeiten vorbei, in denen ein landwirtschaftlicher Betrieb gleich mehrere Familien und Lohnarbeiter ernähren konnte. Heute müssen sich die Bauern schon umsehen, wollen sie die eigene Familie über die Runden bringen. Wer da zusammenhält und kooperiert, ist allemal stärker.

## Mut gehört dazu

Was die gefräßige Maschine zuvor in sich hineingerattert und verarbeitet hat, spuckt sie jetzt aus dem großen Blechrohr mit Wucht wieder aus. In wenigen Minuten ist der Spuk vorbei, und Millionen von Weizenkörner füllen den Anhänger. Nicht ohne Stolz nimmt Bauer Herzer eine handvoll Weizenkörner und läßt sie langsam durch die Finger gleiten. Zum zweiten Mal erntet er inzwischen biologisch angebautes Getreide. Er wollte das Spiel des Überdüngens und der Chemie-Landwirtschaft nicht mehr mitmachen, er wollte um jeden Preis raus aus dem Teufelskreis der Produktion.

Es bedurfte allerdings einer gehörigen Portion Mutes, den gesamten landwirtschaftlichen Betrieb umzustellen. Zunächst war da die große Unsicherheit, ob und wie es klappen würde mit der naturnahen Düngung, dem Verzicht auf jegliche Chemie und dem Ziel, die natürliche Bodenfruchtbarkeit wiederherzustellen, die sich auch den Gegebenheiten seines Bodens anpaßt. Da waren dann noch all die Zweifler und Neider unter den Landwirtschaftskollegen, von denen mancher nur darauf wartete, daß der „Aussteiger" mit seinem grünen Experiment auf die Nase fallen würde. Auch hier galt es Mut zu zeigen. Und selbstverständlich gehörte auch Geduld dazu. Die Umstellung auf biologische Produktionsmethoden barg nämlich auch finanzielle Risiken. Zwar gibt es staatliche Förderungen im Rahmen verschiedener Programme, aber mit denen können Ertragseinbußen nur teilweise abgefangen werden. Bei biologisch-ökologisch orientierter Landwirtschaft fällt ohnedies die Ernte um etwa ein Viertel geringer aus. Dafür ist das auf solche Art erzeugte Getreide, sowie Sonnenblumenkerne, Raps

192

oder Gemüse, nicht auf Kosten von Boden, Grundwasser und damit unserer eigenen Lebensgrundlagen produziert worden. Gleichzeitig erhalten viele Tiere und Pflanzen, die über Jahrtausende hinweg Begleiter der Feldflur waren, wieder eine Chance – und aus der zuvor ausgeräumten, degradierten Agrarflur kann wieder eine lebendige Kulturlandschaft entstehen. Nicht umsonst werden für biologisch-dynamische, organisch-biologische oder ähnlich gewonnene Erzeugnisse entsprechend höhere Preise bezahlt. Dies gleicht den geringeren Ertrag und den höheren Aufwand des Wirtschaftens ohne Chemie aus.

Für umstellungsbereite Landwirte wie Gerhard Herzer macht sich das jedoch erst nach 3 bis 4 Jahren in der Haushaltskasse bemerkbar. Erst nach dieser Zeit wird nämlich die Anerkennung für den kontrollierten, biologisch-ökologisch wirtschaftenden Betrieb ausgesprochen. Dies ist auch vernünftig so, denn am Anfang der Umstellung sind die Böden noch von der jahrelangen Intensivdüngung und dem Einsatz von Pestiziden belastet. Zur Eigenkontrolle und zum Verbraucherschutz haben die Vereinigungen, die den biologischen Landbau fördern, strenge Kriterien erstellt. Schließlich haben die Verbraucher das Recht, für höhere Preise auch bessere Produkte zu erhalten. Für Neueinsteiger, wie Bauer Herzer einer ist, heißt dies konkret, daß er während der Umstellung seines Betriebes die Erzeugnisse noch nicht mit einem entsprechenden Gütesiegel verkaufen kann. Somit erhält er bei einem höheren Aufwand und weniger Ertrag nur die jeweils marktüblichen Preise für landwirtschaftliche „Einheitserzeugnisse". Mit der Liebe zur Natur und der Freude über wiederkehrende Ackerbewohner wie Kornblume, Feldrittersporn und Goldlaufkäfer ist es also alleine nicht getan. Viel Mut, Geduld und Durchhaltevermögen sind gefragt. Dazu brauchen wir aber auch eine Gesellschaft, die sich selbst eine vielfältige Landschaft und gesund erzeugte Lebensmittel wert ist.

## Zurück in die Zukunft?

Ratsch, ratsch, ratsch macht der Mähdrescher älteren Baujahres. Der nächste Acker ist dran. Nur wenn sich die beiden Landwirte ranhalten, können sie an diesem sommerheißen Tag die gesamte Ernte einbringen. Noch drei solche Sommer, dann hat es Bauer Herzer geschafft, und sein Betrieb kann als ein biologisch wirtschaftender anerkannt werden. Auch wenn diese Durststrecke noch zu überwinden ist, er hat seinen Entschluß nicht bereut. Landwirt zu sein macht ihm jetzt mehr Spaß, und er hat die Gewißheit, Böden und Natur nicht auszubeuten, sondern als ein nur ein einziges Mal erhaltenes Betriebsmittel und als wertvolles Natur- und Kulturerbe für seine Kinder und die kommenden Generationen zu bewahren.

Biologisch-orientierte Bauernhöfe sind noch in der Minderzahl. Nur ganze 0,7 Prozent der landwirtschaftlich genutzten Fläche in den alten Bundesländern wird nach den Richtlinien des ökologischen Landbaus bewirtschaftet. In den neuen Bundesländern haben 1990 zehn Betriebe mit rund 500 Hektar auf bodenschonende Arbeitsweise umgestellt. Der Arbeitsgemeinschaft für Ökologischen Landbau – ein Zusammenschluß der sechs anerkannten Verbände ökologischer Landwirtschaft – gehören gegenwärtig über 13.000 Betriebe in Deutschland an.

Fast einem Mississippi-Dampfer gleich schaufelt sich das Mähdrescher-Ungetüm über das goldgelbe Ährenmeer des Ackers, um anschließend die Körnerfracht in den bereitgestellten Schlepper zu entladen. Noch sind ökologisch oder biologisch bewirtschaftete Betriebe in der Minderzahl. So kommt es ganz darauf an, zu welchem Verarbeitungsbetrieb das Korn gefahren wird und auf welchen Ladentheken es landet.

Unsere Felder sind heute agrarwirtschaftliche Produktionsräume geworden. Der Boden wird nicht mehr durch einschaufelige Pflüge, die von Pferden oder Ochsen gezogen werden, bearbeitet, sondern von riesigen hochtechnisierten Maschinen. Die vielen großen Schaufeln sind dabei in der Lage, den Boden stärker und tiefer umzupflügen.

Wenn wir in Mitteleuropa aus der Einbahnstraße der Bodenausbeutung und Naturzerstörung herausfinden und in den Kreislauf der Natur eintreten wollen, brauchen wir mutige Landwirte, eine nicht mehr auf Massenerzeugung ausgerichtete Landwirtschaftspolitik und vor allem verantwortungsbewußte Verbraucher. Eine solche Kehrtwendung bedeutet lange nicht Rückschritt. Das Zurück zu einem landschafts- und naturbezogenen Landbau bedeutet vielmehr die Wiederbesinnung auf vergessene Werte. Der Schritt zurück zu einer Landwirtschaft ohne Pestizide ist der Weg zu einer neuen Zukunft in Feld, Flur und Küche. Ratsch, ratsch, ratsch – rattert der Mähdrescher. Am ungespritzten Ackerrand blüht leuchtend blau eine Wegwarte. Vielleicht gibt es künftig wieder mehr davon.

# Ökologisches Wissen säen, Umweltbewußtsein ernten

Der knallbunte Drachen zerrt heftig an seiner langen Leine, so stark weht der Wind über die abgeernteten Stoppelfelder. Die Gruppe der sieben jungen Naturschützer verbringt den Nachmittag draußen auf spielerische Weise. Sie haben in den letzten Wochen und Monaten in der Freizeit so manches für diese Flur in Bewegung gesetzt – zum Positiven hin. Das verdanken sie vor allem dem Ortsvorsteher, einem naturbegeisterten Architekten. Er schätzt das naturkundliche Wissen der 12- bis 14jährigen Mädchen und Jungen, zumal außer ihnen kaum jemand im Ort die Feldflur mit ihren Tieren und Pflanzen so gut kennt. Kürzlich durften sie bei einem Ortstermin über die Renaturierung der Heglach und die Einrichtung eines Gewässerschutzstreifens dabei sein. Als Frieder von seinen Beobachtungen zu seltenen Vögeln am Gewässerrand sowie von den beiden schon als ausgestorben geglaubten Ackerkräutern im brachgefallenen Maisacker nahe des Gewässers

**Wer zeigt den Weg?**

Wo können Kinder noch unbesorgt ihre Drachen steigen lassen? Überall sind die Landschaften verdrahtet, und die Stoppeläcker werden schon kurz nach der Ernte umgepflügt. Feld und Fluren ohne Spiel- und Lebensraum?

berichtete, war die Sache schon halb entschieden. Keiner der ansonsten nur auf bauliche Ausdehnung des Ortes bedachten Ortschaftsräte wagte, das 100.000 DM teure Projekt zu kritisieren. Den Fakten von Frieder, wonach selbst von der Quecke am Ackerrand 100 Tiere abhängig waren, konnten die Ortschaftsräte nichts entgegenhalten. Die Erwachsenen wollten nicht schon wieder im Bewußtsein und Handeln den Jugendlichen hinterherhinken.

Die sieben jungen Leute hatten durch einen vom Naturschutz unterstützten Einspruch beim Landrat erreicht, daß der Ortschaftsrat aus dem Feuchtgebiet am Ortsrand nahe der Schule keine Eislauffläche gestalten durfte. Diese ökologische Niederlage wird dem Rat noch lange zu denken geben! Nun wollten sich die Ortschaftsräte nicht erneut bevormunden und eines Besseren belehren lassen. Sie hatten schon damals nach der Diskussion über die Eislauffläche vorsorglich das gemeindeeigene Gelände, das um das Feuchtgebiet lag und über 5 Hektar war, nicht mehr als Maisacker bewirtschaften lassen. Es wird seither als Wiese genutzt.

## Aktion „Jugend erlebt Natur"

Die bundesweite Aktion „Jugend erlebt Natur" hat in dem kleinen Ort große Ergebnisse gebracht. Frieder war auf seine Mitstreiter in Sachen Natur damals vor drei Jahren am Tag der Umwelt, am 5. Juni, gestoßen, als in der Schülerzeitung von einem Biologie-Lehrer eine Öko-Tour angeboten worden war. Die naturkundliche Tour hatte den Zweck, Kindern und Jugendlichen ökologisches Grundwissen im Freilandlabor Natur zu vermitteln. Natur muß erlebt werden, will man sie lieben und schätzen lernen. Wer einen Maikäfer in der Hand gehabt hat, die jungen Feldhasen vor der Hecke beobachtete oder den Heidelaufkäfer dahinflitzen sah, wird als erwachsener Ortschaftsrat nicht leichtfertig Landschaft der Bebauung opfern. Gerade weil viele naturbedrohende Projekte nicht so gut für Landschaft und Tiere enden wie in unserem authentischen Beispiel, ist eine breite Naturbildung und Umweltaufklärung dringend notwendig.

## Naturland-schaften retten

Die Aktion „Jugend erlebt Natur" startete am Tag der Umwelt mit einem Natur-Erlebnis-Tag in Hunderten von Gemeinden. „Kinder und Jugendliche nahmen mit großem Eifer und Begeisterung an den Erkundungen teil", stellten Jürgen Resch, Bundesgeschäftsführer der Deutschen Umwelthilfe, und Erika Blank, Koordinatorin der Aktion, mit Begeisterung fest. „Jugend erlebt Natur" wird von der Naturschutzjugend im Naturschutzbund unter dem Motto „Erlebter Frühling" ebenso unterstützt wie von der BUND-Jugend mit praktischen Hilfen zur Umweltvorsorge, den „Tips zur Saison". Auch die Österreichische Naturschutzjugend (ÖJN) beteiligt sich gemeinsam mit vielen anderen nationalen und regionalen Initiativen an der ungewöhnlichen Bildungsarbeit. Sie hat zusätzlich die Aktion „Junge Leser retten Naturlandschaften" geschaffen, die jährlich jeweils am Andersen-Tag, am 2. April, startet. Im Jahr 1990 sammelten Schüler über eine Million Schilling, und jeder Schilling davon floß entweder in den

Grunderwerb für eine bedrohte Fläche, oder die Schüler schufen damit einen Umweltlernort in Form eines Schultümpels. Auch der Kauf dieses Buches unterstützt im übrigen die ökologische Bildungsarbeit. Wie schon bei den beiden Vorgängern des Bandes, „Wunderland am Wegesrand" und „Wunderland am Waldesrand", kommt der Aktion von jedem verkauften Buch ein fester Betrag zugute. Damit wird ein Grundstein für eine breite Umweltbildung nicht nur für Kinder und Jugendliche, sondern auch für Erwachsene gelegt. Gemeinsam läßt sich Natur – das zeigt die wahre Geschichte mit Frieder – am besten erkunden, begreifen und schützen. So will die Kampagne den Weg zu einer umweltgebildeten Gesellschaft zeigen. Im Grunde geht es dabei um einfache und doch wichtige Erkenntnisse – etwa die von der siebenjährigen Charlotte Schlenker in einem Gedicht zum ersten Kindergipfel der Zeitschrift natur: „Ich mag die Pusteblume, weil man aus einer Pusteblume viele machen kann."

## Anerkannte Verbände der ökologischen Landwirtschaft in der Arbeitsgemeinschaft Ökologischer Landbau

Die genannten sechs Verbände und die Stiftung Ökologie und Landbau haben sich 1988 in der AGÖL zusammengeschlossen (Koordinationsstelle, Baumschulenweg 11, D-6100 Darmstadt).

|  | biologisch-dynamisch | organisch-biologisch | Biokreis Ostbayern | Naturland | ANOG | BÖW |
|---|---|---|---|---|---|---|
| Gründungs-jahr | 1924 | 1971 | 1979 | 1982 | 1962 | 1985 |
| Waren-name | derneter | Bioland | BIOKREIS | Naturland | ANOG | BCO VIN |
| Be Umstellungs-ware | Biodyn | „Bioland Erzeugnisse aus dem Umstellunbsbetrieb" | aus dem Umstellungsbetrieb | aus dem Umstellungsbetrieb | aus dem Umstellungsbetrieb | aus dem Umumstellungsbetrieb |
| Zeitschrift | „Lebendige Erde" m. „Gartenrundbrief", „Demeterblätter" | „Bioland" | „Bio-Nachrichten" | „Naturland" | „ANOG-Informationen" | Mitteilungen in „Ökologie und Landbau" |
| Adresse | Forschungsring für Biologisch-Dynamische Wirtschaftsweise e.V., Baumschulenweg 11 6100 Darmstadt Tel.: (06155) 2674 | Bioland-Verband für organisch-biologischen Landbau e.V., Barbarossastr. 14 7336 Uhingen Tel.: (07161) 31011 | Biokreis Ostbayern e.V., Theresienstraße 36 8390 Passau Tel.: (0851) 31696 | Naturland Verband für naturgemäßen Landbau e.V. Kleinhadener Weg 1 8032 Gräfelfing Tel.: (089) 8545071 | ANOG AG für naturnahen Obst-, Gemüse- u. Feldfruchtbau e.V. Josef-Schell-Str. 17 5300 Bonn Tel.: (0228) 627591 | Bundesverband Ökologischer Weinbau e.V. Obergasse 9 6719 Ottersheim/Pfalz Tel.: (06355) 1285 |

# Wichtige Kontaktadressen zu Fragen der Agrarlandschaft als Ökosystem sowie der Landwirtschaft

## Bundesrepublik Deutschland

Bundesministerium für Ernährung, Landwirtschaft und Forsten, Rochusstraße 1, 5300 Bonn

**Baden-Württemberg**/Ministerium für Ländlichen Raum, Ernährung, Landwirtschaft und Forsten, Kernerplatz 10, 7000 Stuttgart 10
**Bayern**/Bayrisches Staatsministerium für Ernährung, Landwirtschaft und Forsten, Ludwigstraße 2, 8000 München 22
**Berlin**/Martin-Luther-Str. 105, 1000 Berlin 62
**Brandenburg**/Minister für Ernährung, Landwirtschaft und Forsten, Heinrich-Mann-Allee 107, O-1561 Potsdam
**Bremen**/Zweite Schlachtpforte 3, 2800 Bremen 1
**Hamburg**/Behörde für Wirtschaft, Verkehr und Landwirtschaft, Alter Steinweg 4, 2000 Hamburg 1
**Hessen**/Der hessische Minister für Landwirtschaft, Forsten und Naturschutz, Hölderlinstraße 1–3, 6200 Wiesbaden
**Mecklenburg-Vorpommern**/Ministerium für Landwirtschaft, Paulshöher Weg 1, O-2786 Schwerin
**Niedersachsen**/Niedersächsisches Ministerium für Ernährung, Landwirtschaft und Forsten, Calenberger Straße 2, 3000 Hannover
**Nordrhein-Westfalen**/Ministerium für Umwelt, Raumordnung und Landwirtschaft des Landes Nordrhein-Westfalen, Schwannstraße 3, 4000 Düsseldorf
**Rheinland-Pfalz**/Ministerium für Landwirtschaft, Weinbau und Forsten, Große Bleiche 55, 6500 Mainz 1
**Saarland**/Ministerium für Wirtschaft, Am Ludwigsplatz 6, 6600 Saarbrücken
**Sachsen-Anhalt**/Ministerium für Landwirtschaft, Ernährung und Forsten, Olvenstedter Straße 4–5, O-3010 Magdeburg
**Sachsen**/Ministerium für Landwirtschaft, Ernährung und Forsten, Straße der Einheit 10, O-8010 Dresden
**Schleswig-Holstein**/Ministerium für Ernährung, Landwirtschaft, Forsten, Düsternbrooker Weg 104, 2300 Kiel 1
**Thüringen**/Minister für Landwirtschaft und Forsten, Hallesche Straße 16, O-5024 Erfurt

Auswertungs- und Informationsdienst für Ernährung, Landwirtschaft und Forsten (AID) e. V., Postfach 20 01 53, 5300 Bonn 2

Arbeitsgemeinschaft bäuerliche Landwirtschaft, Nordrheda 3, 4840 Rheda-Wiedenbrücke

Deutscher Bauernverband e.V., Godesberger Allee 142–148, 5300 Bonn 2

## Österreich

Bundesministerium für Land- und Forstwirtschaft, Stubenring 1, 1010 Wien
**Burgenländische** Landes-Landwirtschaftskammer, Esterhazystraße 15, 7001 Eisenstadt
Kammer für Land- und Forstwirtschaft in **Kärnten,** Museumgasse 5, 9010 Klagenfurt
**Niederösterreichische** Landes-Landwirtschafts-kammer, Löwelstraße 16, 1014 Wien
Landwirtschaftskammer für **Oberösterreich,** Auf der Gugl 3, 4021 Linz
Kammer für Land- und Forstwirtschaft in **Salzburg,** Schwarzstraße 19, 5024 Salzburg
Landeskammer für Land- und Forstwirtschaft in **Steiermark,** Hamerlinggasse 3, 8011 Graz
Landes-Landwirtschaftskammer für **Tirol,** Brixner Straße 1, 6021 Innsbruck
Landwirtschaftskammer für **Vorarlberg,** Montfortstraße 9–11, 6901 Bregenz
**Wiener** Landwirtschaftskammer, Gumpendorfer Str. 15, 1060 Wien.

Verband organisch-biologisch wirtschaftender Bauern Österreichs, Schloß Tillysburg, 4490 St. Florian

Österreich. Bauernverband e.V., Brücknerstraße 6, 1040 Wien

## Schweiz

Bundesamt für Landwirtschaft, Mattenhofstraße 5, 3003 Bern

Landwirtschaftsdirektion des Kantons **Aargau,** Telli-Hochhaus, 5004 Aargau
Landwirtschaftsdirektion des Kantons **Appenzell-Ausserrhoden,** 9063 Stein
Landwirtschaftsdirektion des Kantons **Appenzell-Innerrhoden,** 9050 Appenzell
Volkswirtschaftsdirektion/Amt für Landwirtschaft des Kantons **Basel-Land,** Parkstraße 3, 4402 Frenkendorf
Landwirtschaftsdirektion des Kantons **Basel-Stadt,** Marktplatz 9, 4001 Basel
Landwirtschaftsdirektion des Kantons **Bern,** Herrengasse 1, 3011 Bern
Landwirtschaftsdirektion des Kantons **Freiburg,** Ruelle Notre Dame 181, 1700 Freiburg
Landwirtschaftsdirektion des Kantons **Genf,** Cas postale 418, 1211 Genf
Landwirtschaftsdirektion des Kantons **Glarus,** 8750 Glarus
Landwirtschaftsdirektion des Kantons **Graubünden,** 7000 Chur
Landwirtschaftsdirektion des Kantons **Jura,** Rue du 24-Septembre, 2800 Delémont
Landwirtschaftsdirektion des Kantons **Luzern,** 6002 Luzern
Landwirtschaftsdirektion des Kantons **Neuenburg,** 2001 Neuenburg
Landwirtschaftsdirektion des Kantons **Nidwalden,** 6370 Stans

Landwirtschaftsdirektion des Kantons **Obwalden,**
6060 Sarnen
Volkswirtschaftsdepartement des Kantons
**St. Gallen,** Moosbruggstraße 11, 9001 St. Gallen
Volkswirtschaftsdepartement des Kantons
**Schaffhausen,** Postfach 65, 8201 Schaffhausen
Landwirtschaftsdirektion des Kantons **Schwyz,**
6430 Schwyz
Landwirtschafts-Departement des Kantons
**Solothurn,** 4500 Solothurn
Landwirtschaftsdirektion des Kantons **Tessin,**
6500 Bellinzona
Landwirtschaftsamt des Kantons **Thurgau,**
8500 Frauenfeld
Landwirtschaftsdirektion des Kantons **Uri,**
6468 Attinghausen

Landwirtschaftsdirektion des Kantons **Waadt,**
Caroline 1, 1001 Lausanne
Landwirtschaftsdirektion des Kantons **Wallis,**
1950 Sitten
Volkswirtschaftsdirektion des Kantons **Zug,**
Baarerstraße 19, 6304 Zug
Volkswirtschaftsdirektion des Kantons **Zürich,**
Kaspar-Escher-Haus, 8090 Zürich

Landwirtschaftlicher Informationsdienst,
Schwarztorstraße 7, 3001 Bern

Schweizerischer Bauernverband (SBV), Laurstraße 10,
5200 Brugg

---

# Wichtige Kontaktadressen für Fragen des Natur- und Umweltschutzes

**Baden-Württemberg**/Ministerium für Umwelt,
Kernerplatz 9, 7000 Stuttgart 1
**Bayern**/Bayrisches Staatsministerium für Landes-
entwicklung und Umweltfragen, Rosenkavalierplatz 2,
8000 München 81
**Berlin**/Senator für Stadtentwicklung und Umwelt-
schutz, Lindenstraße 20–25, 1000 Berlin 61
**Brandenburg**/Ministerium für Umwelt, Naturschutz
und Raumordnung, Albert-Einstein-Straße 42–46,
O-1561 Potsdam
**Bremen**/Senator für Umweltschutz, Große Weide-
straße 4–16, 2800 Bremen
**Hamburg**/Umweltbehörde, Steindamm 22,
2000 Hamburg 76
**Hessen**/Ministerium für Umwelt,
Dostojewskistraße 8, 6200 Wiesbaden
**Mecklenburg-Vorpommern**/Ministerium für Natur
und Umwelt, Schloßstraße 6–8, O-2750 Schwerin
**Niedersachsen**/Niedersächsisches Umweltministe-
rium, Archivstraße 2, 3000 Hannover 1
**Nordrhein-Westfalen**/Minister für Umwelt,
Raumordnung und Landwirtschaft, Roßstraße 135,
4000 Düsseldorf
**Rheinland-Pfalz**/Ministerium für Umwelt und
Gesundheit, Bauhofstraße 4, 6500 Mainz
**Saarland**/Ministerium für Umwelt,
Hardenbergstraße 8, 6600 Saarbrücken
**Sachsen**/Ministerium für Umwelt und Landesent-
wicklung, Ostraallee 23, O-8010 Dresden
**Sachsen-Anhalt**/Ministerium für Umwelt und
Naturschutz, Pfälzer Straße 1, O-3024 Magdeburg
**Schleswig-Holstein**/Ministerium für Natur,
Umwelt und Landesentwicklung, Grenzstraße 1–5,
2300 Kiel 12
**Thüringen**/Thüringer Umweltministerium,
Richard-Breslau-Straße 11a, O-5010 Erfurt

In allen Bundesländern gibt es noch Landesämter, An-
stalten und Institute zu speziellen Fragen der Landwirtschaft, der Ökologie und des Naturschutzes. Anfragen
werden von den oben genannten Stellen weitergeleitet,
oder man erhält eine Auskunft mit der entsprechenden
Adresse. Auskunft darüber, ob eine Maßnahme einer
Genehmigung bedarf, geben die unteren Naturschutz-
behörden der Landratsämter und der Stadtkreise. Zur
Vermittlung von Grundlagenwissen nicht nur zu aktuellen Fragen des Naturschutzes, der Landschaftspflege
und der Umweltvorsorge wurden in verschiedenen
Bundesländern Akademien (zum Teil mit unterschiedlichen Aufgabenstellungen) eingerichtet. Interessenten
können die jeweils aktuellen Programme dort direkt
anfordern.

Akademie für Natur- und Umweltschutz
Baden-Württemberg, Kernerplatz 9, 7000 Stuttgart 10

Bayerische Akademie für Naturschutz und Landschaftspflege, Postfach 12 61, 8229 Laufen/Salzach

Norddeutsche Naturschutzakademie, Hof Möhr,
3043 Schneverdingen

Naturschutz-Zentrum Nordrhein-Westfalen,
Leibnitzstraße 10, 4350 Recklinghausen

Naturschutz-Zentrum Hessen, e.V.,
Friedensstraße 38, 6330 Wetzlar

Naturschutzakademie Insel Vilm,
O-2331 Lauterbach-Rupen

## Schweiz

Schweizerisches Zentrum für Umwelterziehung des
WWF, Zofingen

## Österreich

Arbeitsgemeinschaft Umwelterziehung, Lehrerservice,
Brockmanngasse 53, 8010 Graz

## Natur- und Umweltschutzverbände und andere Organisationen

Deutsche Umwelthilfe e.V., Güttinger Straße 19, 7760 Radolfzell

Bund für Umwelt und Naturschutz Deutschland (BUND) e.V. (auch BUND-Jugend), Im Rheingarten 7, 5300 Bonn 3

Gesellschaft zur Erhaltung alter und gefährdeter Haustierrassen, Evelyn Simak, Hofbrunnenstr. 110, 8000 München 71

Naturschutzbund Deutschland, Bundesgeschäftsstelle, Am Hofgarten 4, 5300 Bonn

Naturschutzjugend im Naturschutzbund, Königsträßle 74, 7000 Stuttgart-Degerloch

Naturschutzjugend im LBV, Kirchenstraße 8, 8543 Hilpoltstein

Deutscher Naturschutzring, Postfach 32 02 10, 5300 Bonn

Stiftung Europäisches Naturerbe, Güttinger Straße 19, 7760 Radolfzell

Umweltstiftung WWF (World Wide Fund for Nature) Deutschland, Sophienstraße 44, 6000 Frankfurt 90

Verein zur Erhaltung der Nutzpflanzenvielfalt e.V., Ludwig Watschong, Ahornweg 6, 3525 Arenborn

## Schweiz

Pro Specie Rara, Schneebergstraße 17, 9000 St. Gallen

Schweizer Bund für Naturschutz, Postfach 73 (Wartenbergstraße 22), 4020 Basel

WWF Zürich, Postfach, 8027 Zürich

## Österreich

Österreichischer Naturschutzbund, Arenbergstraße 10, 5020 Salzburg

Österreichische Naturschutzjugend, Schillinghofstraße 45, 5023 Salzburg

## Luxemburg

„Natura", 6 Boulevard Roosevelt, 2450 Luxemburg

Mouvement Ecologique, 6 rue Vaubaun, 2663 Luxemburg

**Claus-Peter Hutter** (Jahrgang 1955), Dipl.-Verwaltungswirt (FH) wohnt in Benningen am Neckar und ist Leiter der Akademie für Natur- und Umweltschutz Baden-Württemberg. Der Initiator erfolgreicher regionaler und internationaler Naturschutz-Modellprojekte hat an mehreren ökologischen Untersuchungsprogrammen mitgewirkt und ist Autor zahlreicher Veröffentlichungen zum Naturschutz. Unter anderem hat er die ebenfalls im K. Thienemanns Verlag erschienenen Naturschutzbücher „Wunderland am Wegesrand", „Wir und unsere Natur", „Naturschutz in der Gemeinde", „Natur ohne Grenzen" und „Rettet die Frösche" mitverfaßt.

Als Präsident der „Stiftung Europäisches Naturerbe" engagiert er sich für eine europaweite Etablierung des Umweltverständnisses und begründete dabei die ersten kommunalen Umweltpartnerschaften in Europa. Dabei setzt er sich in verschiedenen Teilen Europas für die Förderung landschaftstypischer Nutzungsformen und damit für den Gleichklang von Natur und Kultur ein. Claus-Peter Hutter gilt als einer der erfolgreichsten Naturschützer seiner Generation bei der Suche neuer Wege zur Vermittlung von ökologischem Grundverständnis. Unter anderem hat er die weit beachteten Naturschutzaktionen „Naturschutz in der Gemeinde" und „Jugend erlebt Natur" mit ins Leben gerufen.

**Fritz-Gerhard Link** (Jahrgang 1957), rechts im Bild, arbeitet beruflich als Dipl.-Verwaltungswirt (FH) und leitet seit 1984 die Naturschutzbehörde im Landkreis Karlsruhe. Dort ist er u. a. mit der Sicherung von Freiräumen in der Rheinebene sowie der Ausweisung von Schutzgebieten beschäftigt. Er ist Autor verschiedener Veröffentlichungen zur Bewahrung von Natur und Landschaft und hat zahlreiche Projekte im Bereich der Umweltbildung ins Leben gerufen.

Außerdem ist er beim Naturschutz-Zentrum Pforzheim als Vorsitzender ehrenamtlich für den Umweltschutz in der Region Nordschwarzwald tätig. Er führt seit 1982 verschiedene naturkundliche Untersuchungen durch und hat vor allem umfangreiche Vorhaben in der Landschaftspflege initiiert. Zugleich setzt er sich als freier Mitarbeiter in Zeitungsreportagen erfolgreich für ein neues Bewußtsein und Verständnis gegenüber der Natur ein. Als Vize-Präsident der österreichischen Sektion der „Stiftung Europäisches Naturerbe" engagiert er sich für eine grenzüberschreitende Zusammenarbeit im Naturschutz.

Allen Helfern, die zum Gelingen dieses Buches beigetragen haben, danken wir an dieser Stelle vielmals, ganz besonders Berthold Faust für seine Illustrationen. Für ihre große Unterstützung und mannigfaltigen Hinweise gilt unser Dank Landwirtschaftsmeister Gerhard Herzer, Dr. Werner Konold (Universität Stuttgart-Hohenheim, Institut für Landeskultur und Pflanzenökologie) und Dr. Uwe Kozina (Arbeitsgemeinschaft Umwelterziehung, Graz). Jürgen Resch (Bundesgeschäftsführer der Deutschen Umwelthilfe e.V.) danken wir für die Zusammenarbeit bei der Aktion „Jugend erlebt Natur" ebenso wie der Stiftung Naturschutzfonds Baden-Württemberg.

Besonderer Dank gilt den Zeichnern Barbara Kutterer, Alexander Walsch und Heike Bader wie auch den vielen Naturfotografen. Für vielfache Mithilfe danken wir auch Erika Blank, Karin Blessing, Ingrid G. Hutter und Reinhard Schäfer.

Für das weit über die Verlagsbetreuung hinausgehende Engagement danken wir herzlich den Verlegern des K. Thienemanns Verlags, Gunter Ehni und Hansjörg Weitbrecht sowie Verlagsleiter Roman Hocke. Unser Dank für die gute Zusammenarbeit gilt außerdem Margit Prawitt, Nicola Volland, Bärbel Strasser und Barbara Honner.

# Literatur

Abel, W. (1967):
„Geschichte der deutschen Landwirtschaft vom frühen Mittelalter bis zum 19. Jahrhundert", in: Günther Franz (Hrsg.), Deutsche Agrargeschichte
Eugen Ulmer Verlag
Der Geschichtsband beinhaltet die Entwicklung der Landwirtschaft vor allem mit der Darstellung der Dreifelderwirtschaft nebst den entstehenden Sonderkulturen.

Akademie für Natur- und Umweltschutz beim Ministerium für Umwelt/Landeszentrale für Politische Bildung Bad.-Württ. (1990):
Grundkurs Umwelt
Weitbrecht Verlag
Ein originelles und unterhaltendes Lernprogramm für alle Einsteiger. Besonders geeignet auch für Multiplikatoren in Schule und Arbeitswelt.

Bellmann, H. (1985):
Heuschrecken: beobachten, bestimmen
Verlag J. Neumann
Eine kompakte Sammlung der in Deutschland vorkommenden Heuschrecken-Arten mit bunten Abbildungen zumeist beider Geschlechter. Als Ergänzung gibt es eine Tonband-Kassette mit 56 verschiedenen Heuschrecken-Stimmen.

Benjes, H. (1985):
Die Vernetzung von Lebensräumen mit Feldhecken
Natur & Umwelt-Praxis Band 1
Anleitung zur Anlage von Hecken zur Vernetzung von Biotopen.

Blab, J. (1984):
Grundlagen des Biotopschutzes für Tiere
Kilda-Verlag
Der praxisorientierte Leitfaden charakterisiert die verschiedenen Lebensräume, stellt die typischen Tiere und deren Gefährdung vor und bietet Entwicklungsziele sowie Schutzmaßnahmen an. Ein unentbehrliches Grundlagenwerk mit viel wissenswerten Detailfakten.

Blume, H. P. (1990):
Handbuch des Bodenschutzes. Bodenökologie und -Belastung, vorbeugende und abwehrende Schutzmaßnahmen
ecomed
Nicht billiges Standardwerk, welches das vernachlässigte Naturgut umfassend beschreibt und den Schutz als auch die Sanierung belasteter Böden aufzeigt.

Bockelmann, H. (1983):
Der Boden lebt
Cornelsen
Einführungsband, der die wichtigsten Grundlagen dieses Themas vermittelt und vor allem auch auf die Zusammenhänge zu den Nutzungen und Fehlentwicklungen eingeht.

Born, N. u. a. (1990):
Wiesenvögel brauchen Hilfe
Arbeitsblätter zum Naturschutz Nr. 9 der Landesanstalt für Umweltschutz, Institut für Ökologie und Naturschutz.
Anhand von 10 Leitvogelarten für den Wiesenschutz macht das Büchlein die Notwendigkeit einer extensiven Bewirtschaftung des Grünlandes deutlich.

Braunt, A. (1968):
Praktische Bodenbiologie
Gustav Fischer Verlag
Das wissenschaftliche Grundlagenwerk erläutert anhand meisterhafter Zeichnungen nicht nur die Entstehung und die Lebensbedingungen des Bodens, sondern stellt die Bodenlebewesen vor.

Chinery, M. (1986):
Pareys Buch der Insekten. Ein Feldführer der europäischen Insekten
Verlag Paul Parey
Mit 2390 Farbbildern und 135 Zeichnungen ein reich illustriertes Bestimmungsbuch der häufigsten und auffälligsten unter den 10000 europäischen Insekten. Mit Register der Futterpflanzen und Wirte.

Diez, Th. & W. Weigelt (1987):
Böden unter landwirtschaftlicher Nutzung
Verlagsunion Agrar
Das Buch vermittelt anhand von 48 Bodenprofilen deren Entstehung, Verbreitung und Eigenschaften und gibt einen anschaulichen Einblick in den Untergrund sowie Hinweise für die Bewirtschaftung.

Ellenberg, H. (1990):
Bauernhaus und Landschaft in ökologischer und historischer Sicht
Eugen Ulmer Verlag
Umfassendes und einmaliges Werk des renommierten Pflanzenökologen, das die architektonische und geschichtliche Seite der verschiedenen regionalen Haus- und Siedlungsformen ebenso vorstellt wie die naturgegebenen, landschaftstypischen Baumaterialien und ökologischen Standortbedingungen.

Faust, B. / Hutter, C.-P. (1988):
Wunderland am Wegesrand
K. Thienemanns Verlag
Der erste Band der Thienemann-Naturwegweiser. Ein Natur-Erlebnis-Buch mit spannenden Reportagen über die hochinteressanten Vorgänge in den Kleinlebensräumen. Ein Beitrag zur Aktion „Jugend erlebt Natur".

Fischer, C. & R. (1990):
Lust auf Landleben. Die schönsten Ideen für ein neues Lebensgefühl
Mary Hahn Verlag
Der nett illustrierte Band will den Traum vom Landleben wahr machen und zeigt es von seinen schönsten Seiten. Vermittelt unzählige praktische Tips und Adressen.

Götz, G. (1989):
Obstsorten-Atlas
Eugen Ulmer Verlag
Umfassendes Werk über die Welt der Äpfel.

Hansche, K. (1988):
Der Regenwurm
L. Stocker Verlag
Ein interessanter Band über einen der nützlichsten unterirdischen Bewohner.

Hofmeister, E. & E. Garve (1986):
Lebensraum Acker. Pflanzen der Äcker und ihre Ökologie
Verlag Paul Parey
Der für die Freilandbeobachtung handliche Band enthält in der Feldflur vorkommende Wildkräuter mit Süßgräsern – in Schwarzweißzeichnungen – einschließlich deren Zeigerwerte nebst den Pflanzengesellschaften, den Standortbedingungen mit Bodentypen sowie die Gefährdung und Schutzmaßnahmen.

Hölzinger, J. (1987):
Die Vögel Baden-Württembergs
Bd. 1: „Gefährdung und Schutz"
Eugen Ulmer Verlag
Von der Landesanstalt für Umweltschutz Baden-Württemberg – Institut für Ökologie und Naturschutz herausgegeben. 1. Bd. (in drei Teilen) der Avifauna Baden-Württemberg
Ein komplexes und vollständiges Artenschutzprogramm für Vögel mit der Beschreibung der Gefährdungsursachen und Dokumentation verschiedener Elemente der Kulturlandschaft. Darstellung der Gefährdungsfaktoren sowie einzelner Lebensräume.

Hutter, C.-P. / Thielcke, G. / Herrn, C.-P. / Faust, B. (1985, 1988):
Naturschutz in der Gemeinde
Edition Erdmann in K. Thienemanns Verlag
Ein praktischer Ratgeber für alle, die sich gegen fortschreitende Naturzerstörung in unseren Gemeinden einsetzen wollen. Umfassende Information über Gefährdung der Lebensräume und Möglichkeiten zu deren Schutz. Mit einem Stichwortlexikon (Ökolexikon) von über 500 der häufigsten Begriffe des Naturschutzes.

Hutter, C.-P. / Thielcke, G. (1990):
Natur ohne Grenzen
Weitbrecht Verlag
Das Buch dokumentiert anhand des Vogelzugs die internationale Vernetzung von Natur und Kultur und zeigt die Verletzlichkeit der Naturgüter auf. Ein Buch für alle, denen Naturschutz ein Anliegen ist.

Hutter, C.-P. / Link, G.-F. (1990):
Wunderland am Waldesrand
K. Thienemanns Verlag
Der zweite Band der Thienemann-Naturwegweiser. Darstellung des Grenzlandes von den Alpenhängen bis zu den Auenniederungen Mitteleuropas. Ein Erlebnis-Buch für die ganze Familie.

Jankuhn, H. (1969):
„Vor- und Frühgeschichte. Vom Neolothikum bis zur Völkerwanderung", in: Deutsche Agrargeschichte, Bd.1
Verlag Eugen Ulmer
Eingehende und wissenschaftlich begründete Darstellung über die Entstehung der bäuerlichen Wirtschaft sowie die Ursprünge und Entwicklung der Kulturpflanzen in vor- und frühgeschichtlicher Zeit mit zahlreichen Bildbelegen und Literaturquellen.

Jedicke, E. (1990):
Biotopverbund. Grundlagen und Maßnahmen einer neuen Naturschutzstrategie
Eugen Ulmer Verlag
Grundlagenwerk, das die Informationen aus Wissenschaft und Praxis zusammenfaßt, um vor allem den im Naturschutz Handelnden das nötige Know-how zu vermitteln.

Kaule, G. (1986):
Arten- und Biotopschutz
Eugen Ulmer Verlag
Ein anschauliches Werk, das die komplexen Sachverhalte beim Schutz von Natur und Landschaft wissenschaftlich begründet und erläutert.

Körber-Grohne, U. (1988):
Nutzpflanzen in Deutschland
Konrad Theiss Verlag
Der Band zeigt die Herkunft und Kulturgeschichte der Nutzpflanzen mit einer Fülle von Einzelfakten auf. Obst, Küchen- und Heilkräuter sind nicht enthalten.

Krebs, S. (1990):
Gras- und Krautsäume. Strukturelemente der Kulturlandschaft
Landwirtschaftsministerium Baden-Württemberg
Ergebnis einer praxisbezogenen Umweltforschung, die sich vor allem der Neuansaat von Gras- und Krautsäumen widmet.

Kübler-Thomas, M. (1988):
Schutzprogramm für Ackerwildkräuter
Arbeitsblätter zum Naturschutz Nr. 8 der Landesanstalt für Umweltschutz Baden-Württemberg, Institut für Ökologie und Naturschutz
Ernüchternde Zusammenfassung der bedrohten Arten mit Hinweisen zu deren Rettung.

Mader, H.-J. (1987):
Untersuchungen über das Bewegungsmuster von Wolfspinnen (Pardosa amentata) an unterschiedlich ausgebauten Feldwegen
Verh. Ges. Ökol. Göttingen
Der Wissenschaftler belegt in der Arbeit die Trennwirkung von Feldwegen auf die Insekten und Spinnentiere. In der Veröffentlichung sind weitere von ihm erstellte Untersuchungen mit Quellen genannt.

Naturschutz-Zentrum Hessen e.V. (1990):
Rettet die Obstwiesen!
Kampagnemappe

Wegweiser zur Erhaltung der Streuobstwiesen mit einer Einführung in die Ökologie des Lebensraumes.

Rat von Sachverständigen für Umweltfragen (1985):
Umweltprobleme der Landwirtschaft. Sondergutachten
Kohlhammer Verlag
Schonungslose Bestandsbeschreibung der umweltzerstörerischen Auswirkungen der Landwirtschaft.

Ripberger, R. / Hutter, C.-P. (1992)
Schützt die Hornissen
Weitbrecht Verlag
Das Standardwerk zur Bestimmung, Biologie, Gefährdung und zum Schutz der sozialen Faltenwespen.

Rohrer, N. (1982):
„Un-Kraut" in Feld und Acker
Bund für Naturschutz, Schweiz
Kurzes und doch ausführliches Sonderheft, das vor allem die Geschichte und Bedrohung der Feldkräuter behandelt und die Schönheit dieser Pflanzenwelt vor Augen führt.

Röser, B. (1989):
Saum- und Kleinbiotope. Ökologische Funktion, wirtschaftliche Bedeutung und Schutzwürdigkeit in Agrarlandschaften
ecomed
Einzigartige Zusammenstellung der ökologischen Bedeutung der ökologischen Zellen in der Feldflur. Von großem Wert ist die sehr gut aufbereitete Sammlung der vielen nützlichen, wissenschaftlichen Erkenntnisse über die Vernetztheit, so daß sich die Veröffentlichung als Grundlagenwerk benutzen läßt.

Schreiner, J. (1990):
„Flächenansprüche des Naturschutzes: Qualifizierung und Quantifizierung", in: Jahrbuch Naturschutz Landschaftspflege, Nr. 44
Umfassende, wissenschaftlich belegte Darstellung der Flächenansprüche zur Herstellung eines ausgeglichenen Naturhaushalts.

Seymour, J. (1988):
Leben auf dem Lande
Otto Maier Verlag
Kurzweiliges, praktisches Handbuch mit vielen Beispielen zum Landbau und Landleben.

Späth, V. (1990):
„Biotopverbesserung in der Landwirtschaft am Beispiel des Feldhasen", in: Beihefte zum Naturschutzforum 1
Institut für Ökologie und Artenschutz im Naturschutzbund

Arbeitsergebnis praxisbezogener Umweltforschung über die Ansprüche des Feldhasen an seinen Lebensraum und Vorstellung verschiedener Möglichkeiten zur Umsetzung eines verbesserten Lebensraumschutzes.

Stern H. / Schröder, W. / Vester, F.
Rettet die Wildtiere
ProNatur Verlag
Engagierter Einblick in die Biologie und Bedrohung einer Vielzahl von Wildtieren sowie ihrer Lebensräume

Thielcke, G. / Herrn, C.-P. / Hutter, C.-P. / Schreiber, R. (1983, 1991):
Rettet die Frösche. Das Standardwerk zum praktischen Amphibienschutz
Weitbrecht Verlag
Umfassender Band über Biologie, Ökologie, Lebensraum, Gefährdungsursachen und praktische Schutzmaßnahmen. Mit Bestimmungsteil aller mitteleuropäischen Amphibien in Lebensgröße.

Vester, F. (1986):
Januskopf Landwirtschaft
Kösel Verlag
Das ungewöhnliche „Fenster-Buch" führt anhand von Schautafeln die heutige Land-Mißwirtschaft vor Augen und zeigt Wege zu einem rentablen, überlebensfähigen „Ökosystem der Landwirtschaft".

Vogtmann, H. (Hrsg.) (1983):
Ökologischer Landbau. Landwirtschaft mit Zukunft
Pro Natur Verlag
Verschiedene Autoren stellen in dem Band die Misere der modernen Agrarwirtschaft vor und machen anhand zahlreicher Belege die Notwendigkeit eines ökologischen Landbaus deutlich.

Voitl, H., Guggenberger, E. & J. Willi (1980):
Das große Buch vom biologischen Land- und Gartenbau
Orac Pietsch
Ein wichtiges Standardbuch, das Wesen und Wege des biologischen Landbaus aufzeigt und vor allem zahllose Tips zur praktischen Anwendung enthält.

Westrich, P. (1988):
Die Wildbienen Baden-Württembergs
Verlag Eugen Ulmer
Eine umfassende und allgemeinverständliche Darstellung der Wildbienen Baden-Württembergs mit Hinweisen zu Lebensraumansprüchen, Biologie, Gefährdung und erforderlichen Schutzmaßnahmen. Zahlreiche Fotos und Zeichnungen zu den verschiedenen Arten. Ein Beitrag zum Artenschutzprogramm im Auftrag des Landes Baden-Württemberg.

# Sachregister

# Bildnachweis

Archiv für Kunst und Geschichte 120

Arndt 38 m.l., 75 u.r.

Bäuerle 47 o.

Bieck 29, 163, 191 m.r.

Bildarchiv Preußischer Kulturbesitz 8

Blessing 148 o.l.

Deutsches Brotmuseum Ulm 17

Dierßen 114 m.r., 144

Dittes 6, 10 1.v.o., 10 2.v.o., 10 3.v.o., 19 u.r., 31, 37 o., 39 u.l., 39 u.r., 44 u., 68, 81 m., 98 4.R.m., 99 2.R.m., 114 o.r., 115 u.l., 143 o.r., 143 u.l., 150, 152, 156, 165, 183 u.l., 191 u.l.

Göthel 98 o.m., 98 o.r., 98 2.R.l., 98 3.R.l., 98 3.R.m., 98 3.R.r., 98 4.R.l., 98 u.l., 98 u.m., 98 u.r., 99 o.l., 99 o.m., 99 o.r., 99 2.R.l., 99 3.R.m., 99 4.R.r., 99 u.l. 99 u.r., 103 u., 143 o.l., 151 u., 172 r.

Hildebrand 39 m.l., 130 u.l., 172 l.

Hornung 45 o., 51 l., 100 o., 139

Hutter Vor-/Nachsatz, 12, 14, 23, 24, 25, 26 o., 27 o.l., 27 o.r., 27 m.l., 27 m.r., 37 u., 40, 43, 44 o., 46 u., 47 u.l., 55 o., 60, 71, 73, 74 o., 74 m.r., 74 u.r., 75 m.l., 75 m.r., 81 o.l., 81 o.r., 83, 87, 90 o., 90 m.r., 90 u.l., 90 u.r., 91 o.l., 92, 103 o., 111, 115 u.r., 118, 122 o., 128, 129, 130 o.l., 130 o.r., 130 m.r., 130 u.r., 131 m.r., 131 u.r., 141, 142 o.l., 142 m.l., 142 u.r., 143 u.r., 143 u.r., 145, 148 o.r., 151 o., 164, 182, 186 o., 186 m.r., 187, 191 o., 191 m.l., 194 m., 194 u.r., 195

Köhler 27 u.r.

Landesbildstelle Baden 72, 190 o.l.

Landesmuseum Stuttgart 13

Link 9, 10 u., 18, 26 u., 32, 38 o., 38 m.r., 45 u., 52, 69 u., 74 m.l., 74 u.l., 91 u., 100, 114 u.l., 130 m.l., 131 o., 131 m.l., 132 u., 133, 134, 142 o.r., 160, 167, 190 u.l., 191 u.r.

Nagel 142 m.r.

Naturhistorik Museum Arhus 153

Neuhold 38 u.l., 38 u.r., 91 o.r., 91 m.r., 98 2.R.l., 98 2.R.m., 98 4.R.r., 119

Nill 91 m.r., 114 u., 115 u.r., 136, 143 m.l., 149

Ongl Gunter b.d.A. 8

Flinz 122 u.

Fauschmaier 201

Schmidt 180 u., 183 o.r.

Silvestris 27 u.l (Hanneforth), 109 (Arndt), 190 o.r. (Marklein), 190 m.r. (Harnel), 194 u.l. (Postl)

Treiber 99 3.R.l., 99 3.R.r., 99 4.R.r., 131 u.l.

Trollinger f. R.Ho. 118

Ulmer 135

Umweltbild 39 o.l. (Mastmann), 42 (Kalden), 47 u.r. (Kalden), 51 r. (Kratz), 54 (Kalden), 55 u. (Kratz), 70 (Arndt), 90 m.l. (Kalden), 98 o.l. (Möbus), 99 2.R.l. (Möbus), 99 4.R.l. (Möbus), 99 u.m. (Möbus), 127 (Kloteberg), 130 m. (Göthel), 179 (Ulrich), 190 u.r. (Ulrich)

Vogt 115 m.l.

Wolf 132 o.

Wothe 16, 22, 36, 39 o.r., 46 o., 56, 59, 69 o., 75 o., 75 u.l., 86, 102, 115 o.l., 123, 166, 183 o.m., 183 m.u., 186 m.l., 186 u., 167 o.

Zentralverband des Deutschen Bäckerhandwerks 19 o.

Seite 19 Die Abbildungen m.l., m.r. und u.l. wurden uns freundlicherweise von der Centrale Marketinggesellschaft der deutschen Agrarwirtschaft mbH (CMA) zur Verfügung gestellt.

Seite 158/159 Alle Abbildungen dieser Doppelseite stammen aus dem Buch von Theodor Diez und Hubert Weigelt *Böden unter landwirtschaftlicher Nutzung. 48 Bodenprofile in Farbe,* BLV Verlagsgesellschaft, München 1987.

# DIE WEGBEGLEITER FÜR DIE GANZE FAMILIE

Claus-Peter Hutter/
Berthold Faust
**Wunderland am Wegesrand**
208 Seiten, zahlr. farbige Abbildungen, Natur-Entdeckungs-
bilder und Originalzeichnungen
ISBN 3 522 30210 9

Claus-Peter Hutter/
Fritz-Gerhard Link
**Wunderland am Waldesrand**
208 Seiten, zahlr. farbige Abbildungen, Natur-Entdeckungs-
bilder und Originalzeichnungen
ISBN 3 522 30250 8

Die leicht verständliche Darstellung hochinteressanter Lebensräume an Wegrändern
und am Waldesrand – zu faszinierend, um achtlos vorbeizugehen. An den Zusammen-
hängen und Wechselbeziehungen der verschiedenen Biotope wird anschaulich
gemacht, wie Ökosysteme funktionieren.

Die Thienemann-Naturwegweiser® sind Begleiter für Wanderungen, Ausflüge und
Spaziergänge für die ganze Familie.

**THIENEMANN**